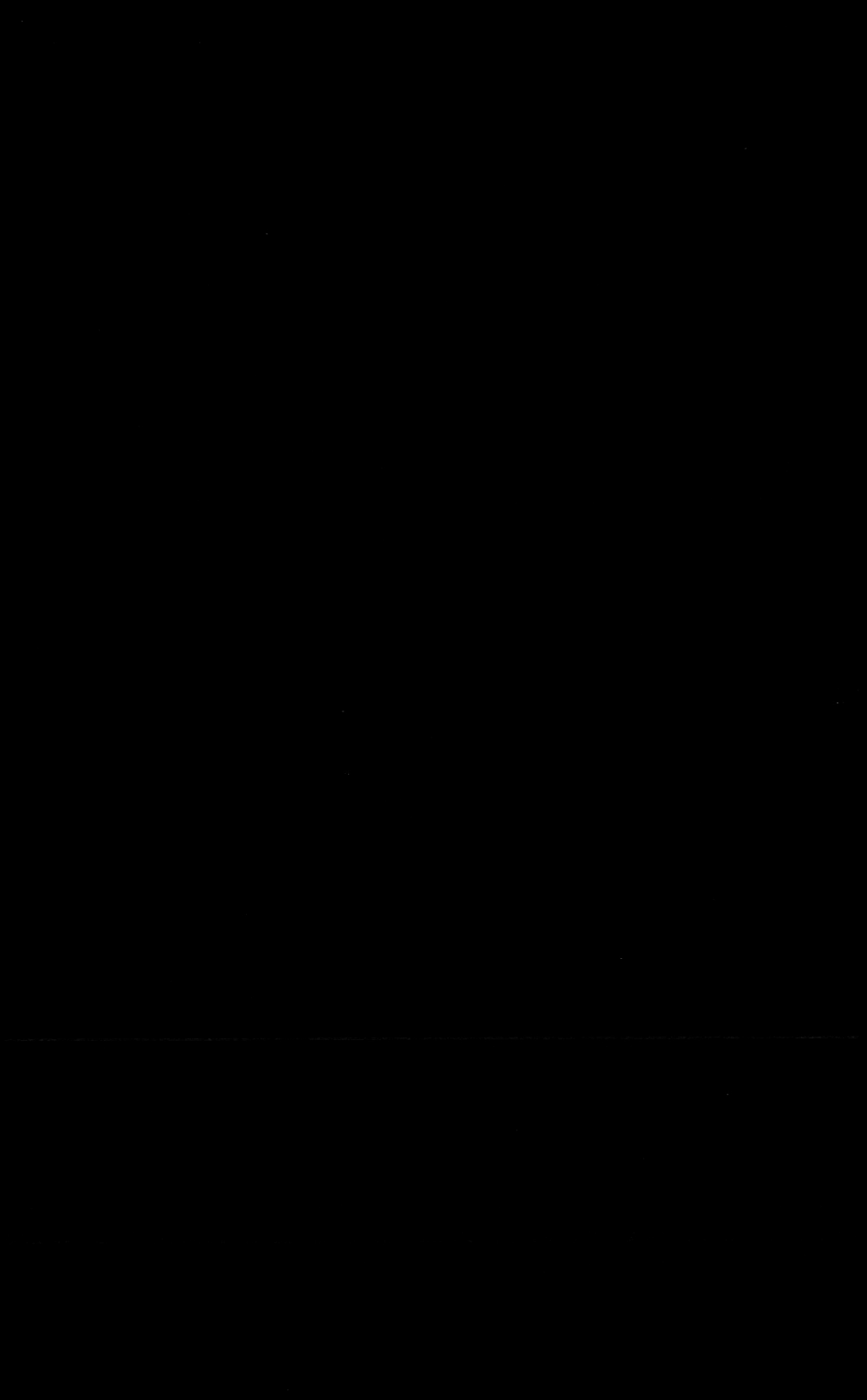

조선 천재 형제의
엇갈린 운명

조선 천재 형제의 엇갈린 운명
- 학자의 표상 퇴계 이황과 관료의 전형 온계 이해

지은이   이동식
펴낸이   최병식
펴낸날   2025년 8월 5일
펴낸곳   주류성출판사
서울특별시 서초구 강남대로 435
TEL | 02-3481-1024 (대표전화) • FAX | 02-3482-0656
www.juluesung.co.kr | juluesung@daum.net

값 25,000원
잘못된 책은 교환해 드립니다.
ISBN 978-89-6246-558-7 03910

조선 천재 형제의 엇갈린 운명

학자의 표상 퇴계 이황과
관료의 전형 온계 이해

이동식 지음

| 목차 |

추천의 글 · 8

1장
승정원의 별

중종(中宗)의 도승지(都承旨) 이해(李瀣) · 14 / 조정의 핵심 인재 · 18
대각을 두루 섭렵 · 22 / 가장 측근이 구휼사로 · 24
백성의 어버이 · 27 / 형제가 함께 구휼 · 30
자식이 당한 것처럼 · 40 / 동생의 마음 · 44 / 도승지 이해 · 51
조광조를 용서하소서 · 56 / 상궁 은대 사건 · 62 / 중종의 승하 · 66

2장
따뜻한 동네

달팽이 집 · 70 / 노송정 종택 · 74
부친과 숙부 · 79 / 홀어머니 · 82 / 숙부의 훈도 · 85
우리 집 산 · 88 / 형님 댁에서 · 92

3장
짙은 구름

인종의 시대 · 96 / 외척을 물리치소서 · 98 / 삼성추고 · 101
유신현 강등 사건 · 105 / 최하손의 치사 · 109 / 이홍남의 등장 · 112
"죄가 없습니다" · 115 / 운명의 날 · 120 / 감형은 됐지만 · 124
이무강의 분풀이 · 126 / 혼신의 호소문 · 129
끝내 차단되고 · 131 / 돌아올 수 없는 길 · 133

4장
바른 세상을 위하여

우국충정 · 138 / 충과 효는 하나 · 142 / 막중한 함경도 어사 · 147
함경도를 한 달 안에 · 150 / 안빈낙도를 거부하다 · 154
도학입국의 꿈 · 157 / 하늘의 뜻인가 · 159

5장

넷째 형님이 계셔서

동포지기(同胞知己) · 164 / 형님께 권유하다 · 167
형제가 한 조정에서 · 171 / 김안로와의 악연 · 175 / 형제의 한 마음 · 178
온계의 편지는 없지만 · 181 / 성절사 형님께 · 183 / 큰 아들을 잃다 · 190
다시 안부 편지 · 194 / 동생의 계속되는 수난 · 196
둘째 부인의 초상 · 199 / 황해도 관찰사로 가다 · 203
설화에 가려진 업적 · 214 / 드디어 형제의 만남 · 219
오랜 회포를 풀다 · 224 / 농암과의 긴 인연 · 226 / 선상 음악회 · 229
죽령의 이별 · 235 / 다시 풍파 속으로 · 239 / 퇴계도 구설수 · 242

6장

별 다시 빛나다

초라한 임시 장례 · 246 / 사람을 평가하는 법 · 250
17년이 걸리다 · 252 / 새 왕의 시대 · 254 / 마침내 장례식 · 257
동생이 짓다 · 259 / 이기의 최후 · 263 / 화려한 부활 · 266
시호 정민(貞愍) 내려지다 · 270 / 후세의 평가 · 272
온계의 생각 모아지다 · 275 / 온계의 체온 · 282

7장
퇴계의 길

퇴계, 양진암에서 '양진'의 뜻을 되새기다 · 288
퇴계, 새로운 강학의 터를 찾다: 도산서당 건축 이야기 · 294
서당을 다 짓다 · 297 / 완락(玩樂)을 하는 집 · 298
경(敬)과 의(義)를 얻다 · 301
도산서당 이름에 담긴 깊은 학문의 길: 완락재와 암서헌 · 305
자연에서 배우리라 · 312 / 물러나는 길 · 317
긴 즐거움 · 323 / 물러남의 진정한 의미 · 333

8장
나란히 향기롭구나

정민공 치제 · 342 / '정민'을 실천하다 · 350
노블리스 오블리주 · 357 / 불에 탄 종택의 재건 · 364
죽령 고개에서 생각한다: 경(敬)과 의(義)의 길 · 372

참고문헌 · 378

| 추천의 글 |

정종섭(한국국학진흥원장)

　퇴계 이황(退溪 李滉)은 마르지 않는 맑은 냇물이다. 그는 세상과 우주의 근본이 이(理)라는 것을 어릴 때부터 벌써 터득했다. 우리들 내면 깊은 곳에 바탕하고 있는 욕심 없는 맑은 마음, 밖으로는 올바름을 잃지 않는 당당한 언행이 사람 사는 세상을 아름답게 만든다는 것을 깨닫고 일생 동안 이를 위해 정진하고 실행했다. 그의 생각은 맑은 시냇물이 되고, 강을 이루고, 마침내 큰 바다가 되었다.

　모든 나무는 홀로 벌판에서 나서 자랄 수 없다. 모든 냇물은 샘물도 없이 갑자기 흐르지 않는다. 퇴계라는 나무의 발아는 안동 땅 도산(陶山)이라는 곳이었고, 냇물의 발원은 고향 동네에서 솟아나는 따뜻한 물이었다. 슬프게도 태어나자마자 부친(이식)을 여의었기에 삼촌(송재 이우)이 어린 그를 가르쳤다. 형(온계 이해)이 버팀목이 되어 그를 학문의 길로 이끌어주었다. 형은 동네 앞을 흐르는 따뜻한 시냇물처럼 동생을 감싸고 격려하며 세상에 나가게 했다.

형은 호를 온계(溫溪)라 했다. 사람들은 두 형제를 금곤옥제(金昆玉弟: 금쪽같은 형, 옥쪽같은 동생)라 불렀다. 앞서 나가는 형은 동생의 학문과 처세에 길을 열어주었다. 조선 중종(中宗) 시대에 두 형제는 세상에 빛을 드러냈고, 실제로 밝은 빛이 났다. 그러나 세상은 그 형제를 감싸주지 못했다. 너무 거칠고 혼탁했다. 그래도 형은 세상을 바로 세워보려고 했고, 동생은 사람 마음을 올바로 잡으려고 했다.

급기야 세상을 바로 세워보려 했던 형이 진애(塵埃)의 풍파 속에 험한 바람을 맞고 그만 중도에 쓰러졌다. 동생은 이런 참혹한 일을 당하고는 더욱 학문과 수양과 교육에 전념했다. 인간이 바로 되어야 나라가 바로 선다. 형의 이름은 세상의 기억에서 멀어졌지만, 동생은 학문과 덕행과 몸가짐으로 우리 역사에서 지성(知性)을 밝히는 큰 별이 되었다.

온계라는 형은 동생의 힘든 삶의 길을 비춰준 등불이었다. 『조선왕조실록(朝鮮王朝實錄)』에 잠자고 있는 도승지(都承旨), 대사헌(大司憲), 대사간(大司諫) 등을 거쳐 간 그의 발자취는 우리가 퇴계의 형 온계를 얼마나 모르고 있는지를 일깨워주기도 한다. 두 형제가 주고받은 시들은 형제가 얼마나 서로 의지하고 기쁨과 슬픔을 나누었는지 형제애를 진하게 느끼게 해준다. 퇴계가 형에게 보낸 편지들에서 많은 시간 동안 형이 동생에게 큰 버팀목이 되었음을 발견하게 된다. 형이 걸어간 길은 어쩌면 동생에게서 잘 드러나지 않은 선비의 다른 모습일지도 모른다.

방송 기자요 언론인이었던 저자가 역사 속에 가려진 퇴계의 형 온계(溫溪) 이해(李瀣)와 동생 퇴계(退溪) 이황(李滉)의 숨은 역사를 찾아 그 실상(實相)을 처음으로 드러내 보여주는 노작(勞作)을 세상에 내놓았다. 저자는 일찍이 KBS에서 아메리카 대륙을 국산 자동차로 넉 달 동안 달리며 21세기 문명의 길을 탐색했고, 방송 사상 처음으로 실크로드 5천 킬로미터를 답사하며 동양 역사를 종횡으로 조명했다. 백남준을 비롯한 윤이상, 이우환 등 예술인들을 만나 인터뷰했고, 탈북자 문제를 처음 취재, 보도해 우리 사회에 큰 메시지를 던지는 등 방송의 영역을 넓힌 공로로 은관문화훈장(銀冠文化勳章)을 받기도 했다. 젊은 날 대학에서 영어영문학을 공부했던 솜씨로 20권이 넘는 책을 펴내기도 했다. 그때의 문제의식과 열정을 그대로 가지고 있는 저자가 이번에는 역사의 창고 속에 잠자는 실록과 한문(漢文) 자료들을 열어 온계라는 인물을 다시 살려내고, 거기서 퇴계의 위대함을 새로 보게 해준다.

우리 속담에 '그 형에 그 동생'이라는 말이 있다. '형보다 나은 아우는 없다'라는 말도 있다. 두 말이 다 맞는 말임을 저자는 이번 작업으로 증언한다. 동생 퇴계 이황이 가지 않은 길, 그 길을 묵묵히 걸어간 온계 이해라는 형, 두 형제의 서로 다른 길은 세상 도덕이 혼탁하고 정신적 좌표가 사라진 오늘날 우리 사회와 지금의 우리에게 던지는 바가 실로 크다고 하겠다.

필자가 책임자로 있는 한국국학진흥원이 얼마 전 온계 이해의 유고집인 『온계일고(溫溪逸稿)』를 우리말로 번역, 출간한 것이 저자의 이번 작업에 기여한 것도 기쁘게 생각한다. 탐구는 고독하고 힘든 길이다. 마침내 우리 역사 속의 이 두 형제의 삶을 통해 정신사(精神史)의 새 지평을 열어 보여준 저자의 식지 않는 열정에 큰 박수를 함께 보낸다. 감히 추천의 말로 일독을 권한다.

1장
승정원의 별

중종(中宗)의 도승지(都承旨) 이해(李瀣) / 조정의 핵심 인재
대각을 두루 섭렵 / 가장 측근이 구휼사로 / 백성의 어버이
형제가 함께 구휼 / 자식이 당한 것처럼 / 동생의 마음 / 도승지 이해
조광조를 용서하소서 / 상궁 은대 사건 / 중종의 승하

중종(中宗)의 도승지(都承旨) 이해(李瀣)

1544년 음력 11월 15일(양력 12월 9일) 유시(酉時)에 창경궁 환경전에서 조선의 11대 왕 중종(中宗)이 승하했다. 56세였다. 연산군(燕山君)의 폭정을 무너뜨리고 집권한 공신(功臣)들에 의해 왕으로 추대된 중종은 성품이 인자하고 사람을 공경하며 검약했으나, 당시 사신(史臣)들로부터는 "우유부단하여 아랫사람들에게 이끌려 견성군(甄城君)을 죽여[1] 형제간의 우애가 이지러졌고, 신비(愼妃: 단경왕후)를 내치고 박빈(朴嬪: 경빈 박씨)을 죽여[2] 부부의 정이 없어졌으며, 복성군(福城君)과 당성위(唐城尉)를 죽여 부자간의 은의(恩義)가 어그러졌고, 대신을 많이 죽이고 주륙(誅戮)이 잇달아 군신(君臣)의 은의가 야박해졌으니, 참으로 애석한 군주였다"는 평가를 받았다. 그러나 중종은 또 "인후(仁厚)한 성덕으로 부지런하고 공손하게 상국(上國: 중국 명나라)을 정성으로 섬기고, 오랑캐를 도(道)로써 통솔하며, 백성들의 질고(疾苦)를 잘 알아 크고 작은 고통을 어루만져 구휼(救恤)함에 힘입어 나라 안이 소생되고 원망이 없어졌으니, 참으로 중흥(中興)의 성군(聖君)이라고 할 만하다. 묘호(廟號)를 중종(中宗)이라 하였으니, 그

---

1) 견성군 이돈(甄城君 李惇, 1482~1507)은 성종의 7남이고 어머니는 숙의 홍씨이다. 이복동생인 중종 대에 이과의 모반에 연루되어 사사되었다.
2) 중종 22년(1527년) 3월 쥐를 잡아 동궁(東宮: 뒤의 인종)을 저주한 사건이 일어났다. 김안로가 조작한 사건이지만 당시 조사를 하다가 경빈 박씨에게 혐의가 돌아가 경빈과 그 아들 복성군이 서인으로 강등되어 유배간 후 사약을 받았다.

중종비 단경왕후 양주 온릉

또한 이 때문인가 한다"는 평가도 동시에 받았다.[3] 권신들의 권력 싸움에 효과적으로 대처하지 못했지만 나름 백성을 사랑하고 그들의 고통을 어루만지는데 애를 썼다는 것이 말년의 평가인데, 그 뒤에는 중종이 아꼈던 신하 이해(李瀣)가 있었다.

이해(李瀣)는 경상북도 예안(禮安: 지금의 안동시 도산면 일대) 사람으로 연산군 2년인 1496년에 태어났다. 고향에서 나고 자라 공부한 뒤, 33세 때인 1528년(중종 23년) 과거에 급제하여 관직을 시작했다. 호는 온계(溫溪)라고 했다. 14년 만인 1542년(중종 37년) 승정원 동부승지(同副承旨)에 제수되었다. 승정원은 왕명을 출납하는 기관으로서, 왕이 내리는 교서나 신하들이 왕에게 올리는 글 등 모든 문서가 승정원을 거치게 되어 있어 국왕의 비서 기관으로 그 역할이 중대하였다.[4]

이해는 이듬해 좌부승지가 되었다. 중종은 1543년 1월 4일에 나라의

---

3) 《중종실록》 105권, 중종 39년(1544년 명 가정(嘉靖) 23년) 11월 15일(경술).
4) 승정원에는 도승지 휘하에 좌승지, 우승지, 좌부승지, 우부승지, 동부승지 등 6명의 승지가 있었다.

명망이 높은 선비인 김안국의 건강이 위태하다는 말에 좌부승지 이해를 보내어 문병하게 했다. 왕이 승지를 보내어 문병하는 것은 보통 영의정, 좌의정, 우의정 등 삼정승에게만 베푸는 은전이지만 김안국은 정승이 아니고 좌찬성을 지냈을 뿐인데도 왕의 문병을 받았다. 이해는 그날 문병을 하고는 돌아와 "신이 가서 김안국의 병세를 묻고 또 상의 분부를 전하니 '상의 덕이 지중하신데 이 병으로 죽을 수 있겠는가?' 하였습니다."라고 보고를 했다.[5]

8월 10일에 이해는 좌승지로 올라갔다. 두 달 후인 1543년 10월 4일에는 승정원 도승지로 승진했다. 경기도 관찰사로 나가는 홍섬 대신에 도승지로 올라선 것이다. 이때부터 이해는 중종의 최측근에서 왕의 명을 받아 왕을 모셨다.

10월 17일에 중종은 도승지에게 밀봉한 글 제목을 하나 주면서 성균관에 가서 유생들에게 '계심잠(戒心箴)'을 제목으로 글을 짓게 하여 모두 모아 봉하여 오라고 명한다. 이에 이해는 명령을 그대로 시행했다.[6]

그리고 이듬해 들어 중종의 환후가 불편하자 도승지 이해는 내의원의 제조와 의녀 등을 통해 중종에게 갖은 약을 처방해 마침내 건강이 회복되도록 했다. 이에 중종은 1544년 2월 9일에 자신의 건강을 찾아준 도승지

---

5) 김안국은 이해가 22살, 동생 퇴계 이황이 17세 때인 1517년에 경상감사가 되어 부임하던 길에 예안(안동)의 온혜리를 찾아 친구였던 이해의 숙부인 송재 이우를 예방했고 이에 송재가 두 조카를 인사시키자 두 형제를 보고는 "기지(器之: 이해의 부친 이식의 자)는 죽지 않았네. 기지는 죽지 않았어!"라고 칭찬하면서, 책과 양식을 주어 청량산(淸凉山)에 가서 공부하도록 한 인연이 있다.

6) 중종은 즉위 초부터 임금의 마음 자세를 신하들에게 묻는 계심잠을 여러 번 주문했다. 즉위 6년 처음 주문했고 11년에도 홍문관에 주문했는데, 이때 조광조의 계심잠이 장원으로 뽑혀 중종으로부터 털옷을 부상으로 받았다.

와 내의원 직원들에게 다음과 같이 상을 내린다.

중종 39년 갑진(1544) 2월 9일(무인)

전교하였다. "내의원 제조 윤은보(尹殷輔)와 정순붕(鄭順朋)에게 각각 숙마(熟馬) 1필씩을 하사하고 도승지 이해(李瀣), 의원 박세거(朴世擧)·홍침(洪沈)에게는 모두 가자(加資)하고, 유지번(柳之蕃)·한순경(韓順敬)에게는 아마(兒馬) 각 1필씩, 의녀 대장금(大長今)에게는 쌀과 콩을 도합 5석(石), 은비(銀非)에게는 쌀과 콩 3석을 하사하고 탕약 사령(湯藥使令)들에게는 관고(官庫)의 목면 2필씩을 지급하라."

이때 상을 받은 사람 중에 의녀 대장금의 이름이 나온다. 대장금은 쌀과 콩 5석이라는 가장 큰 상을 받는다. 말하자면 우리가 익히 아는 대장금이 출세하게 된 배경에 도승지 이해가 있는 것이다.[7]

---

7) 모 방송국에서 드라마를 만들어 널리 알려진 대장금은 이때 의녀를 주인공으로 해서 만든 드라마이다. 물론 이때 대장금은 음식을 만드는 역할이 아니라 의녀의 역할이었지만 그를 통해 중종 때의 음식, 건강법이 널리 재탄생하게 된다.

조정의 핵심 인재

　이해(李瀣)가 중종대왕과 가까워진 계기는 1533년, 그가 38살이 되는 때였다. 33살 때인 중종 23년 1528년에 문과에 합격해 벼슬길로 들어섰는데 5년 후인 1533년 정월에 성균관 전적과 남학 교수(南學教授), 2월에 세자시강원 사서에 제수되고 얼마 뒤 사간원(司諫院) 정언(正言)이 된 것이다. 정언이라는 자리는 사간원의 정육품(正六品) 관직으로, 맨 위에는 대사간(大司諫: 正三品 堂上), 그 다음 사간(司諫: 從三品), 헌납(獻納: 正五品) 등이 각 한 명씩 있고 그 다음 자리인데, 실무 핵심으로서 왕의 직접적인 의중과 양해가 필요한 자리이다. 그리고 관리로서 품행이 바르고 일 처리가 엄정해야만 임명되는 자리이기도 하다. 왜냐하면 이 자리는 간관으로서 국왕에 대한 간쟁(諫諍)과 봉박(封駁)의 실무를 담당하는 자리인데 실제로는 이에 제한되지 않고 사간원의 다른 관료 및 사헌부(司憲府)·홍문관(弘文館)의 관료와 함께 간쟁·탄핵·시정(時政)·인사 등에 대한 언론과 경연(經筵)·서연(書筵)의 참여 및 인사 문제와 법률 제정에 대한 서경권(署經權)[8], 국문(鞫問) 및 결송(決訟 소송의 결정)에 참여하는 등 역할이 막중하기

---

8) 고려 시대와 조선시대에 왕권을 견제하는 제도로서 이러한 임무를 담당하는 기구는 고려 시대 중서문하성의 낭사와 어사대이며, 조선시대 사헌부와 사간원이다. 왕이 관리를 임명하고자 할 때 관리의 본가, 외가 4대 조상의 행적을 조사하여 관리 임명에 동의를 하는 기구이다. 왕이 총애하는 사람을 관리로 임명하고자 할 때 사헌부 사간원에서 합리적 사유를 들어 거절하면 왕은 이를 따랐다. 이에 왕권을 견제하는 기능이 있었다. [네이버 지식백과]

때문이다. 그런즉 모든 국정에 관여하게 된다.

정언을 맡은 두 달 후 4월에 전라도 감사 반석평(潘碩枰)[9]이 부인의 병 치료를 위해 미처 허가도 나기 전에 상경했다가 적발돼 파직되는 일이 있었

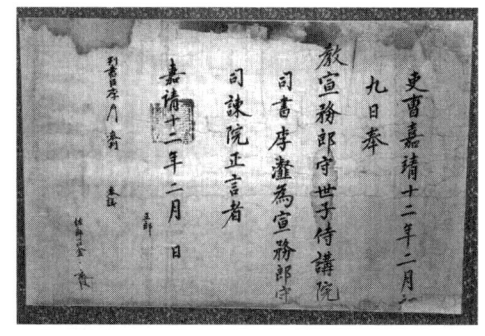

교지 사간원 정언 임명장

다. 이때 이해는 반석평의 처벌 수위에 대해 단독으로 처벌유예를 주장하였는데 이것이 합의제 절차를 지키지 않은 행동이라며 잠시 파직됐다. 그러다 다시 정언이 되고 이어 7월에는 성균관 전적에다 예조좌랑이 되고 9월에는 이조좌랑이 되었다.[10]

이듬해인 1534년 윤2월에 승문원(承文院) 검교(檢校)[11]를 겸하게 되었고 그해 11월 1일에 왕이 임석한 가운데 열린 정시(庭試)에서 우수한 글

---

9) 반석평(潘碩枰 ?~1540)은 형조참판, 한성부판윤, 형조판서 등을 역임한 문신이다. 어떤 재상의 종 이었으나 그 재상이 반석평의 재주와 성품을 사랑해 글을 가르치고 아들 없는 부자집에 양자로 보내 공부에 힘쓰게 하였다. 조광조(趙光祖)·김식(金湜) 등과 교유하였다. 1527년에 함경북도 병마절도사, 1530년에 경연특진관(經筵特進官)과 충청도 관찰사를 거쳤다. 1531년에 성절사(聖節使)로 명나라에 다녀온 뒤 예조참판과 전라도·경상도 관찰사를 지냈다. 조선 역사상 팔도의 관찰사를 모두 지낸 인물은 반석평과 함부림(咸傅霖, 1360~1410)뿐이다. 종으로서 최고 직위에 오른 입지전적인 인물이다. 반기문 전 유엔사무총장이 16세 손이다.

10) 육조의 권한이 강화되어 국정의 중심기구가 된 조선시대에는 판서(判書: 正二品), 참판(參判: 從二品), 참의(參議: 正三品 堂上) 정랑(正郎: 正五品) 밑에 좌랑(佐郎: 正六品)을 두었다. 정5품 정랑과 정6품 좌랑이 각 조의 실무를 장악하였다. 따라서 이들은 대표적인 청요직(淸要職)으로 간주되었다. 이조·병조·예조의 정랑·좌랑은 특별히 중시되어 문과 출신의 문관으로만 임명하게 하였다. 이들을 낭관·낭청 혹은 조랑(曹郎)이라고도 하였다.

11) 중국과 일본문서를 관장 및 관리들의 문장 교육을 담당하는 자리. 정6품

을 썼다며 말 한 필을 상으로 받았다. 이 해에 동생인 퇴계 이황이 34세의 나이에 문과에 급제하여 종9품인 승문원(承文院) 권지부정자(權知副正字)로 임명되었다. 같은 부서에 근무하게

퇴계 공조판서 교지

된 것이다. 모두 학식을 갖추고 글을 잘 쓰지 않으면 가기 어려운 자리다.

이해가 맡고 있는 자리는 중요한 인사들에 대한 추천작업을 맡는 자리인데 이듬해인 1535년 6월 부적절한 인사가 권점(圈點)[12]을 받았다는 고발이 있어 조정이 시끄러웠다. 공조판서로 있다가 귀양간 조계상(曺繼商)의 아들로 개성부 도사(開城府都事)로 있는 조광원(曺光遠)에 대해 홍문록(弘文錄)을 간선할 때에 광원의 이름 밑에 누가 찍었는지도 모르는 두 개의 권점이 있었음이 드러나 여러 사람이 처벌되었는데, 이때 이해는 이 과정을 알고도 모른 체 한 것이 아니냐는 오해를 받아 해직되었다가 곧 두 달 만에 복직한다.

이듬해 1536년 1월 공조정랑과 승문원 교리를 겸했고 2월에는 이조정랑이었다가 5월에 함경도 지방을 순찰하고 오라는 명을 받고 한 달 만에 머나먼 함경도 북단까지 다니며 그곳 군사방어태세와 백성들의 삶을 돌아보고 왔다.[13] (이때의 순행기록이 《북행록(北行錄)》으로서 고려대 도서관에 전한다.)

◇◇◇◇◇◇◇◇◇◇◇◇◇◇
12) 권점(圈點): 홍문관·예문관·규장각의 관원을 뽑을 때 후보자들의 성명을 적어 놓고 전선관(銓選官)이 각기 뽑고자 하는 사람 성명 아래에 찍는 둥근 점. 점수가 많은 사람이 뽑히게 되는 것으로 지금의 투표와 비슷함.
13) 5월 초1일에 명을 받들어 함경도의 실정을 살피다. 함경도는 매우 멀고 험한 곳이 많다. 또

이후 중종의 의중에 있는 인재가 되어 중요한 자리를 두루 옮기며 능력을 발휘한다. 1537년 4월에 종4품인 조봉대부(朝奉大夫)에 제수되고, 곧 정4품 사인(舍人)으로 승진하여 춘추관 편수관(春秋館編修官), 승문원 교감(承文院校勘), 세자시강원 문학을 겸임하였다. 7월에는 명을 받아 일본 사신을 선위(宣慰)하였고 9월에 홍문관 응교에 제수되고 경연 시강관, 춘추관 편수관, 승문원 교감을 겸임하였다. 일 년도 안 되는 사이에 수없이 자리를 옮기고 승진하고 했는데 모두 학문과 지식을 필요로 하는 자리였다. 그리고는 10월 15일에 모친 박씨의 상을 당했다.[14] 이해는 벼슬살이에 쫓겨 늘 소원하던 모친 봉양을 못하고 떠나보내게 된 것이 평생의 한이 되었다. 곧 고향으로 분상(奔喪)길에 올라 12월에 모친을 고향 뒷산에 장사 지낼 수 있었다. 이때 동생 퇴계는 그 해 4월에 선교랑(宣敎郞: 종6품), 5월에 승훈랑(承訓郞: 정6품), 9월에 승의랑(承議郞: 정6품)에 임명된 상태에서 10월 15일 서울에서 부음(訃音)을 듣고 넷째 형 해(瀣)와 같이 내려가 분상(奔喪)하였다. 형과 동생은 형이 살던 집 뒷쪽인 온계(溫溪) 수곡(樹谷) 언덕에서 만 2년 동안 시묘를 하느라 중앙 정계에서 떠나 있게 되었다.[15]

◇◇◇◇◇◇◇◇◇◇
　여름 장마가 한창이었는데 선생은 나랏일이 느슨해서는 안 된다는 생각을 품고 밤낮으로 달려갔다. 위태로운 낭떠러지를 여러 번 지나 두 다리에 부종(浮腫)이 생겼으나 쉴 겨를이 없었다. 구석지고 먼 곳까지 백성의 고통을 탐문하니 늙고 어린 백성들이 서로 붙들고 기뻐하며 부르짖으며 쌓인 고통을 호소하였다. 5월 22일에 복명하다. 행록(行錄=북행일기) 1권이 있다. 온계선생연보 『국역온계선생일고』 335쪽.
14) 모친 박씨는 남편이 일찍 세상을 뜨자 삯바느질 등을 하면서 전 부인이 남긴 아들과 자신이 낳은 아들 4명 등을 7남매 중 결혼한 큰 아들을 제외하고 나머지 자식들을 키워낸 억척여성이었다. 나중에 자세히 알아본다.
15) (퇴계는) 居喪 중에는 너무 슬퍼한 나머지 몸이 회초리 같이 말라 병을 얻게 되었다. 특히 이때 어려서부터 고질병이 되었던 심장질환(心疾)이 다시 도져 거의 죽을 뻔한 것이 한두 번이

대각을 두루 섭렵

이해가 45살이 된 1540년부터 조정에 돌아와 일이 많아지고 중요해진다. 2월에 봉렬대부(奉列大夫: 정4품)에 제수되고 홍문관 전한, 지제교에 배수되고 경연관 시강관, 춘추관 편수관, 승문원 참교를 겸임하였다. 곧 봉정대부(奉正大夫: 정4품)로 품계가 더 올라갔다. 6월에 사간원 사간 겸 승문원 참교에 배수되었다. 제용감 정(正)으로 옮겼는데 겸임은 그대로이다. 7월에 사복시(司僕寺) 정(正)으로 옮겼다. 품계가 더욱 올라 11월에 중훈대부(中訓大夫: 종3품)가 되었다.

사간원 사간으로 있던 중종 36년(1541년) 5월 전국에 가뭄으로 춘궁기 기아 피해가 늘어나자 왕은 진휼사를 각 도에 파견하기 위해 후보를 뽑아 올리라고 하니 당시 이조판서 양연(梁淵)이 4명의 후보자를 뽑아서 올렸는데 여기에 이해(李瀣)가 포함되었다. 강직한 신진사류로 이름을 얻고 있었다는 뜻이다. 바로 진휼사로 나갔다는 기록은 없다.

그해 10월에 이해는 집의(執義)가 되었고 11월에는 홍문관 직제학이 되었다. 홍문관 직제학은 문한(文翰: 글 짓는 일을 담당하는 자리)을 맡으며, 왕의 질문에 대비하는 직무를 띤다. 직제학은 집현전과 홍문관의 대표적인 학자 관료로, 관료 사회에서 문풍(文風)의 방향을 좌우했다. 이들에게

◇◇◇◇◇◇◇◇◇◇◇◇◇◇
아니었다. 12월 19일, 갑자(甲子)일에 어머니를 온계(溫溪) 수곡(樹谷) 언덕에 장사지냈다.
… 퇴계연보

는 왕의 명령이나 글을 대신 짓는 역할과 더불어 고문(顧問)에 대비하는 경연관의 역할이 필수적이었다. 이 가운데 가장 중요한 직제학의 직무는 경연관이었다. 직제학은 부제학, 승지 6명과 함께 경연 참찬관(參贊官)을 맡아 지사(知事)와 동지사(同知事)를 보좌하는 직무를 맡았다. 직제학은 또 『조선왕조실록』 등 역사서 편찬에서도 중요한 관직이었다. 직제학은 다른 홍문관 관원과 함께 춘추관 편수관을 겸직하면서 직접 기록을 작성하는 사관(史官)의 직무를 수행했다. 조정의 여론과 왕의 신임이 없으면 갈 수 없는 자리였다.

가장 측근이 구휼사로

이듬해인 중종 37년(1542) 정월 초부터 그동안의 가뭄 피해가 대기근으로 이어지자 중종은 경상도와 충청도에 구황 종사관을 보내는 것을 의논하게 하였다. 당시 구휼관은 만 백성의 아버지로서의 왕의 자애로움을 직접 전한다는 차원에서 가장 측근에서 왕을 모시는 신하들이 구휼관으로 뽑히는 것이 관례였다. 1월 9일 왕이 승정원에 명령을 하달하면서 가장 피해가 심한 경상상도(경상북도)에 보낼 구휼관으로 이해를 지명한다.

중종 37년(1542) 1월 9일(경인)

"어제 두 도(道)에 보낼 구황 종사관(救荒從事官)을 진휼청(賑恤廳)이 모두 시종(侍從)들로 의차(擬差)하여 아뢰기를 '가까이 모시고 있는 사람들을 보내면, 사람들이 반드시 상께서 백성들 구제를 염려하고 있는 뜻이 중함을 알게 될 것이다.'라고 하기에 아뢴 대로 하라고 답했었는데, 다만 관안(官案)을 보건대 홍문관(弘文館)의 상번(上番)인 관원의 수가 적다. 전에도 구황 종사관을 더러는 시종 이외의 다른 관원으로 차임하여 보낸 것이 전례가 있기는 하다. 그러나 이번에 경상상도(慶尙上道)는 실농(失農)이 더욱 심하여 구황(救荒)하는 일이 중요하니, 여기에는 그대로 직제학(直提學) 이해(李瀣)를 보내는 것이 사체(事體)[16]에 합당하다."

◇◇◇◇◇◇◇◇◇◇◇◇◇◇
16)   사리(事理)와 체면(體面). 일이 되어 가는 형편이나 상황. 또는 벌어진 일의 상태.

그러자 이해를 보내면 경연할 사람도 세자를 가르칠 사람이 부족해진다며 사헌부에서 이해를 파견하는 것을 시정해달라고 한다. 이에 대해 왕은 보내고 싶어서가 아니라 가장 가까운 사람을 보내야 한다고 신하들이 주청해서 승인한 것인데 왜 시비인가 하면서 정 그렇다면 보내지 말라고 한다.

중종 37년 임인(1542) 1월 10일(신묘)

또 헌부에서 아뢰기를

"홍문관 관원은 곧 경연에서 모시는 신하들입니다. 진휼이 비록 중요한 일이기는 하지만 경연관으로 진휼청의 종사관(從事官)을 삼는 것은 사체에 방해로우니 직제학 이해(李瀣)는 보내지 마소서." 하니, 답하였다. …

"이해의 일은, 경상도는 큰 도여서 진휼하는 일이 중대하기 때문에 진휼청이 시종(侍從)으로 있는 사람을 차임하여 보내고 싶다고 한 것이니, 이것이 어찌 우연하게 헤아려보고 아뢴 것이겠느냐. 그러나 시종이 진휼청의 낭관을 겸임하는 것은 사체에 있어 역시 이상하니, 아뢴 대로 보내지 말라."

신하들의 요구로 왕이 우왕좌왕하자 영의정으로서 진휼청 당상(총책임자)이기도 한 윤은보는 다른 사람으로 바꿀 시간도 부족하고 또 가장 측근을 보내면 그만큼 백성들이 왕의 본 마음을 알 것이라며 이해를 계속 보내자고 주장한다.

중종실록 중종 37년 임인(1542) 1월 11일(임진)

진휼청 당상 윤은보 등이 아뢰기를,

"무릇 사람들의 원통하고 답답한 바가 있는 일에 관하여는, 비록 두세 사람이 억울한 일을 당했다고 하더라도 반드시 내신(內臣)을 차정(差定)하여 보내

처리해 주도록 하는 법입니다. 하물며 흉년을 당하여 백성들이 장차 굶주려 죽게 되었으니 어찌 깊이 생각할 일이 아니겠습니까. 시종(侍從)으로 있는 사람을 종사관으로 차임하여 보낸 것이 또한 전례가 있습니다.

지금 경상 상도(慶尙上道)[17] 고을들의 흉황은 전고(前古)에 없던 일로서 많은 창생(蒼生)들이 거의 굶주려 죽게 되었으니 진휼하는 방책을 마땅히 시급하게 해야 합니다. 따로 시종을 보내어 죽게 된 백성들을 구제하는 것은 나라의 근본(邦本)을 중히 여기는 일로서 사체에 있어 잘 하는 것이라 할 수 있지, 사체에 방해롭다는 것은 알지 못하겠습니다. 더구나 이해(李瀣)를 내보낼 시기가 이미 박두하여, 이제는 고쳐 차임할 수 없으니, 그대로 보내어 구황(救荒)하게 하는 것이 어떻겠습니까?"

그만큼 이해는 중종의 눈과 귀의 역할을 했다. 중종도 할 수 없이 이해를 진휼어사로 경상도로 파견하는 것을 승인한다. 이에 이해는 곧바로 부임하는데, 임지로 내려가다가 낙생역(樂生驛)[18]에 이르러 홍문관 정자에 임명받은 하서(河西) 김인후(金麟厚)[19]와 같은 방에 묵기도 했다.

◇◇◇◇◇◇◇◇◇◇◇
17) 경상상도는 안동·상주에 성주까지 포함하는, 현재의 경상북도 지방. 경상하도는 진주와 경주 남서부를 포함한 현재의 경상남도 지방에 해당한다. - 디지털안동문화대전
18) 현재 경기도 성남시 분당구 궁내동 및 역말펌킹 일내이나. 성남에서 한양에 이드는 길목이었다.
19) 김인후(金麟厚, 1510~1560): 자는 후지(厚之), 호는 하서(河西), 본관은 울산(蔚山)이다. 1540년 문과에 급제하고, 1543년에 홍문관 박사 겸 세자시강원 설서를 역임하여 당시 세자였던 인종을 가르쳤다. 인종이 즉위하여 8개월 만에 사망하고 을사사화가 일어나자 고향 장성(長城)으로 돌아가 성리학 연구와 후학 양성에만 매진하였다. 필암서원(筆巖書院)에 제향되었다. 시호는 문정(文正)이며, 저서로는 『하서집』이 있다.

백성의 어버이

이해는 부임해서는 곧바로 잠시도 지체하지 않고 구휼에 진력한다. 현지의 참혹한 사정을 왕에게 편지로 알린다. 중종실록에서는 이해가 경상도에서 구휼한 활동이 비교적 상세히 실려 있다. 그만큼 이때의 구휼이 국가적인 중대사였음을 말해준다.

편지는 이렇다.

"도내에 기근이 매우 심한데 관아마다 두 번씩 순시하였지만 아직 굶어 죽은 사람을 직접 보지는 못하였습니다. 대개 민간의 저축이 이제는 거의 바닥이 났으며 관창(官倉)의 곡식을 풀어 조금씩 나누어 준다고 하여도 그것으로써 목숨을 이어 나가기는 어렵습니다. 각처의 시장마다 곡식은 차츰 줄어들고 있고 민간의 재물 또한 고갈된 지경입니다. 사채(私債)도 전에 빌려 갔던 사람에게 전혀 상환하지 못했기 때문에 곡식이 있던 사람도 역시 먹고 살기가 어려우니 관곡(官穀) 이외엔 달리 빌려줄 계책이 없습니다. 이뿐만 아니라 창고에 남아 있는 관곡이 본수(本數)에 미달인 까닭에 세전(歲前)부터 나눠주기 시작했는데 지금 창고가 거의 비게 된 것은 각 고을이 마찬가지여서 많은 백성들의 목숨을 구제할 길이 없습니다. 다른 지역에서 운반하는 일을, 본도의 경내엔 봄이 온 뒤로 한 방울의 비도 오지 않았으므로 낙동강의 수위가 낮아 빈 배도 다닐 수 없어서 수로로 운반하는 일은 손댈 수 없습니다. 부득이 육로로 실어와야 하는데 중도(中道)에 있는 관아는 용이하나 상도(上道)의 외진 고을들은 성주(星州)에서 4~5일 거리이므로 지금처럼 기근이 심하여 사람이나 말이 극도로 피곤한 이때에 오고 가는 도중에 쓰러질 것이 뻔한 일입니다. 민정(民政) 면에서 살핀다면 인수할 곡식의 양이 적어, 인수하기 위해 왕래하는 데 필요한 양식에도 부족한 터이므로 차라리 굶주림을 참고 있지 인수하러 가기를 원하지 않는 실정입니다. 인수하는 것이 이롭다는 점을 들어 설득한다 해도 어리석은 백성들이 어리석은 고집으로 아마도 선뜻 응할 것 같지 않습니다. 그럴 경우 구제 대책은 속수무책으로 그들이 죽어가는 것을 앉아서 구경할 뿐, 끝내 뾰족한 계책이 없으니 당황스럽고 안타깝기 짝이 없습니다. 또 각포(各浦)의 구황염채(救荒鹽菜: 백성들에게 나눠 줄 소금과 채소)도 감사와 함께 의논하여 마련하여 배에 실어 강에 띄워 놓은 지가 이미 오래인데도 수위가 낮은 까닭에 지금까지 실어 보내 나눠주지 못하고 있으므로 기민을 구제할 대책은 더욱 늦어지고 있습니다."[20]

이에 대해 왕은 곧바로 승정원에 지시를 내린다.

중종 37년 임인(1542) 3월 19일(기해)

정원에 전교하였다.

"이제 경상상도 경차관(慶尙上道敬差官) 이해(李瀣)의 서장(書狀)을 보니 매우 한심하다. 낙동강의 수위가 낮아 수로로 운반할 수 없으며 백성들이 성주(星州)로 직접 가서 곡식을 인수해 오려 해도 거리는 멀고 인수하는 곡식은 적으므로 차라리 굶주림을 참을지언정 인수하러 가기를 원하지 않는다고 한다. 구황 염채 마저도 강물의 수위가 얕기 때문에 운반하지 못한다고 하니 백성의

---
20) 중종 37년 임인(1542) 3월 19일(기해).

굶주림이 절박한 것이다. 내 마음에 측은하니 해당 관서로 하여금 각별히 조치할 일을 속히 마련하여 아뢰게 하라."

그리고는 바로 목사 홍덕연에게 낙동강의 실태를 현지에 가서 직접 파악하고 바로 처리하라고 지시한다.

형제가 함께 구휼

중종은 이날 그동안 미뤄왔던 충청도에 대한 구휼사로 이해의 동생 퇴계 이황을 임명한다.

중종 37년 임인(1542) 3월 19일(기해)

종이 쪽지에 임열(任說)·이황(李滉)·민전(閔荃)·김저(金䃴) 등의 이름을 적어 정원에 내리면서 일렀다.

"전에 농사가 더욱 흉작인 각 도에 어사를 보내어 적간(摘奸)하였는데 너무 일렀던 것 같다. 올해는 근래에 없던 흉년이다. 3월 보름 이후부터 5월 보름 이전까지가 흉년 구제 시책이 가장 긴요한 때인 만큼 적절한 조치를 못하면 그 피해가 크다. 안사언은 흉년 구제 시책을 태만히 한 까닭에 파직하였지만 그 밖에도 구제 시책을 부지런하게 펴지 않은 수령은 한둘이 아니다. 4개 도가 더욱 심한데 시종(侍從) 중에서 가려 보낼 것이니, 암행어사처럼 분주하게 돌아다니지 말 것이며 도종(徒從)이나 음식은 되도록 간략하게 하라. 험하고 외딴 마을까지 샅샅이 방문하여, 떠도는 자는 몇 명이고 굶어 죽은 자는 몇 명이며, 진휼해서 목숨을 살린 자는 몇 명이고 굶주려서 죽게 된 자는 몇 명이며, 어느 수령은 성심껏 구휼하고 어느 수령은 진휼을 게을리 하는가 따위의 일을 탐문해서 온다면 내가 친히 본 것이나 다름없으며, 백성들 또한 나의 진념(軫念)이 깊은 줄 알 것이다. 이 사람들을 명초하여 말하라."

드디어 임열을 전라도로, 이황을 충청도로, 김저를 경상도로, 민전을 경기도로 각각 보냈다.

이해의 편지는 경상도와 충청도에 광범위하게 만연된 백성들의 아사 위기를 정부가 온 힘을 기울여 구휼하는 계기가 되었다. 중종은 굶주린 백성을 잘 구휼한 관리들을 찾아 표창하고 그렇지 않은 관리들은 처벌하라고 한다. 그리고는 경상, 충청도만이 아니라 전라도에까지 구휼이 확대된다. 당시의 급박한 사정과 조정의 대응이 실록에 자세히 기록돼 있다.

중종 37년 임인(1542) 3월 26일(병오)
정원에 전교하였다.
"어제 경연에서 들으니 광주 목사(光州牧使) 이홍간(李弘幹)이 기민(飢民)을 잘 진구하였다고 하는데, 진구를 부지런히 하지 않은 자를 이미 치죄했으니 진구를 잘한 자를 상주어서 권면함이 좋겠다. 그러나 한 사람의 말만 듣고서 갑자기 상을 내릴 수는 없다. 그 도의 감사도 아직 알지 못하고 있을 수도 있으니 그 구황의 실적을 자세히 알아서 치계할 것을 감사에게 하유하라."

중종 37년 임인(1542) 3월 26일(병오)
구황을 잘 하는 관리에게 상을 주는 것에 대해 의논하게 하다.
석강에 나아갔다. 헌납 권철(權轍)이 아뢰기를,
"근래에 서울에 굶주리는 사람들이 많은 까닭에 야인(野人)의 녹봉(祿俸)을 베로 바꾸어 주어 굶주리는 백성들로 하여금 받아 먹게 하였으니, 국가가 백성을 염려하는 뜻이 실로 우연한 것이 아닙니다. 그런데 오부 관원(五部官員)들이 힘을 쓰지 않으므로 아전들이 작간(作奸)하고, 관령(管領)들이 가난한 자가 받아 먹도록 하지 않고 도리어 부자가 받도록 합니다. 이렇듯 고르지 않으므로 원망하는 자가 많습니다.

서인(庶人)은 그렇다 치더라도 사족 중에 과부나 녹봉이 없는 빈궁한 집들은 기근에 시달린 채 살아갈 길이 없습니다. 천재와 지변이 잇달아 흉작이 극도의 지경에 이르렀으며 역질마저 기승을 부리니, 민생은 죽어가서 나라의 뿌리가 흔들리고 있어, 지극히 두렵고 걱정이 됩니다. 상께서는 마땅히 하늘의 공경하고 백성을 긍휼하는 마음을 잠시도 잊지 마시고 백성을 괴롭게 하는 일체의 일을 우선 중단하시며, 항상 조심하고 두려워하는 마음을 가지신다면 국가가 보존될 수 있을 것입니다."

하니, 상이 이르기를,

"기민을 진휼하는 일은 서울이 더 잘못된 듯하다. 가난한 백성들은 먹지 못해서 굶주리고 사족(士族)의 집들마저 먹지 못하여 살기가 어렵다고 한다. 해조(해당 부서)는 더욱 살펴서 일할 것이며 지방의 수령들도 진휼에 힘써야 한다. 근래에 부지런히 진휼하지 않은 자를 치죄했을 뿐 아니라 시종(侍從)을 보내어 잘잘못을 찾아내었다. 비단 진휼에 부지런하지 않는 자를 치죄할 뿐 아니라 진휼에 부지런한 자를 상주어야만 사람들이 힘쓸 것이다. 각도의 감사가 수령들을 방문해서 그들의 구황 실적을 계문하다면 상전(賞典)을 베풀겠다."

하였다. 참찬관 이준경(李浚慶)이 아뢰기를,

"구황에 대한 일을 들으니, 다른 지방에서 실어 온 곡식을 나누어주는데, 백성들은 이에 의지하여 살아간다고 합니다. 그러나 거기엔 도리어 폐단이 있어 백성들이 다 답답하게 여깁니다. 수령이 자기 고을 백성을 거느리고 곡식이 있는 다른 관아로 가서 실어 오는데 받는 곡식이 대개 양이 부족하며 간혹 섬[石]이 제대로 찬 것은 먼지나 흙으로 절반이 채워지고 비를 맞아 썩은 것들입니다. 본관(本官)에서는 정곡(正穀)을 나누어주려고 하지만, 곡식의 원수(元數)는 있고 결손된 수량은 채울 수 없으므로 총수로만 지급합니다. 인수하러

간 수령은 곡식을 인수하는 데 마음을 다하지 않습니다. 이뿐만 아니라 백성의 이름과 수를 기록하고 가서 받아오지 않는 자에 대해서도 그 받아가지 않은 것까지 징수하므로 그 사이에 아전들이 농간을 부려 폐단이 적지 않습니다. 한 섬이라고 받아오는 곡식이 겨우 8~9말[斗]에 불과한데다가 현장에서 나누어주지 않고 관아로 실어왔다가 나누어 줍니다. 백성에게 나누어 줄 때는 섬수[石數]로 나누어주고는 받아들일 때는 말로 헤아려서 받습니다. 오래 묵어서 썩은 곡식을 섬을 채워서 준다 해도 백성들은 오히려 억울한데, 말수마저 차지 않으니 뒷날 백성들이 상환할 때는 만 배로 갚는 셈입니다. 그러므로 충청도는 곡식을 옮겨 운반해 올 백성들이 들에 가득히 차서 울부짖고 원망한다고 합니다. 곡식은 원래의 수량이 있어, 키로 까불면 반드시 모자랄 테니 백성들이 어찌 억울해하지 않겠습니까. 이 점을 각별히 하유하시어 백성들이 먹을 수 있는 양과 결손되어 모자라는 수량을 따져보게 하는 것이 어떻겠습니까?

  들으니 충주 목사 안위(安瑋)는 구황(救荒)에 마음을 쏟아 관아에서 받은 결송작지(決訟作紙)[21]로써 곡식과 바꾼 뒤에 미곡(米穀)과 염장(鹽醬)을 가지고 촌락을 드나들면서 진휼한다고 합니다. 백성들은 이것이 백성을 온전히 살리는 길이 못 되고 불과 하루 이틀 더 살릴 수 있을 뿐이라고 여길지 모르지만 목사가 마음을 다해 구제하면 백성은 고향을 떠나 떠돌 생각을 갖지 않으며, 그 고을 관아에서 성심껏 구제한다면 막상 죽는 자가 생기더라도 감동할 것입니다. 옛말에 '삼군이 마치 솜옷을 입은 듯하다.[三軍之士如挾纊]'는 말이 있습니다. 이는 곧 정성으로 감복했다는 뜻입니다. 수령이 형식적으로 하기 때문에 도리어 민폐만 생기는 것입니다. 만약 빈민 구제를 잘하는 자가 있으면 상을 주어서,

---

21) 관부(官府)에서 송사를 처리할 때[決訟] 드는 지필(紙筆) 값을, 승소한 자에게 거두는 것을 작지라고 하였다.

다른 사람으로 하여금 우러러보고 흠모하도록 하여야 합니다.

옛적에 주희(朱熹)는 남강군(南康軍)에서 구황을 잘하였기 때문에, 그 절목(節目)을 천하에 반포하고 모든 수령들로 하여금 그것을 법으로 삼도록 했습니다. 우리 국가에서도 감사에게 하유하여 구황을 잘하는 자를 방문케 하고 그 절목을 각 고을에 효유하여서 모범으로 삼도록 하여야 합니다."

하니, 상이 이르기를,

"감사와 수령이 있는 힘을 다한다면 구황할 수 있을 것이다."

하였다.

중종 37년 임인(1542) 4월 6일(병진)

진휼청(賑恤廳)이 아뢰기를,

"진휼경차관(賑恤敬差官)을 전라도에만 차출하여 보내지 않은 까닭은, 그 도에는 곡식을 저축한 고을이 많고 농사를 그르친 고을이 적으므로 도사(都事)를 시켜 조치하게 하였기 때문이었습니다. 이제 어사(御史)가 아뢴 바를 듣건대, 백성이 곤궁하고 굶주리는 형상이 지극히 놀라운데 이것은 도사가 삼가서 조처하지 않았기 때문이라 합니다. 이웃 고을의 곡식을 옮겨 주라고 특별히 감사에게 하유하는 것이 어떻겠습니까?"

하니, 그리하라고 전교하였다.

중종 37년 임인(1542) 4월 7일(정사)

수원과 이천 등지의 백성에게 경창의 곡식제급을 호조와 진휼청에 전교하다.
정원에 전교하였다.

"이제 (경기어사) 민전(閔荃)의 말을 들으니, 백성의 곤궁하고 굶주리는 형상이 지극히 애처롭다. 수령들이, 공채(公債)가 있더라도 밀보리가 익기 전까지

구활하려고 하기 때문에 나누어 주지 않는다고 하니, 하루 사이에도 죽는 백성이 많을 것이다. 호조가 저축된 나라 곡식을 아껴서 제급(題給)하려 하는 것은 계책으로서는 옳겠으나, 백성이 굶어 죽는 때에 나라 곡식을 아껴서 쌓아두었다가 어디에 쓸 것인가. 국가의 큰 근심으로는 백성이 굶주리는 것보다 중한 것이 없으니, 수원(水原)과 이천(利川) 등과 같이 더욱 심하게 농사를 그르친 곳에 두 번으로 나누어 경창의 곡식을 제급하라고 호조와 진휼청에 말하라."

이 같은 정부의 총력대응에도 불구하고 현장에서의 어려움은 더욱 가중된다. 이해가 다시 보고서를 올린다.

중종 37년 임인(1542) 4월 11일(신유)

빗물로 강이 넘치자 대구에서 사람과 말이 빠져 죽다.

경상도 진휼 경차관(慶尙道賑恤敬差官) 이해(李瀣)의 서장에 말하기를,

"상주 목사(尙州牧使) 홍덕연(洪德演)은, 대구(大丘)에서 옮기는 씨앗을 받아오는 일 때문에 사람과 말을 징발하여 친히 거느리고 갔는데, 마침 빗물로 강이 넘치자, 어리석고 경망한 백성들이 날이 어두울 즈음에 앞다투어 배를 타고 떼지어 건너가다가 배가 부서져 뒤집혀서 함께 빠지는 화를 자초하였습니다. 이것은 홍덕연이 잘못한 탓이 아닌 듯하나, 사람 네 명과 말 여섯 필이 빠져 죽었는데 어두운 밤이라 빠져 죽은 수를 확실히 알 수 없었다니, 더욱 놀랍습니다." 하였는데, 정원에 전교하였다.

"내 생각으로는, 백성을 위하여 곡식을 옮겼으나, 어두운 밤에 배가 부서져 빠져 죽은 사람과 말의 수를 확실히 알지 못한다면, 사람이 몇이나 죽었는지도 모를 것이니 백성을 위하여 옮긴 뜻과 다르다. 홍덕연이 잘못한 것이 아닐

지라도, 빗물이 넘치는 것은 미리 알 수 있고, 해가 저물면 건너지 않게 해야 옳을 것인데, 친히 거느리고 가서 받으면서 어리석고 미혹한 백성을 이렇게까지 되게 하였으니, 잘못이 없지 않다. 이 뜻을 진휼청에 말하라."

온계의 일생을 정리한 『온계일고』의 연보에서는 당시를 이렇게 정리한다.

3월에 안동부(安東府) 일직현(一直縣)에 있으면서 중종이 승정원을 통해서 보낸 유지(有旨)를 적은 서장(書狀)을 공경히 받다. 선생이 명을 받은 이래로 계획하고 구획하여 밤낮으로 쉴 틈이 없이 은덕을 베푸니 주(州)·군(郡)이 시끄럽지 않으면서도 온전히 살아난 자가 매우 많았다. 이때 임금이 서찰을 내려보내어 위로하며

"그대가 시골 마을을 드나들며 정성을 다해 진휼한다는 소식을 들었다. 한 지방을 구휼하여 살리는 책임이 실로 그대에게 달려 있다. 그대는 나의 애통하고 절박한 심정을 깊이 이해하여 험한 곳을 넘고 건너서 마치 자신이 굶주린 것처럼 하라. 무릇 굶주림을 구제할 방법은 두루 계획하고 생각하여 힘을 다해 조치하지 않음이 없어야 하니 한 백성이라도 굶어 죽는 일이 있지 않도록 하여 내가 파견한 뜻에 부응하도록 하라." 라고 하였다.

선생이 더욱 두려워하고 공경하여 수행인을 줄이고 몸소 간검(看儉)하여 깊숙한 골목과 궁벽한 마을이 멀다고 하여 이르지 않는 곳이 없었다. 지나가는 곳에 이름난 산과 뛰어난 경치는 비록 평소 구경하길 원하던 것이지 또한 탐방할 겨를이 없었다. 주현(州縣)에서 간혹 와 달라고 요청하면 그때마다 '진휼하는 일이 나에게 달려 있으니 굶주려 죽은 시체를 눈으로 보면 진실로 유람에 마음이 없다.'라는 뜻으로 사양하니, 한 도의 백성이 자애로운 어머니처럼

우러렀다.[22]

다만 이때에 경상도에 내려가 있던 관계로 한식날에 선영에 성묘하는 기회를 가진 것은 다행이라 하겠다.[23]
이해는 구휼을 잘한 지방 관서장을 표창하자는 임금 중종의 뜻에 따라 풍기군수로 있는 주세붕의 표창을 왕에게 상신하여 표창을 받도록 한다.

중종 37년 임인(1542) 윤 5월 5일(갑인)

풍기 군수 주세붕·선산 부사 어영진·안동 부사 김광철의 가자 문제를 삼공에게 의논하게 하다.

이해(李瀣)가 서계(書啓)하기를,

"풍기 군수(豊基郡守) 주세붕(周世鵬)은 평소 관직에 있으면서 근신 청검(謹愼淸儉)하고 구황하는 계책이 주밀하지 않음이 없었습니다. 그래서 경내의 백성들이 힘입어 모두 살아날 수 있었으며, 진제장(賑濟場)에서 밥을 얻어먹고 살아난 자가 거의 1백 명이나 되어 황정(荒政)이 도내에서 제일입니다.

선산 부사(善山府使) 어영진(魚永津)은 관직에 게으르지 않아 백성들을 위해 이로운 일을 일으켰으며, 황정 역시 자상하고 주밀하여 경내의 백성들이 이에 모두 힘입어 살 수 있었습니다. 안동 부사(安東府使) 김광철(金光轍)은 구황하는 일을 근검하게 조치하여 큰 부(府)의 백성들이 거기에 힘입어 모두 살 수 있었습니다."

하였는데, 전교하였다.

---

22) 「온계선생연보」『온계선생일고』 339쪽, 한국국학진흥원, 2023.
23) 이때 퇴계 이황은 그 전달 2월에 홍문관 부교리로 임명받아 서울에 있어서 내려올 수 없어 시 3수를 지어 형 온계 이해에게 부쳐 보내니 선생이 화답하였다. 뒤에 자세히 알아본다.

경복궁 근정전 전경

"주세붕 등은 다른 사람의 예에 의하면 모두 가자해야 하는데, 그러면 어영진은 2품이 되고, 김광철은 가의 대부(嘉義大夫)가 된다. 그러나 가의 대부가 되는데 무슨 문제가 있겠는가. 나중에 일 끝나고 올 때 준직(準職)을 줄 것인가, 아니면 지금 가자해야 할 것인가를 아울러 삼공(三公)에게 의논하라."

사신은 논한다. 주세붕은 학문이 해박하고 후덕하고 인자한 사람으로 향교(鄕校)를 크게 수리하여 사람들을 열심히 훈도하였는데 명유(名儒)들이 많이 모였으며 다스림에 성실과 신의를 힘써 고인(古人)의 풍도가 있었다. 이때에 이르러 마음을 다해 구황했는데 심지어 그의 고향집 곡식까지 운반해다가 백성을 진휼하니, 백성들 모두가 사랑하였다.[24]

---

24) 주세붕은 중종 36년인 1542년 여름에 풍기군수(豐基郡守)가 제수되어 고을과 마을에 오교(五敎 오륜(五倫))의 도리를 가르치고, 《소학(小學)》과 《삼강행실도(三綱行實圖)》를 배포하였다. 이듬해 1543년 봄에 문묘(文廟)를 새로 지었고 우리나라의 첫 서원인 백운동서원(白雲

윤5월에 복명하고 사정전(思政殿)에 가서 왕에게 무사히 임무를 마치고 돌아왔음을 고한다. 만 다섯 달 동안 꼬박 열심히 백성들을 구휼해서 왕의 뜻에 보답하고 이를 통해 전국에 가뭄과 기아로 죽어가던 많은 백성들을 살리는 계기를 마련한 것이다.

◇◇◇◇◇◇◇◇◇◇◇◇

洞書院)을 세웠다. 이 해에 마침 큰 기근이 들었다. 미음을 끓여 굶주린 백성들을 구제하였는데 반백(班白) 이상의 노인들은 양식을 달리하여 구휼하였다. 그러자 군에서 기맥(岐麥)이 나왔다. 정민공(貞愍公) 온계(溫溪) 이해(李瀣) 공이 재상 어사(災傷御史)로 내려왔다가 그 사실을 아뢰니 특별히 한 자급(資級)을 올려 주셨다. … 「愼齋周先生墓誌銘 幷序」『香山集』 제12권.

자식이 당한 것처럼

이해는 '시절을 아파하고 나라를 걱정하는 마음'으로 자신에게 맡겨진 진휼어사의 사명을 혼신의 힘을 바쳐 실행하였다. 출장 중에 밤중에 빗소리를 듣고 매우 기뻐서 쓴 시가 있다. 비가 꼭 필요할 때에 하늘이 비를 내려 도왔다는 것이다.

아득한 바다 하늘 한 낮이 되어 음기가 뜨더니
비가 내릴 듯 쓸쓸한 바람이 문득 가을 같네
후드득후드득 시원한 소리에 놀라 일어나 앉아
주룩주룩 밤중에도 기뻐서 머리를 내다보네
영해의 백성들의 바람을 살릴 수가 있게 되었으니
낙강의 소금과 쌀 실은 배를 빨리 풀어야겠네
내일 누에 오르기로 한 약속 어기지 마소
취하여 하늘에 닿아 흘러가는 동해를 바라보니

蒼茫海宇午陰浮　欲雨淒風却似秋
淅淅寧聲驚起坐　疏疏中夜喜傾頭
能蘇嶺海民人望　快解洛江鹽米舟
明日登樓莫相負　醉看東海際天流

『溫溪逸稿』卷1, 5쪽, 「中夜聞雨, 喜甚, 次海晏樓韻」

빗소리를 듣고 기뻐한 이유는 시에 잘 드러나 있지만 다시 설명을 달아 "그때 구황할 소금과 쌀을 배에 실었으나 물이 얕아서 올라오지 못했기 때문에 이렇게 읊은 것이다"[時以救荒鹽米載舟, 而水淺不得上來, 故云]라고 했다. 구황물자를 수송하려면 낙동강의 수위가 올라가야 하고, '낙동강 수위'를 올릴 수 있는 방법은 하늘에서 비를 내려주시는 길밖에 없었다. 그러던 차에 비가 내렸으니 온계의 마음이 어떠했겠는가. 바닷가 누각에 올라 술을 실컷 먹고 동해를 바라보겠노라 한 귀절이 그동안의 육체적 심리적 고통이 얼마나 컸던가를 짐작하게 해준다.

바쁘게 가고 머뭄이 너무나 덧없어
걱정스런 생각이 창자에 얽혀드네
눈에 보이는 것은 죄다 두 팔로 가슴 칠 지경
상심한 나머지 필경 눈물이 옷을 적실 노릇
민생을 의논함은 비록 조정의 정사이나
편안하게 살게 함은 정녕 어진 고을 원의 책임
뾰족한 재주 없어 남민에게 부끄러운 것을
옆에 있던 이가 부모 같다고 잘못 말하네

奔忙行止太無常　　憂念縈纏寸許腸
入眼擧皆堪扼腕　　傷心到底可霑裳
詢諮縱是朝家政　　安集還須邑宰良
覼對南民我無術　　傍人錯道比爺孃

『溫溪逸稿』卷1, 7쪽,「義城, 次金上舍(光粹)贈行韻」

이해는 굶주림의 현장을 쉬지 않고 둘러보며 대책을 강구하고 조치해야 하는 바쁜 일정을 보내야 했다. 보이는 것마다 탄식할 광경이니 눈물이 옷깃에서 마를 날이 있었을까. 그러나 부지런히 기민을 돌본 탓에 구휼한 고을마다 그를 칭송하지 않는 이가 없었다. 오죽하면 '부모'와 같이 은혜롭다고 말했겠는가.

진휼 임무 도중에 쓴 시도 그런 마음을 밝힌다.

나랏일에 나만 고생한다고 탄식한 적 있으랴
매양 힘이 미치지 못함을 생각하고 애만 태웠다네
험난함도 깔보며 벼랑 골을 따라 가고
위태함도 무릅쓰며 바닷가를 따라 간다
죄다 목마른 물고기처럼 다투어 북적대니
고르게 혜택을 베풀어 각각 사랑해주어야지
흉년이란 재앙이 사람 생각이 잘못된 탓일까
허물은 푸르고 푸른 저 하늘에도 있다네

王事何曾歎獨賢　每懷靡及只憂煎
侵凌巇險緣崖谷　衝冒崎嶇傍海堧
盡作涸鱗爭濊濊　均宣惠澤各拳拳
凶災不獨人謀否　咎在蒼蒼者彼天

『溫溪逸稿』卷1, 11~12쪽,「途中偶吟」

진정으로 시절을 아파하고 나라를 걱정하기 위해서는 민중, 백성에 대한 충분한 이해가 필요하다. 온계는 도시에서 성장하지 않고 향촌 예안에서 유년기와 청년기를 보냈기에 가까운 거리에서 백성들의 삶을 지켜보았을 것이다.[25]

---

25) 이종호 「온계 이해의 문학과 정신세계」『온계가의 학문세계와 현실대응』 41~43, 2006, 한국국학진흥원.

동생의 마음

한편 이때 동생 퇴계도 형보다 두 달 뒤인 3월에 충청도에 파견돼 구휼업무의 실태를 파악하게 되었다. 42살 때이고 의정부 검상(議政府檢詳)으로 있을 때였다. 퇴계도

근정전 임금의 목좌

엄중한 왕명을 수행하기 위해 밤낮을 달렸는데 이때의 노정(路程)이 어떠하였는지는 구체적으로 나오지 않지만 그가 남긴 시를 통해 파악을 해보면[26] 3월 19일에 서울을 떠나서 24일 밤에 공주(公州)에 들어가고, 4월 1일에 천안(天安)을 경유하여 상경해 왕께 보고를 올렸는데 임금에게 3년 동안 비상식량을 준비할 것과, 공주판관(公州判官) 인귀속(印貴孫)을 파면할 것을 건의하였다.

이때 고된 임무 수행길, 충청남도 태안 지방을 지나면서도 형님을 생각하는 시를 남긴다.

---

26) 이장우 「퇴계의 사행시」 『퇴계학연구』 제2호(1988), 안동대 퇴계학연구소.

태안에서 새벽에 말을 달려가면서 경명 형님[27]을 생각하노라
[泰安曉行憶景明兄]

군의 성문 호각을 불어 밤중에 열게 하고

오직 임금님 명령 받드는 일이라 급하게 역마를 갈아타고 달리네

덜 깬 꿈결 안장에 묶은 채 몸은 얼얼한데

떠도는 빛 바다에 연하였고 달빛만 훤하네

인기척에 놀란 기이한 학은 외딴 섬으로 도망치고

비오는 틈 탄 밭갈이꾼들은 먼 마을에 나타나네

영남과 호서가 서로 바라보기에 천리 길이나 떨어져 있으니

알지 못하겠네, 어느 곳에서 달려가는 수레를 조심하고 계시는지

郡城吹角夜開門　　祇爲王途急馹奔

殘夢續鞍身兀兀　　遊光連海月痕痕

驚人別鶴投孤嶼　　趁雨耕夫出遠村

湖嶺相望隔千里　　不知何處戒征鞍

　　이 시에서는 새벽의 해안을 따라서 말을 타고 가는데 피로에 지쳐 깜박깜박 졸면서도 경상도로 구휼을 나간 형님을 비몽사몽간에 생각하는 모습과 새벽 무렵의 농촌과 해안 풍경이 잘 그려져 있다. 퇴계는 늘 넷째 형 이해를 생각하며 형님의 안위를 걱정하고 함께 고향에서 지내고 싶어 하는 마음을 수없이 드러낸다. 3행에 나오는 '殘夢(잔몽)'이라는 말을 '덜 깬 꿈'으로 번역할 수 있는데, 그 꿈의 내용은 바로 형님과 작별하던 일 또 지금쯤 경상도 어디쯤 자기와 같이 분주히 돌아다니거나, 아니면 잠깐

---

27) 경명(景明)은 온계(溫溪) 이해(李瀣)의 자(字)이다.

고향에 들렀을 형님을 생각하고 있는 내용일 것이기에 그 꿈을 생각해 내면서 이런 시를 쓴 것으로 보인다.[28]

퇴계상 유학박물관

퇴계도 이때 곳곳에서 백성들이 굶주리는 모습을 보고 마음 아파하였다. 형님 온계와 같은 마음이었을 것이다. 전의현(全義縣)으로 내려가는 길에 곳곳에서 굶주리는 사람들을 보고 다음과 같은 시를 썼다.

집은 헐고 옷은 때에 절었으며 얼굴엔 짙은 검버섯 피었는데
관아의 곡식 잇달아 비니 들에는 푸성귀마저 드무네
유독 사방의 산에 꽃만 비단같이 곱게 피어 있으니
봄 귀신님이야 사람들 굶주린 것 어찌 알리오

◇◇◇◇◇◇◇◇◇◇◇◇◇◇

28) 이장우 교수는 이 시 2행에 "兀兀"(올올)이라는 말이 소동파가 그의 동생을 이별하는 시

> 술을 마시지 않았는데도 무엇 때문에 이렇게 얼얼하게 취한 듯할까?
> 이 마음 이미 뒤쫓고 있네, 그대 돌아가는 말이 떠나는 것을.
> 돌아가는 사람은 그래도 스스로 어버이 계신 집에 가서 모실 것을 생각 하겠지만,
> 지금 나는 어떻게 나의 적막함을 위로할 것인가?
>   不飮胡爲醉兀兀, 此心已逐歸鞍發.
>   歸人猶自念庭闈, 今我何以慰寂寞?
>   ―<辛丑十一月十九日, 旣與子由別於鄭州西門之外, 馬上賦詩一篇寄之>

에 나온다는 점을 들어 퇴계가 그의 형님을 이별하여 정신이 '얼얼'하다고도 말한 것으로 풀이했다.

屋穿衣垢面深梨　　官粟隨空野菜稀

獨有四山花似錦　　東君那得識人飢

　　　　　―<全義縣南行, 山谷人居, 遇飢民>

이 사행 행차를 거의 마감하고 서울로 올라가는 길에 천안에서도 가슴 아픈 정경을 시로 남긴다.

이리저리 떠도는 백성들 많은데 나만 편안함을 얻어

길에서 굶주린 사람들 만나면 오래도록 머뭇거리네

피로가 극에 달해 옛 환성(歡城)땅에 몸을 내맡기니

높은 산 깊은 골짝 두루두루 다 지나왔다네

동백꽃 고운 보라빛은 붉은 꽃을 모은 듯하고

옥매는 맑은 향기 풍기며 이슬 맺혀 흔들리네

빈 뜰에 해 지고 꽃 시샘하는 바람 불어오니

늦은 봄 난간에 기대어 오히려 추위를 걱정하네

民多流離我得安　　道逢餓者久盤桓

疲極來投古歡城　　歷盡山巓與水干

山茶紫艶攢花然　　玉梅素香飄露溥

日暮空庭妬花風　　春後憑欄猶怕寒

　　　　　―<四月初一日, 天安東軒>

4월, 돌아와 결과 보고를 하였다.

임금이 인견(引見)하여 흉년 구제 상황을 물으니, 퇴계가 아뢰기를, "옛사람이 말하기를, '나라에 3년을 지탱할 저축이 없으면 나라 꼴이 되지 않는다.' 하였습니다. 이제 한 해 흉년이 들었다고 공사 간에 군색하고 결핍됨이 이러하니, 금년에도 만일 농사일이 실패된다면 흉년 구제는 모양새를 이루지 못할 것입니다. 보통 때에 경비를 절약해서 저축하여 두어야 예상치 못한 재해가 있더라도 군색하고 급히 서두를 걱정이 없을 것입니다." 하고, 또 아뢰기를, "공주 판관(公州判官) 인귀손(印貴孫)은 못되고 탐욕스러우며, 흉년 구제를 잘 수행하지 않았으니 그 죄를 다스리소서." 하여, 임금이 그대로 따랐다.[29]

8월에는 강원도에 어사로 파견되기도 했다.[30]
퇴계는 그 전 해 9월에 경기도 영평현(포천)에 수해 파악을 위해 어사로 다녀온 일도 있었다.

◇◇◇◇◇◇◇◇◇◇◇◇◇

29) 퇴계선생연보. 1542년 선생21년(임인).
30) 이때 청평을 지나면서 '청평산을 지나며 느낌 병서'(過淸平山有感幷序)란 글을 남긴다.
"춘천(春川) 청평산(淸平山)은 곧 옛날의 경운산(慶雲山)으로 전조(前朝)의 이자현(李資玄)이 벼슬을 버리고 이 산에 숨어 살았다. …… 그가 부귀를 구하고 좋은 벼슬을 얻기가 마치 땅에 떨어진 지푸라기를 줍는 것처럼 쉬웠는데도 영화를 사양하고 지위를 피하기를 마치 더러운 세속에서 매미가 섭실을 벗듯이 민물 위로 홍곡(鴻鵠)이 날듯이 하여 이 산에서 37년 동안이나 오래 머물렀다. 임금이 겸손한 말과 후한 예(禮)로 불렀으나 그 절개를 굽히지 못하였고, 사천 마리의 말과 만 종(鍾)의 녹봉으로도 그의 마음을 움직일 수 없었으니, 흉중에 즐기는 바가 있는 사람이 아니고서야 어떻게 이럴 수가 있겠는가. 내가 일찍이 《동국통감(東國通鑑)》을 읽었는데, 사관(史官)이 이자현을 논하면서 그를 몹시 깎아내리고 심지어 그를 가리켜 탐욕스럽고 인색하다고 한 것을 보고 괴이하게 생각하였다." 《退溪集 卷1 過淸平山有感》

중종 36년 신축(1541) 9월 25일(무신)

시독관 이황(李滉)이 아뢰기를,

"신이 어사(御史)의 명을 받들어 영평현(永平縣)에 도착하니 그곳의 수재(水災)가 매우 심하여 산골의 밭은 모두 무너지거나 엎어졌고, 물가의 논은 떨어져 나가 거의 없었으며, 수심에 싸인 백성은 생업(生業)을 잃고 떠돌았습니다. 신이 돌아올 때에 사람들이 몰려와서 말하기를 '가뭄이 들었던 땅은 오는 해에는 희망을 걸 수 있으나 우리 같은 궁민(窮民)은 앞날의 희망마저 없다. 연한을 정하여 농사지어 먹도록 한 경내(境內) 강무장(講武場)³¹⁾의 땅을 영구히 경작하게 하면 유민(流民)들이 생업에 돌아가 소생할 수 있겠다.' 하였습니다. 신의 생각에는 영평은 길가의 보잘것없는 읍(邑)입니다. 전답이 없고 주민이 적은 곳으로서 남은 궁민마저 모두 떠돌게 되면 읍으로서 읍 구실을 하지 못하게 됩니다. 강무에 필요한지는 신이 알 수 없으나, 다만 들은 바대로 아뢰는 것입니다."

하니, 상이 이르기를,

"조종조의 강무장을 경솔히 처리할 수는 없다. 대신들과 의논하라."

하였다. 이황이 또 아뢰기를,

"지금 이 기근 때문에 휴가를 못 받아 지방에 있는 자녀들을 혼인시키는 일도 모두 못하게 되었는데 이것이 비록 폐단을 제거하려는 뜻이기는 합니다. 그러나 《주례(周禮)》의 황정(荒政) 12조에 보면 혼례에 예절을 갖추지 않는 경우도 많습니다. 그것은 남녀가 시기를 잃으면 화기(和氣)를 상하기 때문에 그 시기를 잃지 않게 하려는 것입니다. 지금 휴가를 주어 돌아가게 하지 않는다

---

31) 조선에서는 1년에 두 번 봄과 가을에, 지정한 곳에 장수와 군사와 백성들을 모아놓고 임금이 주장하여 사냥하며 아울러 무예를 닦았다. 이에 필요한 곳을 강무장이라고 지정했다.

면 황정의 본 뜻에 어긋남이 있을까 염려됩니다."

하니, 상이 일렀다.

"흉년이 들었는데 역말을 타고 가게 되면 폐단이 있겠기에 이렇게 한 것이다. 사사로이 가는 경우는 폐단이 되지 않을 것이니, 다시 논의하라."

경상도 구휼임무를 잘 수행하고 올라온 온계 이해는 5월 30일에 통정대부로 품계가 올라가면서 승정원 동부승지 겸 경연 참찬관 춘추관 수찬관에 제수되었다. 8월에 고향으로 돌아가는 농암(聾巖) 이현보(李賢輔)를 전송하였다. 여러 조정의 신하들이 모두 나서서 송별시를 써주고 성대한 환송자리를 마련해주었다. 같은 고향 후배로서 절친했던 온계와 퇴계도 전별시를 써주었다.

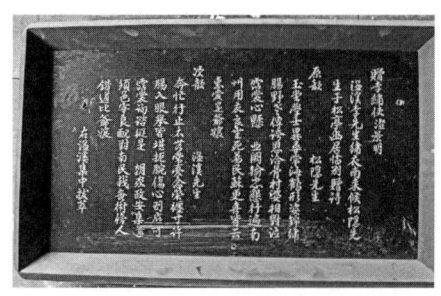

송은 온계 시 화답

이처럼 온계 이해와 퇴계 두 형제는 중종 말년에 나라 곳곳에 닥친 심각한 자연재해를 성심껏 파악하고 구휼함으로써 백성을 사랑하는 임금 중종의 마음을 대신했다. 그것으로써 그 시대 왕에 대한 평가를 인덕이 있다고 사신이 규정하는 데 도움을 준다.

도승지 이해

10월에 온계는 좌부승지로 승진하였다. 이때 전옥서(典獄署) 죄수 사노(私奴) 산동(山同)이 자기의 상전(上典) 조원효(趙元孝)를 살해하기 위하여 누이동생 청금(靑今) 등과 몰래 모의해, 죽은 사람의 턱뼈를 구해 상전의 베개 밑에 숨겨 넣었는데, 이 때문에 주인이 놀라서 죽은 사건이 있었는데 이에 대해 처벌안을 보고하여 그대로 시행하도록 하였다.

이듬해인 1543년 8월10일 온계는 좌승지로 올라갔다. 동생 퇴계도 같은 날에 사간원 사간으로 발령되었다. 그리고 두 달 후에 온계는 도승지가 되었다. 왕을 가장 가까이에서 모신 것이다.

동생 퇴계의 활약과 귀향의 뜻

온계 이해가 도승지(都承旨)로 올라가 활약한 1543년, 동생 퇴계도 중앙에서 여러 직책을 맡으며 능력을 발휘했다. 그러나 이때에도 이미 건강 문제로 힘들어했다. 1543년 퇴계의 활동을 정리해 본다.

2월: 병환으로 사직원(辭職願)을 제출했다. 병으로 체직(遞職)되어 종친부(宗親府) 전첨(典籤), 지제교(知製敎) 겸 승문원(承文院) 교감(校勘)에 임명되었다.

날짜 미상: 다시 사헌부(司憲府) 장령(掌令)에 임명되고, 이어서 전설사수(典設司守)에 임명되었다.

6월: 조봉대부(朝奉大夫)에 임명되었다.

7월: 성균관(成均館) 사예(司藝)가 되고, 승문원 교감과 시강원(侍講院) 필선(弼

善)을 겸하였다.

8월: 조산대부(朝散大夫)에 임명되었다가 사간원(司諫院) 사간(司諫)에 임명되었으나 병으로 부임하지 못하고 사복시(司僕寺) 첨정(僉正)으로 제수(除授)되었다.

10월: 성균관 사성(司成)에 임명되고, 휴가를 얻어 고향에 돌아와 성묘(省墓)하였다.

11월: 예빈시(禮賓寺) 부정(副正)으로 제수되었으나 나가지 않았다. 이때부터 비록 소환되어 벼슬에 나가더라도 조정에 오래 머물지 않고 곧 돌아왔다.

12월: 봉렬대부(奉列大夫), 예빈시 부정, 지제교 겸 승문원 참교(參校)에 임명되었다.

12월에 봉렬대부, 예빈시 부정, 지제교 겸 승문원 참교 등 요직에 임명된 것은, 퇴계가 고전(古典)에 밝고 옛 법식(法式)을 잘 알며 국왕이나 나라의 문서를 만드는 데 능력을 인정받았음을 의미한다.

다만, 이때도 조정에서 높은 벼슬로 올라가는 것보다는 책을 들고 고향에 가서 공부하고 싶은 마음이 간절했다. 퇴계의 이러한 심정은 그의 연보(年譜)와 편지, 그리고 당시 기록에 잘 드러나 있다.

『퇴계선생연보』 1543년(계묘) 기록 발췌:

11월: 예빈시 부정(禮賓寺副正)에 제수되었으나, 나가지 않다.

남명(南冥) 조식(曺植)에게 보낸 편지 발췌:

"나는 어릴 때부터 옛 성현을 사모하는 마음만 있었을 뿐이나, 집이 가난하고 모친이 노쇠하다는 연유로 친구들이 억지로 과거를 통해 이록(利祿: 이익과 녹봉)을 얻을 것을 권하였습니다. 내 그때 실로 식견이 없어서 곧 그 권유에 마음이 움직여 추천하는 글에 이름을 걸고 보니, 세상일에 골몰하느라 날마다 겨를이 없거늘 다른 것은 말하여 무엇 하겠습니까. 그 뒤 병이 더욱 심하고, 또 스스로 생각하여도 세상에서 할 수 있는 사업이 없을 것이기 때문에 이제야 비로소 뒤돌아보고 가던 발걸음을 멈추고서 옛 성현의 글을 많이 가져다 읽었습니다. 이에 크게 깨달아 그 길을 따라서 길을 고치고 방향을 달리하여 상유(桑榆: 저녁 햇빛이 뽕나무와 느릅나무에 비치는 때, 즉 노년)의 경(景)을 거두려 합니다. 사직을 청해 벼슬자리를 떠나서 옛 서적을 안고 고향으로 돌아가 아직 미처 이르지 못한 것을 구하고자 하는데, 혹시라도 하늘의 도움을 얻어서, 차츰차츰 조금씩 쌓은 끝에 만에 하나라도 보탬이 된다면, 이 일생을 헛되이 보내지 않게 될 것입니다. 이것이 나의 10년 이래의 뜻이요 소원이지만, 성은이 하찮은 자를 포용하시고, 헛된 명예가 사람을 몰아붙여서 계묘년(癸卯年: 1543)부터 임자년(壬子年: 1552)에 이르는 동안 세 번 물러났으나 세 번 불려 돌아오게 되었습니다. 늙고 병든 정력으로 공부도 전심(專心)하지 못하였는데 이러고서도 무엇이 이루어질까를 바란다면, 또한 어려운 일이 아니겠습니까."

정유일(鄭惟一)이 지은 『언행록(言行錄)』 발췌:

"선생은 본래 벼슬할 마음이 적었고, 또 그때의 시국이 크게 어려운 사정이 있음을 보고, 계묘년(1543년)부터 벼슬에서 물러나 쉬기로 뜻을 정하고, 그 뒤로는 여러 번 불려 돌아와도, 항상 조정에 오래 있지 않았다."

온계가 도승지가 됐을 때의 활약 중 하나는 이 책의 앞부분에서 알아본 대로 의원과 의녀들을 통해 중종의 건강을 잘 보필하고 벼슬 품계가 더 올라간 것이었다. 1544년 들어 2월에 60에 가까운 중종이 감기가 들어 내열이 나고 해소가 심한 증상을 보였는데, 내의원에서 탕재를 조제해 올려 거의 치유된 사실이 있다. 이에 중종이 의녀 대장금 등 관련자들의 공을 치하하고 상을 내린 것이다. 당시 온계는 도승지로 있었기에 국왕의 환우를 치유하기 위해 동분서주했을 터이고, 특히 내의원 의원이나 의녀들과 긴밀히 협력해 성과를 거둔 데 따른 포상이었다.

1544년 2월 9일 포상 명령이 떨어지자 2월 10일에 품계가 가선대부

(嘉善大夫)³²⁾로 올라갔다. 가선대부는 종2품이다. 여기서부터 당상관이다. 아직 벼슬이 올라가지 않았지만 품계가 먼저 참판 반열로 오른 것이다. 품계가 오르고 열흘쯤 지난 2월 22일 대사헌에 임명된다.

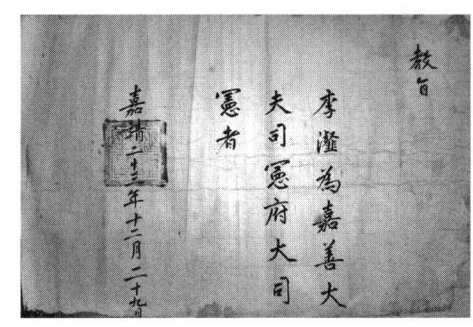

교지 대사헌 임명장

당시 매일 밤 도성을 지키는 순장(巡將)과 감군(監軍)의 직무태만 문제가 일어났다. 조선왕조에 있어서 도성의 치안은 중요한 문제이기에 세조 때부터 고위관리들이 돌아가면서 순장(巡將)이 되어 수하에 감군(監軍)을 데리고 맡은 구역 안을 밤 10시인 인정(人定)부터 새벽 새벽 4시인 파루(罷漏)까지 돌아다니며 통행을 감독하는 제도가 시행되었다. 그런데 세조가 죽고 예종이 즉위하면서 군기가 빠져서 감군이 당직에 나오지 않는 일이 일어나 순장과 감군 모두를 의금부에 보내 문초하도록 한 일이 있었는데 중종 때에 와서 다시 이런 병폐가 생긴 것이다.

이해가 대사헌이 된 한 달 후인 3월 27일에 열린 국왕 주재 아침 경연에서 이 문제가 거론되었다. 감군이 순장을 도와 함께 순찰을 해야 하는데도 감군이 나오지 않았고 순장은 그런 상태에서 그냥 순찰을 돌았다는 것이고 그것을 들은 중종이 사건을 조사하라고 하였다. 대사헌 이해는 왕에게 다음과 같이 보고한다.

---

32) 가선대부는 참판, 관찰사, 제학, 동지사, 부윤, 대사헌, 병마절도사, 부총관, 판목사 등이 해당된다.

중종 39년 갑진(1544) 3월 27일(을축)

　대사헌 이해(李瀣)가 아뢰기를,

"감군이 나가지 않았다는 것을 듣고 본부(本府: 사헌부)가 바야흐로 추고(推考)하고 있습니다. 순장은 감군이 없으면 분군(分軍: 군을 나누어 통솔함)을 할 수 없습니다. 비록 밤이 깊었더라도 어떻게든 보고(啓聞)한 다음에 해야 합니다. 군기(軍機)의 중요한 일이 이와 같으니 매우 그릅니다. 그 때문에 순장도 또한 추고하고 있습니다."

　하였다.

조광조를 용서하소서

　한편 이날 회의에 참석한 홍문관 부제학 송세형[33]이 조정에서 능력이 뛰어난 발탁하는 인사를 내면 능력이 아니라 발령기한이 맞지 않는다고 비판해 인사를 철회하는 사례가 있다고 지적하면서 기묘사화로 쫓겨나 사약을 받은 조광조를 복직시켜 달라고 했다. 이에 대사헌 이해는 이 사건의 전말과 처리문제를 자세히 왕에게 밝히면서 역시 조광조의 복직을 요청했으나 왕은 속으로는 조광조를 복직하고 싶은 마음이 있었지만 역모의 수괴로 처벌한 사람을 자신이 풀어줄 수 없다며 허용하지 않는다. 조광조에 대해서는 일찍이 퇴계 이황이 송세형과 함께 복직을 주장한 바 있고 이때에 송세형이 다시 언급한 것이다.[34]

◇◇◇◇◇◇◇◇◇◇◇◇◇◇◇

33) 송세형은 중종이 잠저시(潛邸時: 왕에 즉위하기 전의 시기) 아버지 송연손이 중종의 사부(師傅)였던 관계로 어려서 중종과 같이 지낼 때가 많았다. 뒤에 왕위에 오르자 중종이 이를 잊지 않고 자주 불러 안부를 물었는데, 김안로 일당은 그들의 간사한 행동의 정상이 위로 알려질 것을 염려, 모함하고 배척하였다. 1537년 김안로 일당이 몰려나자 비로소 중용되어 이듬해 홍문관부수찬(弘文館副修撰)을 거쳐, 사간원정언(司諫院正言)·홍문관부교리(弘文館副校理)·사헌부지평(司憲府持平)·사간원헌납(司諫院獻納) 등 삼사의 요직을 두루 역임하였다.

34) 당시 홍문관부제학(弘文館副提學)이던 송세형은 인종이 즉위하자 승정원 우부승지·좌부승지를 역임하였는데 명종이 즉위 후 소윤 일파가 득세하여 을사사화를 일으키자 소윤 일파에 가담해 추성위사보익공신(推誠衛社保翼功臣)에 책록되고 좌승지로 승진하였다. 이후 예조참판, 호조참판을 거쳐 호조판서가 되었다. 1550년 대사헌·지중추부사를 역임하였는데 대사헌 때는 온계를 고발하는 쪽에 가담했다. 1551년 다시 호조판서가 되었고 이어 이조판서를 연임하던 중 병사하였다.

그리고는 보름 후인 4월 13일 대사헌 이해는 왕에게 직접 차자(箚子)[35]를 올려 조광조 문제를 거론한다.

조광조가 누구인가? 조광조(趙光祖, 1482~1519)는 중종반정 후 조정에 출사, 유교적 이상정치를 현실에 구현하려는 다양한 개혁을 시도하다가 25년 전인 1519년 기묘년에 다른 젊은 관리들과 함께 숙청된 인물이 아닌가? 1506년 반정(反正)으로 왕위에 오른 중종은 연산군 대의 잘못된 정치를 개혁하는 이른바 유신 정치를 추진하였다. 앞서 몇 차례 사화를 겪으면서 화를 당한 사람들의 원한을 풀어줌과 동시에 연산군 때 폐지되었던 조선조 유학의 상징 성균관을 다시 원상으로 복구하였다. 또한 앞서 사화를 겪으며 귀양을 갔던 선비들을 소환하여 중용하였다. 즉위한 지 8년 여가 지나면서 주요 반정 공신들이 사망하게 되자, 본격적인 정치 개혁에 착수하여 당시 사림의 영수로 있던 조광조를 통해 새로운 이상사회 건설을 이뤄보고자 했다.

관직에 있는 아버지를 따라 함경도에 갔다가 거기서 유배생활을 하는 김굉필을 스승으로 맞이함으로써 정몽주, 길재, 김숙자, 김종직으로 이어지는 새로운 유학사상의 맥을 접하게 된 조광조는 관직에 진출하면서 도학정치(道學政治)라는 이상정치를 실현해 보려 하였다. 도학정치란 공자와 맹자가 정립한 정치이며, 그 원류는 유학에서 이상시대로 알려진 요순시대의 정치 그것이었다. 조광조를 비롯한 사림세력은 임금에게는 철저한 수신을 요구하면서 조정에서는 언로의 확충을 강조하였다. 당대 시행되던 과거제에 덕성으로 인재를 뽑을 수 있는 선발제도인 현량과(賢良科)

---

[35] 조선시대 관료가 국왕에게 올리는 간단한 서식의 상소문. 상소문보다는 그 서식이 간단하면서도 말하고자 하는 것은 모두 표현할 수 있는 이점이 있다. 성종 때 서거정이 처음으로 차자를 올렸고, 그 뒤 언론을 직책으로 하는 사간원과 홍문관에서 많이 사용하였다.

를 시행하였고 성리학적 생활규범을 규
정하고 있는《소학(小學)》과 《향약(鄕約)》의
보급 운동 등을 추진하는 등 조선을 성리
학적 이상사회로 만들려고 하였다.

그러나 조광조를 영수로 하는 이들 젊
은 사림세력은 현실을 무시하고 이상을
실현하기에만 급급하였고 자기네들과 뜻
이 서로 맞지 않는 훈구 세력을 제거하기
위해 중종반정의 공신들의 공훈이 잘못되

조광조(나무위키)

었다고 삭제할 것을 주장하다가 공신세력들의 반격을 받아 모반의 혐의
로 조광조를 필두로 한 70여 명이 사약을 받는 화를 당하게 되니, 이것이
기묘사화(己卯士禍)인 것이다. 그 사건 이후 4반세기가 흐르긴 했지만, 자
신이 가장 아끼고 신임하던 청년 경세가를 눈을 감고 처벌한 중종에게 조
광조를 풀어달라고 청원하는 것은 여간한 신념과 용기가 아니고서는 감
히 생각하기 어려운 일이었다. 대사헌 이해가 기존의 여러 작은 목소리를
대신해 왕에게 직접 가장 큰 목소리를 낸 것이다. 이때 올린 차자가 실록
에 그대로 실려 있다.

중종 39년 갑진(1544) 4월 13일(신사)

대사헌 이해(李瀣) 등이 차자를 올리기를,

"간하는 말을 들어주고 거스리지 않는 것은 임금의 아름다운 덕이고, 사기
(士氣)의 배양(培養)은 나라를 다스리는 시급한 일입니다. 전하께서 즉위하신
이래로 선한 말 듣기를 좋아하고 자신의 의견보다 남의 선한 의견을 따르셨었
는데, 왕위(王位)에 계신 지 오래되면서 간하는 말 받아들이는 성의가 점점 처

음만 못하시고 시비(是非)와 호오(好惡)가 또한 한편으로 치우치시니, 이는 전하께서 마땅히 반성하고 생각해 보셔야 할 바입니다.

지난 기묘년에 예기를 지닌 신진(新進)들이 옛것만 좋게 여기고 일 벌이기를 즐겨 정사(政事)를 밝게 일으켜 세우는 데만 힘씀에 따라 경솔하게 옛 헌장(憲章)을 고치고 동지(同志)들을 추천하여 진출시키고 늙은 신하(耆舊)들을 유기하였습니다. 그들이 한 일을 보면 죄가 없을 수 없지만, 그들의 본심을 따져보면 전하께서 융숭하게 총애하시는 것을 믿고 보답하는 공효를 내려고 생각한 것입니다. 그런데 뜻만 크고 재주는 허술하여 시의(時宜)에 맞게 하지 못함은 물론 조정 정사를 요란하게 변경하고 괴이하고 과격함이 풍습이 되게 했었으니, 그들의 몸에 화가 미치게 된 것이 당연하기는 합니다.

이런 뒤부터는 무릇 사류(士類)들이 입 다물기를 서로 경계하고 행신과 처사를 되도록 부드럽게만 하려고 하여, 경연(經筵)에서도 귀에 거슬리는 말 하는 것을 듣지 못하게 되었습니다. 사습(士習)이 한결같이 이렇게 퇴폐하였으니 위망(危亡)의 조짐을 두려워하지 않을 수 있겠습니까?

시종(侍從)과 간관(諫官)이 서로 글을 올려 논하였으니 이는 곧 온 나라의 공론인 것입니다. 그런데 공론이 이미 나왔는데도 성청(聖聽)을 돌리지 못하였으니, 삼가 생각하건대 전하께서 공론을 믿을 것이 못된다고 여기시어 호오(好惡)하는 마음이 간혹 올바름을 잃게 되신 것인가 싶습니다. 그때의 사람들로서 조정의 반열에 복귀된 사람이 한둘이 아닌데, 지하(地下)에서 썩은 뼈에는 유독 은덕이 미치지 못하니 어찌 성세(聖世)의 누가 아니겠습니까.

신들이 삼가 전하께서 시종(侍從)이 올린 상소에 답하신 것을 보건대 의혹스러움이 있었습니다. 조광조의 죄가 없다 할 수는 없지만 그의 마음은 한결같이 임금에게 충성하고 나라를 사랑하는 지성에서 나온 것이어서, 제멋대로 하던 권간(權奸)에 비하면 공사(公私)와 사정(邪正)이 서로 현저하게 다른데, 어떻게 과거의 일이라 핑계하고 아울러 용서받지 못하는 자리에 둘 수 있겠습니까?

옛 사람의 말에 '원악(元惡)으로 논단(論斷)된 것도 10년이면 반드시 불문에 부친다.' 했습니다. 10년 된 원악도 오히

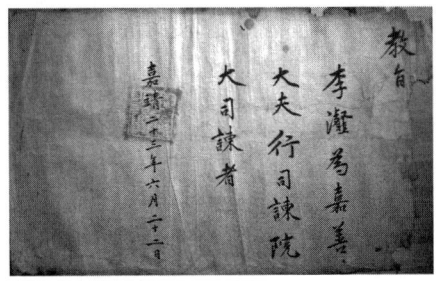

대사간 임명 교지 김문웅 소장

려 불문에 부치는 법인데, 하물며 이 사람의 마음은 당초에 선하지 못한 것이 아니었고 또 이미 20년이 지난 오랜 일인 때이겠습니까? 삼가 전하께서 통쾌하게 공론대로 하시어 기절(氣節: 선비들의 기풍)을 배양시키시면 이보다 다행함이 없겠습니다."

이에 대해 중종은 다시 "다른 사람들은 서용(敍用)[36]할 수 있지만 조광조는 다르다. 그래서 윤허하지 않는다."고 했다. 왕이 여러 번 안 된다고 한 것을 다시 왕에게 직간한 것은, 옳은 것을 위해서는 자신의 안위를 따지지 않는 당당한 자세였다. 이 같은 직간의 영향 때문인 듯 두 달 후인 6월 22일 이해는 대사간으로 발령을 받는다.

중종 39년 갑진(1544) 6월 22일(기축)

39-06-22[03] 송기수·이해·한주 등에게 관직을 제수하다

송기수(宋麒壽)를 승정원 동부승지에, 이해(李瀣)를 사간원 대사간에, 한주(韓澍)를 사간에, 민전(閔荃)을 헌납에, 조광옥(趙光玉)·남궁침(南宮忱)을 정언에

◇◇◇◇◇◇◇◇◇◇◇◇
36) 어떤 사유로 인해 관직에서 물러난 사람에게 다시 벼슬자리를 주는 것.

제수하였다.

 이해는 대사간 발령을 받고 일주일이 지나자 다시 차자를 올린다. 이번에는 중종의 딸인 효정옹주의 집에 사건이 일어났기 때문이다. 무슨 사건인가?

상궁 은대 사건

효정옹주는 중종과 숙원 이씨 사이의 소생이었는데 조의정에게 시집 갔지만 효정옹주가 못생겼다는 이유로 조의정은 옹주가 궁에서 데려온 몸종 풍가를 더 사랑해서 첩으로 삼는다. 부마는 첩을 들이지 못하는 법이기에 중종은 사위 조의정을 여러 번 불러 꾸짖었으나 조의정은 태도를 고치지 않았고, 중종이 풍가를 귀양보내려고 하였지만 조의정은 다른 몸종을 대신 귀양을 보내고, 풍가를 빼돌려 계속 만난다. 이 와중에 효정옹주가 난산으로 세상을 뜨지만 이를 제때에 보고도 하지 않는다. 격노한 중종은 조의정을 귀양보낸 뒤에 풍가에게도 장 100대와 귀양형을 내렸다. 그런데 풍가가 장 100대를 맞고 풀려난 직후 상궁 은대가 풍가를 납치해 가두고는 하인을 시켜 장 맞은 곳을 다시 때리게 해 결국 풍가가 숨진다. 이에 상궁 은대에 대한 처벌을 촉구했다. 이때에 대사간인 온계가 앞장을 섰다. 실록을 보자;

중종 39년 갑진(1544) 6월 28일(을미)

대사간 이해(李瀣) 등이 차자를 올리기를,

"임금이 국가에 대하여 마음을 쓰고 일을 행하는 것이 한결같이 지극히 공변되어 터럭만큼도 사사로운 것이 있을 수 없어야 가정(家政)이 합당해지고 국법이 행해집니다. 혹시라도 총애하는 자에게 익숙하여 조금이라도 치우치는 잘못이 있으면 집안이 다스려지지 못하고 법이 행해지지 못하여 위망(危亡)이

당장에 이를 것이니, 두려워하지 않을 수 있겠습니까. 은대(銀代)는 음험(陰險)하고 악독한 사람으로서 위의 뜻을 맞추어 은총이 특별히 굳어서, 궁금(宮禁)에서 권세를 펴고 몰래 위복(威福)을 농락한 것이 짧은 기간이 아니므로 바깥 사람은 모두 환히 아는데, 전하만은 음흉하고 공교한 계책에 빠져 그 매우 간사하고 교활한 것을 깨닫지 못하시니, 신들은 의혹됩니다.

요즈음 풍가(豐加)의 죄를 전하께서 이미 조정과 함께 의논하여 정률(定律)하셨는데, 은대가 중간에서 가두고 매 때려 몹시 참혹한 짓을 하여 두어 순일(旬日) 만에 죽었고, 또 송인(宋寅)이 간통한 종과 그 갓난아이를 아울러 죽였으니, 심히 잔학합니다. 무릇 백성이 모두 원망하면 왕법(王法)이 용사하지 않는 것인데, 전하께서는 치우친 말에 현혹되어 좌우에서 속이고 엄폐하는 말을 쉽게 믿고 한 나라의 공론을 조금도 살피고 받아들이지 아니하여, 죄악이 극대한 사람을 놓아주고 묻지 않으며 작첩(爵牒)을 거두어 내치기만 하셨으니, 어찌 악을 징계할 만하겠습니까. 전하께서 전에는 골육의 지친(至親)이라도 죄가 있어 공론에서 나오면 오히려 할애(割愛)하셨는데, 하찮은 한낱 계집애에게만은 여러 가지로 이토록 극진하게 감싸시므로, 공론은 더욱 격렬해지나 천청(天聽)은 더욱 멀어지니, 신들이 서운할 뿐더러 여염 사람들이 사사로이 몰래 의논합니다. 전하께서 밝게 살피시지 못하여 사정(私情)에 따라 법을 굽히는 잘못이 있게 되므로 사람들이 해이해지니, 어찌 마음 아프지 않겠습니까. 신들이 이목(耳目)의 직임에 있는데, 전하께서 한 궁인(宮人)에게 사사롭게 하여 공론을 굳게 물리치어 궁위(宮闈)의 다스림을 무너뜨리고 선왕(先王)의 법을 어지럽히시니, 못 견디게 마음 아픕니다."

하였으나, 윤허하지 않았다.

이에 그 다음날 이번에는 대사헌도 합세하여 모든 대간들이 합사하여 다시 처벌을 요구한다.

중종 39년 갑진(1544) 6월 29일(병신)

대사헌 정순붕(鄭順朋), 대사간 이해(李瀣) 등이 합사(合司)하여 아뢰기를,

"은대(銀代)가 흉악하고 도리에 어그러지게 마음대로 살인한 일을 달을 걸쳐 논계(論啓)하는 것은 다만 한 사람의 악을 징계하기 위해서만은 아닙니다. 이처럼 죄악이 극대한 사람을 놓아 주고 다스리지 않으면, 군덕(君德)에 누를 끼치고 왕법(王法)이 폐기되므로, 그 조짐이 장차 난망(亂亡)에 이르러 바로잡지 못할 것이니, 관계되는 것이 가볍지 않습니다. 그러므로 신들이 합사하여 와서 아뢰니, 금부에 내려 궁극히 추문하여 율문(律文)에 따라 죄를 정하소서."

하니, 답하기를,

"이 일을 경(卿)들이 여러 날 논계하였는데, 어찌 생각하지 않았겠는가. 사안을 두루 검토해 보니 다스리지 않을 수 없는 일이므로, 이미 적당히 헤아려서 작첩(爵牒)을 거두고 내쳤다. 또 풍가(豐加)는 은대에 대하여 여느 사람과는 같지 않으니, 하옥하여 추문하더라도 어찌 참작하는 것이 없겠는가. … 은대는 셈할 것도 못되기는 하나, 일의 체모를 헤아리면 또한 어찌 어렵지 않겠는가. 내가 그 죄를 전부 풀어주려는 것이 아니며 곧 이미 짐작하여 다스렸다."

하매, 다시 아뢰었으나 윤허하지 않았다.

중종이 살인을 일삼은 일개 궁인에 대해 벌을 주지 못한 것은 은대가 단순한 상궁이 아니라 숙원 이씨의 동생으로 정순옹주와 효정옹주에게는 이모가 되는 사람이기 때문이었다. 또 상궁은 문정황후의 휘하에 있는 사람이어서 처벌하기가 쉽지 않다. 그렇기 때문에 왕으로서는 적절한 선에서 처벌한 것이니 더 이상 문제 삼지 말라는 것이다. 이에 대간들은 다시

6월 말까지 모두 7번, 7월 1일에 8번이나 은대의 처벌을 요구했으나 왕은 듣지 않자 7월 2일에는 대간들이 집단 사직을 한다.

중종은 7월 3일에 대간들에게 사직하지 말고 자리에 나가라고 6번, 7월 4일에는 9번, 다시 5일에는 4번이나 첩지를 내렸으나 대간들은 꿈쩍도 않는다. 이 와중에 영의정 윤은보가 5일에 죽었고 조정이 어수선해지자 이번에는 좌의정과 우의정까지 나서서 대간들의 요구를 받아들이라고 하자 중종은 결국에는 유배를 허용한다. 영의정의 초상과 여러 행사에 대간들이 다 나오지 않으면 나라가 제대로 돌아가지 않는다고 물러선 것이다. 중종 말년에 대간들과 왕과의 기싸움이 치열했는데 결국에는 대간들의 뜻이 받아들여진 것이고[37] 여기에 대사헌으로 있다가 대사간으로 있으면서 엄청난 잘못을 저지른 사람에 대해서는 자리나 지위를 가리지 않고 엄정하게 처벌해야 한다는 온계 이해의 신념이 작용을 했다.

---

37) 멀리 외방으로 귀양을 보내라고 한 은대의 귀양지가 황해도 장단으로 정해지자 대간들이 다시 더 먼 데로 보내야 한다고 주장했으나 중종은 듣지 않았다. 그러나 대간들이 계속 문제를 삼자 결국 7월 16일에 대구로 귀양지를 바꾸었다.

중종의 승하

상궁 은대를 이렇게 감싸다가 중종은 넉 달 후인 11월 15일에 세상을 뜬다. 중종은 즉위 39년째인 1544년 초부터 건강이 안 좋았다. 1월 29일 감기와 해수증으로 고생하다가 내의녀

중종의 릉 靖陵

대장금을 통해 처방을 논의하라고 했다.[38] 2월 9일에야 몸이 좋아지자 의원과 대장금 등 의녀들에게 포상을 한다. 그러다가 10월 들어 다시 환후가 안 좋아 대장금이 왕의 병환을 승정원에 알리곤 했는데 11월 들어 급격히 나빠진다. 그런데도 금기일이라며 의원을 받지 않고 의녀만 간호한 일로 논란이 되었다.

---

38) 중종 39년 갑진(1544) 1월 29일(무진).
정원에 전교하였다. "내가 접때 감기가 들어 해수증(咳嗽症)을 얻어서 오래 시사(視事)하지 못하였다. 조금 나아서 경연(經筵)을 열었더니, 그날 마침 추워서 전의 증세가 다시 일어났다. 의원(醫員) 박세거(朴世擧)와 홍침(洪沈) 및 내의녀(內醫女) 대장금(大長今)과 은비(銀非) 등에게 약을 의논하라고 이미 하유(下諭)하였거니와, 이 뜻을 내의원 제조에게 이르라."

중종 39년 갑진(1544) 11월 13일(무신)

상에게 병환이 있었다. 이때에 와서 매우 위독해졌다.

금기일이라 의원이 들어가 진찰하지 아니하다.

금기일(禁忌日)【상이 무신년에 탄생했으므로, 세속담에서 본명일(本命日)이라 하여 금기하였다】이므로 의원이 들어가 진찰하지 않았다. 의녀가 나와서 말하였다.

"지난밤 이경에 상께서 잠깐 주무시고 삼경에는 열이 많이 나서 야인건수를 들였으나 열이 그치지 않았습니다. 낮부터 저녁까지 왼손과 오른손의 맥도는 어제와 같았습니다."

사신은 논한다. 상의 병환이 위급해졌는데 술가(術家)의 금기에 구애되어 의원을 들여보내지 않았는데도, 조신(朝臣) 중에서 한 사람도 이를 이야기한 사람이 없었으니 진실로 통탄스럽다.

왕은 11월 14일에 혼수상태로 들어가 15일 유시(酉時) 오후 6시경 환경전(歡慶殿) 소침(小寢)에서 훙(薨)하였다. 중종의 치적에 대해서는 사신들이 평가한 내용을 앞에서 잠깐 보았지만 실록에는 이렇게 기록되어 있다.

"즉위한 이래 학문에 있어서는 정일(精一)의 묘리(妙理)를 궁구했고, 뜻은 당·우(唐虞)의 다스림에 간절하여 백성을 언제나 불쌍히 여겼고 간언(諫言)을 따르는 데 어김이 없었다. 재위 39년 동안에 치도(治道)를 이루기 위해 근심하고 괴로워한 것이 모두가 하늘을 두려워하고 백성을 사랑하는 정사였으니 진실로 세상에 드문 현주(賢主)라 할 수 있다. 애석하게도 인자하고 온화함은 넉넉했으나 과단성이 부족하여 인재를 올리거나 채용하거나 쓰거나 버리고 해야 하는 때에 현·불초(賢不肖)가 뒤섞이게 하는 실수를 면하지 못했다. 그래서 군자와 소인이 번갈아 진퇴함으로써 권간(權奸)이 왕명을 도둑질하여 변고가 자주 일어났고 정치가 조금도 나아지지 않았으며, 재변이 중첩해서 일어나 삼한(三韓)의 신민이 끝내 다시는 삼대(三代)의 정치를 볼 수 없게 되었으니, 임금은 있으나 신하가 없다는 탄식이 어찌 한이 있겠는가. 이와 같이 옛것을 좋아하고 선을 즐기는 정성으로 만일 함께 일을 할 만한 신하를 얻어서 일을 맡기고 소인이 그 사이에 끼어들지 못하게 하였다면 군신이 덕을 함께 하고 시종 서로 신임하여 완성된 미덕을 이루었으니, 그 치적이 융성함과 공업의 성대함이 어찌 여기에 그칠 뿐이었겠는가."[39]

열심히 노력을 했지만 결단성이 부족하고 신하들을 보는 눈이 명석하지 못해 훌륭한 정치를 하지 못한 것은 사실이다. 말년에 이해를 만나 도승지와 대사헌, 대사간 등으로 중용을 했지만 그를 통해 성과를 내지는 못했다. 이해는 이런 때에도 왕에게 많은 간언을 했지만(이해가 명종 때에 모함을 당해 죄를 입은 후에 이에 관한 기록이 없어져 자세한 내용을 알기가 어렵다.) 성심껏 왕이 좋은 정치를 하도록 몸을 아끼지 않았음을 짐작할 수 있다. 다만 이해는 은대의 일을 시정하라는 사간원의 주장을 앞장서서 추진하다가 다시 미운 털이 박혀 10월에 충무위 상호군 겸 오위장이라는 한직으로 밀려나 있어서 중종의 임종을 가까이에서 지키지는 못했다. 돌아보면 중종 말년에 선생을 매우 총애하고 의지하였는데 은대의 일에 대해 너무 왕을 다그치는 바람에 좌천되었고 곧바로 중종이 갑자기 승하하여 능력을 다 발휘하지 못한 것은 임금이나 신하인 이해 모두에게 아쉬운 일이 되었다.

◇◇◇◇◇◇◇◇◇◇◇◇◇◇
39) 중종실록 중종 39년 갑진(1544) 11월 15일(경술).

2장

따뜻한 동네

달팽이 집 / 노송정 종택 / 부친과 숙부 / 홀어머니
숙부의 훈도 / 우리 집 산 / 형님 댁에서

달팽이 집

경상북도 안동시 도산면 온혜리,

여기는 진성 이씨들이 많이 사는 동네다. 마을에 있는 온천에서 나오는 따뜻한 물의 혜택을 받는다는 뜻에서 온혜리(溫惠里)라는 이름이 붙었다. 입향조(入鄕祖), 즉 마을에 처음 들어와 터를 잡고 산 사람은 이계양(李繼陽, 1424~1488)이다.

전설이 있다. 이계양이 인근 봉화현 교도(教導)가 되어 부임지로 가는 길에 온혜리를 지나면서 산수의 아름다움에 취해 산 중턱에 앉아 쉬다가 지나가는 한 승려를 만났다. 자연스레 이 일대의 풍수에 대해 이야기를 나누었다. 두 사람은 함께 마을로 내려왔는데 스님이 주변을 살피다가 낮은 구릉 기슭의 빈 터를 가리키며 "여기에 집을 짓고 살면 반드시 귀한 아들을 얻을 것이다."라고 하였다. 이에 이계양은 이곳에 집을 짓고 대를 이어 살아갈 기틀을 마련하였다. 집 주인 이계양의 호가 노송정(老松亭)이어서 이 집을 노송정 종택이라고 부른다. 이 집에서 나온 둘째 아들 송재(松齋) 이우(李堣, 1469~1517)가 형조참판과 강원도 관찰사를 지냈다. 손자 대에는 퇴계 이황(李滉)과 그 형 온계 이해(李瀣)가 이 집에서 태어났다. 이렇게 삼촌과 조카 등 삼숙질(三叔姪)이 당대에 벼슬과 학문으로 이름을 크게 떨쳐 이 동네의 이름이 유명해지고 진성 이씨의 집성촌으로서 위상이 올라갔으니 사람들은 스님의 예언이 맞은 것이라고 말한다.

위성지도를 보면 가운데 쯤에 작은 글씨로 노송정 고택이라고 나온 곳

온혜리 일대(위성사진)

이 이계양이 처음 터를 잡은 노송정 종택이다. 그 왼쪽을 보면 좀 떨어진 곳에 도산원탕이란 표시가 나오는데 이곳이 사철 따뜻한 물이 솟아 나오는 온천이다. 그 따뜻한 물이 냇물이 되어 동쪽으로 흘렀다. 이를 온계(溫溪)라고 했다. 따뜻한 물이 흐르니 겨울에도 동네 사람들에게는 혜택이 돌아갔다. 이 동네가 온혜리(溫惠里)라는 이름을 갖게 된 연유이다.

노송정 고택 앞 온계(溫溪)를 건너면 영지산이 있는데 산자락 중에 무언가 건물터가 있다. 이곳에는 원래 작은 집이 있었다. 집주인이 붙인 이 집 이름은 지산와사(芝山蝸舍). 지산은 영지산(靈芝山 해발 444미터)을 말하는 것이고 와사(蝸舍)는 '달팽이(蝸)가 사는 집(舍)'이라는 뜻이다.

이곳에 31살의 청년 퇴

현대의 온계

달팽이 집

계가 작은 집을 짓고 이사를 왔다. 달팽이가 살 정도로 작은 집이라는 이름 그대로 아주 작은 집이었다. 이사한 후 그 느낌을 시를 지어 표현했다.

지산 기슭 끊어내고 새집 지었더니
그 모양 달팽이 같지만 몸은 감출 수 있네
북쪽이 낭떠러지 붙어있어 마음에 안들지만
남쪽은 산안개 휘감아 운취가 절로 난다
卜築芝山斷麓傍　形如蝸角祇身藏
北臨墟落心非適　南挹烟霞趣自長

아침저녁으로 원근 조망이 좋고
뒷산이 더위 추위도 막아 주네
이로써 달 보고 산 보려는 뜻 이뤘으니
이밖에 또 무엇을 더 구하려 할까
但得朝昏宜遠近　那因向背辨炎涼
已成看月看山計　此外何須更較量

원래 살던 곳은 온계 건너편에 있던 넷째 형님의 집, 온계 종택 삼백당이란 이름으로 알려진 곳이다. 노송정 고택의 동쪽이다. 넷째 형님은 이름이 해(瀣)이고 호를 온계(溫溪)라고 했다. 1496년에 태어나 1550년까지 사셨다. 집 앞에 흐르는 시냇물 이름을 자신의 호로 한 것이다. 이곳에는 온계 종택이란 이름으로 옛 집이 복원돼 있는데, 이 종택은 원래 온계 사후 손자 대에 이르러 만들어진 것이다. 물론 처음 살림 나와서 살던 때에는 이런 정도는 아니었을 것이다. 형님 집에서 퇴계는 5년 동안 살았다.

온계 종택 전경

  원래 어머니는 형님이 모시고 있었는데 형님이 성균관으로 공부하러 가느라 집을 비우게 되었기에 어머니를 모시고 이 집에 들어와 살았고 그러다가 드디어 살림을 난 것이다.

  형님 집 서쪽 100미터에 있는 집이, 앞에서 설명한 대로 퇴계가 태어난 노송정 종택이다. 새로 이사 온 곳에서는 자신이 태어난 곳도 보이고 모친이 계신 형님 집도 잘 보인다. 그 뒷편은 나무가 우거진 곳이어서 수곡(樹谷)이라고 하는데 거기에 퇴계의 조부이며 이 동네에 처음 들어와 사신 이계양(李繼陽) 할아버지와 할머니, 그리고 아버지와 숙부의 산소가 있다. 그때까지 모친은 살아 계셨지만 조상들의 묘소를 바라볼 수 있는 자리이다.

노송정 종택

퇴계가 태어난 노송정 종택은 지금도 원래 형태가 남아 있다. 종택 입구는 솟을대문이 맞이하고 있는데 문 위에는 성림문(聖臨門)이라고 써 있다. 성현이 임하신 곳이란 뜻이다. 성현은 누구인가? 당연히 퇴계를 말하는 것이다. 성림문은 퇴계의 어머니 춘천 박씨가 성인(聖人) 공자가 왕림하는 태몽을 꾸었다고 해서 퇴계의 제자인 학봉(鶴峰) 김성일(金誠一)[1]이 세우고 쓴 것이다.

노송정 종택(흰 선 안쪽)

노송정 종택

◇◇◇◇◇◇◇◇◇◇◇◇◇◇◇◇

1) 김성일(1538~1593). 조선 중기의 문신. 본관은 의성. 호는 학봉(鶴峰). 안동 출신. 1556년(명종11) 이황을 찾아 《서경》·《역학계몽(易學啓蒙)》·《심경》 등을 익혔다. 1568년 급제하여 승문원정자, 검열, 대교 등을 거쳐 1572년 봉교가 되어 노산묘(魯山墓)를 노릉(魯陵: 端宗의 陵)으로 봉축하고 사육신(死六臣)의 관작을 회복시켰다. 1580년 함경도순무어사(咸鏡道巡撫御史)

노송정 종택 성림문

노송정 별사랑채

성림문을 들어서면 바로 정면에 바로 노송정이란 글씨가 선명한 정자(丁字)형태의 돌출건물이 서 있다. 노송정 이계양이 쓰던 사랑채이다. 그 왼쪽으로 본가가 있는데 안채 중에 정자 형식으로 밖으로 돌출된 방이 있다. 이곳이 퇴계가 태어난 곳이다. 그래서 이 방을 퇴계태실(退溪胎室)이라고 부르거니와 이곳에서 퇴계에 앞서 그의 형 온계

노송정 현판

로 함흥·삼수·길주·종성 등을 살피고 돌아와 현지 관리들을 승진하도록 했다. 1590년 통신부사(通信副使)로 일본에 파견되었는데, 이듬해 돌아와 일본의 국정을 복명할 때 "왜가 반드시 침입할 것"이라는 정사(正使) 황윤길(黃允吉)과는 달리 민심이 흉흉할 것을 우려하여 왜가 군사를 일으킬 기색은 보이지 않는다고 상반된 견해를 밝혀 역사에서는 욕을 먹었다. 이어 경상우도병마절도사로 재직 중 임진왜란이 일어나자, 전일의 복명에 대한 책임으로 파직됐으나 허물을 씻고 공을 세우라는 왕의 명을 받고 다시 경상도로 내려가 의병장 곽재우(郭再祐)의 의병 활동을 고무하는 한편, 각지에서 의병을 모았다. 그해 8월 경상좌도관찰사, 우도관찰사 등을 맡으며 진주목사 김시민(金時敏)이 진주대첩을 세우는데 기여하는 등 각 고을의 항왜전(抗倭戰)을 독려하다가 병으로 죽었다.

학문적으로는 이황의 고제(高弟)로서 성리학에 조예가 깊어 영남학파의 중추 구실을 하였으며, 학통은 장흥효(張興孝)—이현일(李玄逸)—이재(李栽)—이상정(李象靖)으로 이어 전해졌다.

등 형제들이 태어났다.[2]

이 집을 세운 퇴계의 할아버지는 휘(諱)가 계양(繼陽)이다. 휘(諱)라는 말은 어른의 이름을 뜻한다. 이름이라는 단어는 어른 아이 할 것 없이 모두에게 쓰이는 말이니까, 어른들에게도 이름이란 말을 쓰기가 뭣해서 휘라는 말을 쓴다. 옛날 책이나 족보를 보면 조상에 대해서는 '휘가 무엇이다'라고 말한다. 쉽게 이야기하면 퇴계의 할아

퇴계태실(안채)

퇴계태실 현판

버지 이름은 계양이다. 세종 6년인 1424년에 태어났다. 그는 어려서부터 남다른 정신자세와 함께 준수한 면모로 주위의 기대를 받았고 스스로 분발해 오로지 학문에만 뜻을 두어 30세 되던 해인 1453년(단종 1) 사마시에 합격하기도 했다. 당시에는 사마시를 합격하고 나면 최종 대과를 치르기 위해 서울 성균관에 가서 공부를 한다. 계양도 성균관에 올라가서 공부를 하다가 곧 과거응시를 포기하고 낙향하고 말았다. 성균관에서 과거

---

2) 1985년 10월 15일 경상북도의 민속문화재 제60호 퇴계태실로 지정되었다가, 2018년 11월 1일 대한민국의 국가민속문화재 제295호로 승격 지정되었다.

시험공부를 시작하고 얼마 안 되어 수양대군이 조카 단종을 몰아내고 왕위를 찬탈하는 계유정난[3]이 일어난 것을 보고는 환멸을 느낀 때문이었다. 이계양은 1454년 이곳에 집을 짓고 노송정(老松亭)이라는 호(號)를 쓰며 이 집에 살기 시작했다. 3년 후인 1457년에 영월에 유배된 단종이 청령포에서 숨지자 집 서쪽 편 용두산의 전망 있는 산봉우리에 올라 단을 쌓고는 북쪽 영월을 바라보며 단종의 죽음을 30년 동안 애도하였다.[4]

이계양은 이곳에서 학문과 폭넓은 교유를 통해 기반을 확충해 나갔다. 이계양의 평소 성품은 맑고 고요한 데다 여유로워 출세에 대하여는 별다른 관심을 갖지 않았으나 자제들을 교육할 때 온후한 자세로 경사를 가르치면서도 현학적 관심보다는 정당한 처신의 방안을 모색하는 실용적인 부분에 관심을 갖도록 강조했다고 알려진다. 그는 의롭고 방정한 면모로 언제 어떠한 상황에서도 올바른 처신을 할 수 있도록 가르치기 위하여 이치에 맞을 때까지 반복해서 갖가지 상황을 강구(講究)하도록 했다.[5] 그가 자질(子姪)들에게 비복(婢僕)들을 가문의 대간(臺諫)이라 규정하며 집안의 은밀한 일들도 반드시 그들에게 새어 나가기 마련인 만큼 항상 대간을 두

---

3) 계유정난은 1453년(단종 1) 수양대군이 단종의 보좌 세력이자 원로대신인 황보인·김종서 등 수십 인을 살해, 제거하고 정권을 잡은 사건이다. 13세의 어린 나이에 즉위한 단종은 수렴청정을 할 대왕대비도 없어서 문종의 고명을 받은 황보인, 김종서 등 대신들이 권력을 행사하고 있었다. 단종 즉위 후부터 거사를 계획한 수양대군은 이러한 상황이 굳어져 가기 전인 1453년 김종서 등에게 모반죄를 씌워 제거하고 정권과 병권을 장악했으며, 자신을 포함하여 정난에 협력한 43인을 정난공신으로 책봉했다. 이로써 2년 뒤 강제로 단종의 선위를 받고 즉위할 기반을 마련하였다.
4) 해발 481미터 높이의 이 봉우리는 그래서 국망봉(國望峯)이란 이름으로 얻었고 지금도 퇴계 선생의 후손들이 세운 국망봉단비(國望峰壇碑)와 자연석으로 만든 국망봉 상징물이 있으며 봉우리 서편에는 국망봉이란 글자를 하나씩 새겨 놓은 세 개의 바위가 있다.
5) 『陶山舊譜』 天, 碣銘幷序 贈嘉善大夫兵曹參判兼同知義禁府事成均進士李公墓碣銘 "和訓子弟 以義方 教之經史 每臨卷 必曰 汝等 出某時 遇某事 則處之當何如 往復講究 要至當理而後已."

려워하는 마음을 갖고 처신에 신중을 기한다면, 부끄러워할 일이 없어지기 마련이라 당부한 것도 그와 맥락을 같이하는 것이다.6)

용수사

이계양은 집에서 4.5km 쯤 떨어진 용두산(龍頭山) 용수사(龍壽寺)를 공부하는 장소로 정하여 아들 손자 등 자제 형제를 교육하였다. 퇴계는 조부 이계양에 대한 '사적(事蹟)'에 그 과정을 썼다.

선군(先君)께서 젊으실 적 숙부와 더불어 용두산(龍頭山)의 용수사(龍壽寺)에서 공부하실 때 조부께서 시를 지어 보냈다. 〈詩序〉

세월이 빨라서 어느덧 한 해가 또 저무는데
절문 앞에는 백설이 가득 덮었으리라
추운 절간에서 힘 다해 공부하는지 밤낮 너희들 생각
큰 한 꿈 이루어 주기를 글방 곁에 맴돈다.

… 先祖考병조참판휘계양사적

이계양은 1488년 5월 병으로 사망하였다.7)

◇◇◇◇◇◇◇◇◇◇◇◇◇◇
6) 설석규 「온계 이해의 학문세계와 현실대응 자세」 『온계가의 학문세계와 현실대응』 65쪽, 한국국학진흥원, 2006.
7) 이계양은 후일 그의 아들 이우의 출세로 증 가선대부 병조참판에 추증되었다가, 다시 1506년(중종 1) 아들 이우가 중종반정에 참여한 공로로 정국공신(靖國功臣) 4등에 책록되고 청해

부친과 숙부

　이계양의 그 같은 학문과 삶의 자세는 두 아들 이식(李埴, 1463~1502)과 이우(李堣, 1469~1517)에게 그대로 계승되었다. 이식이 곧 온계와 퇴계의 아버지이다. 이식은 어려서부터 남다른 기질을 타고나 학문을 좋아하고 의지가 돈독했을 뿐만 아니라 성격이 꼼꼼하고 부지런한 면이 있었다. 특히 그는 장인 김한철(金漢哲)의 집안에 소장되어 있던 많은 서적들을 받은 것을 계기로(퇴계의 시에 집안에 만 권의 책이 있다는 표현이 바로 이것을 가리킨다.) 폭넓은 독서와 함께 경전의 깊은 탐구로 사림들의 존경을 받았다. 그럼에도 불구하고 그는 성품이 곧고 강직하여 세속의 경향에 쉽게 적응하지 못해 향시(鄕試)에 여러 차례 낙방하다가 39세 되던 해인 1501년(연산군 7)에 진사시(進士試)에 합격했다. 그러고는 관직에 대한 관심을 버리고 고향의 남쪽 영지산(靈芝山) 뒤의 구릉에 집을 지어 후진을 양성할 뜻을 두었으나, 이듬해 40세의 젊은 나이로 사망하였다.

　이식은 배움에 대해서는 엄격했고 나태해지는 것을 경계했다. 퇴계가 부친의 행장에 쓴 것을 보면 "나는 글에 대하여 먹을 때도 글과 더불어 함께 먹고 잠을 자도 함께 꿈꾸며, 앉아도 글과 함께 앉고 걸어도 글과 함께 걸어 잠시도 가슴에서 글을 잊은 적이 없다. 너희들도 이와 같아야 한다.

군(淸海君)에 봉군되자, 그도 증 보조공신 이조참판(輔祚功臣吏曹參判)에 추증되고 진성군(眞城君)에 추봉되었다. 뒤에 손자 퇴계 이황의 현달로 다시 증 자헌대부 이조판서에 거듭 추증되었다.

유유자적하며 세월만 보내다가 어떻게 성취를 바랄 수 있겠느냐."라고 부친의 가르침을 받았음을 전하고 있다.[8]

이식의 동생이 송재(松齋) 이우(李堣, 1469~1517)이다. 부친과 형님의 영향 아래 일찍 공부를 열심히 했다. 20세(1488년) 부친 이계양이 별세하고 23세(1491년) 용수산 지장암에서 농암(聾巖) 이현보(李賢輔, 1467~1555)와 함께 학문을 연마하였다. 한 살 위인 이현보와는 예안에 함께 살며 시와 편지를 주고받는 벗이자 외외재종(外外再從)이었다. 이우는 24세(1492년 성종 23년)에 생원시에 합격하고 30세 1498년(연산군 4년) 문과에 급제하여 홍문관 권지부정자가 되었다. 이어 예문관 검열, 대교, 봉교를 거쳐 1501년 성균관 전적에 올라 사간원 정언·이조좌랑·사헌부 헌납·병조 정랑 겸 지제교·사헌부 장령 겸 춘추관 기주관·봉상시 첨정·사간·군기시 부정 등을 역임하였다.

1506년 동부승지에 임명되어 지제교와 춘추관 수찬관을 겸했다가 마침 입직하던 날 중종반정이 일어나자 이에 가담, 협력하였다. 그 공로로 정국공신(靖國功臣) 4등에 녹훈, 청해군(靑海君)에 봉해지고 우부승지로 벼슬이 승진되어 경연참찬관(經筵參贊官)을 겸하였다.

1508년(중종3년) 부모 봉양을 위해 외직을 희망, 진주목사로 부임했다. 문과에 급제하여 입신한 뒤 두 차례의 사화와 반정 당일의 일에 대한 오해로 조정에서의 삶이 그렇게 편하지 않았기에 노모를 모신다는 이유로 외직을 청하여 나가게 된 것이다. 당시 관찰사 강혼(姜渾)은 포상 건의를 하고 왕은 경상도 관찰사에게 "도내 진주 목사 이우와 상주 목사 손중돈

---

8) 『退溪集』 권49, 行狀 先府君行狀草記 및 『陶山舊譜』天, 碣銘幷序 贈崇政大夫議政府左贊成兼判義禁府事李公墓碣銘(奇大升 撰)

은 근면하고 신중하게 공무를 받들어 혜택이 백성들에게 미쳤으므로 내가 몹시 가상하게 여겨 향표리 1습을 하사하고 포서를 겸하여 내리노니, 경은 나누어 주도록 하라."는 글을 내렸으니 진주에서 선정을 베푼 것을 알 수 있다. 이듬해 동지중추부사로 전임, 호조참판 겸 오위도총부 부총관·형조참판을 거쳐 강원도관찰사가 되었으나 양친 봉양을 이유로 곧 사직하였다. 앞서 반정공신 책봉 당시에 이우의 녹훈 문제로 물의가 있었는데, 1514년에 입직 승지로서 신하의 도리에 어긋나게 행동했다는 비난을 받아 삭훈되었다가 이듬해 안동부사로 서용되었다.[9] 안동부사에 부임하여 목민(牧民)의 본보기로서 칭송이 높았으며, 밝은 정사로 가선대부의 직첩을 돌려받았으나 같은 해 겨울 병으로 관아에서 세상을 떠나니 향년 49세였다. 조야가 못내 애석히 여겼으며 나라에서는 예관(禮官)을 보내 치제(致祭)하였다. 송재는 문장이 맑고 전아(典雅)하다는 평을 받았다.[10] 특히 시에 뛰어나 산천의 명승을 읊은 것이 『관동록(關東錄)』과 『귀전록(歸田錄)』에 전한다.

---

9) 38세(1506년) 승정원 동부승지로서 입직할 때 야반에 정변이 일어났다. 이때 이우는 왕의 표신(標信)을 가지고 상황을 파악하러 나갔다가 다시 들어갈 수 없는 상황이 발생하여 거의(擧義)에 참여하게 된다. 이때 정원에 남아 왕과 함께 있던 승지들은 연산을 속이고 구멍으로 빠져나왔다고 한다. 이우가 이때 거의에 참여한 공으로 정국공신(靖國功臣) 4등에 녹훈되어 가선대부(嘉善大夫)가 되고 청해군(靑海君)에 봉하여졌다. 왕조사회에서의 군신 사이의 도리를 따진다면 보는 입장에 따라 다르게 평가할 수도 있는 애매한 상황이다. 그래서 가선대부 청해군을 4차례나 내렸으나 사양하기를 거듭하였다. … 이광호 「송재선생집」 해제, 2018, 국학진흥원.

10) 송재는 김종직의 제자인 용재 이종준(李宗準, 1458~1499), 수헌(睡軒) 권오복(1467~1498), 그리고 농암(聾巖) 이현보(李賢輔, 1467~1555), 용재(容齋) 이행(李荇, 1478~1534), 충재(盅齋) 최숙생(崔淑生, 1457~1520) 등과 교유했고 홍언충(洪彦忠, 1473~1508), 황맹헌(黃孟獻, 1472~?) 등과 수학, 교유하며 학문과 벼슬을 병행했다. 늘 시(詩)를 가까이 하며 시인으로서의 명성도 얻었다.

부친과 숙부

홀어머니

　1496년에 태어난 온계 이해는 태어날 때부터 용모와 자태가 남달리 뛰어나 주위 사람들의 기대를 받았다고 한다. 그런데 그는 일곱 살 되던 해인 1502년(연산군 8) 아버지 이식이 병으로 돌아가셨다. 아버지가 갑자기 세상을 뜰 때 첫부인 의성김씨 소생으로 이미 출가한 장자 잠(潛)을 제외하고 둘째인 하(河), 그리고 어머니 춘천 박씨가 낳은 아들들인 의(漪), 해(瀣), 징(澄), 황(滉) 등은 홀로 남은 어머니 춘천 박씨가 양육하게 되었다. 어머니는 몸소 농사와 양잠 등으로 살림을 꾸려가면서 아들들이 과부 자식이라고 이웃의 손가락질을 받을까 염려하여 엄격히 가르치며 학문이나 기예만을 탐구하는 데 머물지 말고 몸가짐과 행실을 삼가는 데 주력할 것을 당부하곤 했다. 퇴계는 '선비 정경부인 박씨묘갈'에 어머니의 가르침을 다음과 같이 기록하고 있다.

　아버지께서 병으로 돌아가셨을 때 맏형은 겨우 장가만 들었을 뿐이고 나머지 어린것들이 앞에 가득했다. 부인께서는 많은 자식과 더불어 일찍 홀로 되어, 장차 집안을 유지하지 못할까 몹시 걱정하시고, 더욱 힘들여 농사와 양잠에 애써 옛 살림을 잃지 아니하셨고, 여러 아들이 점차 자라남에 따라 가난 속에서도 학비를 마련하시어 멀고 가까운 곳으로 두루 보내어 배우게 하셨고, 늘 엄하게 훈계하셨다. 무릇 학문이나 기예를 익히는 데에 힘쓰도록 할 뿐만 아니라 더욱 몸가짐과 행실을 근엄하게 할 것을 중히 여기셨고, 늘 지극한 마음으로 다음과 같이 깨우쳐 타이르셨다. '세상에서 흔히 과부의 자식은 옳게 배우지 못한다고 욕을 하니, 너희들이 공부를 백 배나 더하지 않는다면 어떻게 그 허물을 면할 수 있겠느냐.'"

맹자(孟子)의 어머니가 집을 세 번이나 옮겨가며 아들을 옳게 가르쳐 후일에 큰 인물로 만들었듯이 퇴계가 후일에 유학계(儒學界)의 대학자가 될 수 있었던 것은 오로지 어렸을 때부터 어머니의 올바른 가르침을 받은 덕택이었다고 할 수 있다. 그러한 훈육을 받은 덕분에, 퇴계는 어려서부터 어머니를 봉양하는 마음이 매우 극진하였다. 어머니에게는 언제든지 기쁜 얼굴로 대하였고, 또 어머니의 말씀이라면 한 번도 거역해 본 일이 없었다. 어머니 역시 아들의 천품이 높고 고결함을 알고 있어서 "너는 장차 벼슬길에 나서더라도 네 뜻이 워낙 고상하고 원대 높은 벼슬자리에서는 견디기 어려울 것이다. 그러므로 벼슬을 하더라도 주(州)나 현(縣) 같은 곳에서 낮은 벼슬에 머물도록 하여라. 네 안위를 위해 그것이 좋을 것이다."라고 말씀하신 일이 있었다. 아들이 벼슬이 높아져서 부귀와 영화를 마음껏 누리기를 바라는 마음은 어느 어머니나 공통적인 염원이리라. 그러나 퇴계의 어머니 박씨만은 그렇지가 않았다. 그는 자기 아들이 고매하고 원대한 인품을 지녔음을 알고 있었기에, 높은 벼슬에 욕심내지 말 것을 어렸을 때부터 타일렀던 것이다. 퇴계의 어머니는 그처럼 선견지명이 있는 어머니였으니, 실로 그 어머니에 그 아들이었다고 말할 수 있겠다. 퇴계는 어머니를 닮아 총명한 성품을 타고났을 뿐 아니라

퇴계 이황의 글씨

어머니의 정성스러운 훈육까지 더해져 어려서부터 어른을 공경했으며, 동무들을 대할 때에는 항상 온순하고 겸손하였다.[11]

퇴계 이황 상(서울 남산)

아버지를 잃은 조카 형제들의 교육을 숙부인 송재 이우가 맡게 되었다. 숙부 이우(李堣)는 예종 원년인 1469년에 태어났으니 형 이식보다 여섯 살 아래이지만 스물네 살에 생원이 되고 30세에 문과에 급제함으로써 이 집안 최초의 대과 급제자가 된다. 이우가 관직생활을 시작한 것은 형 이식이 막내 아들 황을 낳고 갑자기 세상을 떠난 다음 해인 1502년이다.

---

11) 정비석 『퇴계소전』 12~13쪽, 퇴계학연구원, 1978.

숙부의 훈도

이우는 관직 생활의 어려움 속에서도 아버지를 잃은 조카들을 극진히 챙기며 조카들을 임지로 데리고 다니면서 교육하였다. 1508년 진주 목사로 부임하면서 형 이식의 둘째 아들인 하(河)와 열한 살 된 넷째 아들 해(瀣) 등 두 조카를 월아산(月牙山) 청곡사(靑谷寺)에 데리고 가 글을 읽게 하였다. 이듬해에는 온혜리 집 뒤 용두산 용수사와 봉화 청량산에 차례로 조카들을 보내 공부하도록 하였다.

송재 영정

온계는 어릴 때부터 글재주(문사)와 글씨(자획)가 뛰어나 견줄 만한 사람이 없을 정도로 뛰어난 자질을 인정받았다고 한다. 물론 퇴계도 일찍부터 숙부 송재의 눈에 띄었다. 송재는 뛰어난 자질을 쉽사리 인정하지 않았지만, 온계와 퇴계를 칭찬하며, "돌아가신 형 이식에게 이 두 아들이 있으니, 돌아가신 것이 아니네!"라고 말했다.

1511년 강원감사였던

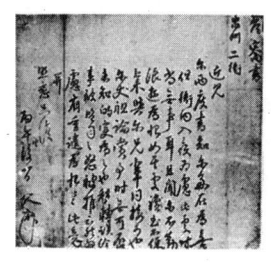
온계 필적

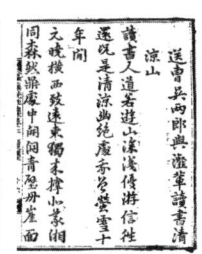
송재시 청량산 온계필

숙부 이우(李堣)가 휴가를 받고 고향에 돌아왔다가 아들같이 여기던 조카들을 데리고 도계(兜溪)의 냇가 반석 위에서 함께 놀았다. 온계와 퇴계도 이때 숙부와 함께 놀았다.[12]

1512년 온계와 퇴계는 숙부 이우에게서 『논어(論語)』를 배웠다. 퇴계는 배움을 시작하며 『논어』 「학이편」의 "배우는 사람은 집에 들어와서는 효도하고, 밖에 나가서는 공손해야 한다."라는 구절에 이르자 두려운 마음으로 스스로를 경계하며 "사람의 도리는 마땅히 이러해야 할 것이다"라고 생각했다. 숙부 이우는 학습 과정을 엄격하게 지도하였고, 두 조카는 조금도 게을리하지 않고 열심히 배웠다. 새로운 것을 배우면 반드시 이를 다시 익혔고, 한 권을 마치면 그 내용을 완전히 외웠으며, 두 권을 마치면 두 권 모두를 완전히 외웠다. 이처럼 공부하기를 오래 하자 차츰 처음 배울 때와 달리, 세네 권을 읽을 무렵에는 간혹 스스로 깨닫는 바가 있었다. 퇴계는 『논어』 「자장편」을 읽다가 "일의 옳은 것이 이(理)입니까?"라고 묻자, 숙부는 그렇다고 답하였다. 이 말을 듣고 퇴계는 마음 속 의문이 풀리며 깨달은 바가 있었다고 나중

온계 종택 정문 편액(심우식 筆)

◇◇◇◇◇◇◇◇◇◇◇◇◇◇◇◇
12) 이로부터 37년이 경과한 정미(1547년) 3월에 퇴계는 이 반석에서 형님 및 조카들과 모여서 지난 일을 회상하였다. 그리고 이 반석을 숙부 우가 이 반석에서 놀 때 지은 시 「率兒輩遊兜溪盤石」 중의 말을 취하여 '청음석(淸吟石)'이라고 명명(命名)하고, 그렇게 명명한 연유를 밝힌 짤막한 서문(序文)을 붙인 詩 2수 『淸吟石』(幷序)를 지었다.

에 스스로 밝혔다. 후에 퇴계는 자신이 학문을 게을리하지 않게 된 것은 숙부의 가르침과 독려 덕분이라고 회고하였다.

이듬해인 1513년 퇴계는 『논어(論語)』를 모두 마쳤다. 그 무렵 퇴계는 글 읽기를 좋아하여 사람들이 많이 모인 곳에서도 반드시 벽을 향해 앉아 고요히 생각에 잠겨 경전을 읽고 되새기며 도연명의 시와 그의 인품을 흠모하였다. 이는 일찍부터 전원에서 한적하게 글 읽는 것을 좋아했음을 보여준다.

우리 집 산

온계는 18세이던 1513년(중종 8) 이우의 사위인 조효연(曺孝然)과 오언의(吳彦毅) 등과 함께 청량산에서 공부하고 20세에는 숙부와 함께 유람하기도 하는 등 청량산에서 수시로 공부하며 올바른 삶의

청량산

방향을 모색하였다. 이러한 그의 청량산행에 퇴계도 2년 뒤부터 자주 동행했으며, 후에 퇴계는 부형(숙부와 형)과 종종 이 산에서 공부했음을 회고하며 청량산을 '오가산(吾家山)' 즉 우리 집 산이라 부르기도 하였다.

온계가 조효연, 오언의 등과 청량산으로 향할 때 병환으로 요양하고 있던 이우는 조카 온계에게 열 한 수의 시를 지어 보냈다.

> 사람들은 말하지, 독서가 산을 유람하는 것과 같아서
> 깊고 얕은 곳을 여유 있게 마음대로 오간다고
> 하물며 청량산 그윽하고 빼어난 그 곳은
> 내 일찍이 10년간 형설의 공을 이룬 곳임에랴
> 讀書人道若遊山　　深淺優游信往還

況是淸凉幽絶處　　我曾螢雪十年間

「送曺吳兩郞與瀅輩讀書淸凉山」『송재집』

뒷날 온계는 이 시를 받은 사연을 새긴 현판의 서문에 다음과 같이 썼다.

"이 산은 명산(名山)이다. 예부터 운치 높은 인사로서 이 산을 유람한 자가 얼마나 되는지는 알 수 없으나, 오직 김생(金生)과 최치원(崔致遠)의 자취가 암자 이름을 통해 전해오고 있을 뿐이다. 그러나 그 붓을 휘두른 흔적과 남긴 글은 다 없어져 전하는 것이 없으니 어찌 애석하지 않은가. 이 열한 수의 절구(絶句)는 단순한 흥취를 적은 것이 아니라, 이 산의 옛 사적과 훌륭한 경치를 사실적으로 기록한 것이라 할 만하다. 그러므로 후세에 전하여야 마땅하다."[13]

온계는 이 서문에서 청량산 유람이 단순한 흥취가 아닌 선현의 궤적을 답습하며 공부의 방법을 얻는 과정이 된다는 점을 강조하였다. 숙부는 선현들이 청량산에 대해 갖고 있는 호감과 산세가 지닌 기운을 이미 파악하였고, 그것을 절구에 담아 조카들에게 알려주어 앞날을 위한 연마의 장으로 잘 활용하도록 권고한 것이다.

온계가 스물두 살, 퇴계가 열일곱 살이던 1517년에 당시 이름을 날리던 학자인 모재(慕齋) 김안국(金安國)이 경상감사가 되었는데, 모재는 본래 퇴계의 부친 이식 및 송재 이우와 교분이 두터웠기에 송재를 찾아 인사차 왔다가[14] 특별히 온계와 퇴계 두 형제를 불러 보고 "기지(器之, 온계의 부

---
13) 『溫溪集』 권4, 附錄 年譜 嘉靖 14년(1535)
14) 김안국(1478~1543)은 김굉필(金宏弼)의 문인으로 조광조(趙光祖)·기준(奇遵) 등과 함께 도학에 통달한 사림파의 선도자였다. 1507년(중종 2)에 문과중시에 병과로 급제, 지평·장령·예

친 이식의 자)는 죽지 않았네! 기지는 죽지 않았어!"라고 칭찬하며, 온계와 퇴계에게 책과 양식을 주어 청량산에서 공부하게 하였다.[15]

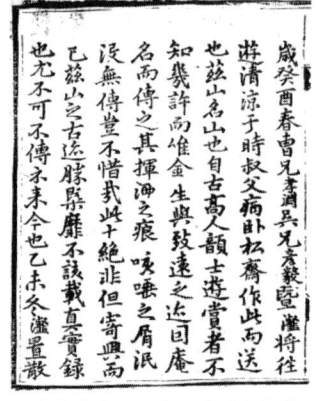

온계가 친필로 쓴 숙부의 청량산 시

이듬해인 1518년 퇴계는 열여덟 살의 나이로 안동 향교에 유학하였다. 농암(聾巖) 이현보(李賢輔)가 안동 부사로 재임하며 향교에 선비를 크게 모아 학문을 장려하고 인재를 길러내던 때였다.

그 이듬해인 19세에는 영주의 의원(醫院)에서도 공부하였다. 조선 시대에 지방 의료기관이 확립된 것은 단종 즉위년인 1452년으로 이때 의원에는 각 도에서 교수관을 파견하고 계수관(界首官: 국도변에 있는 큰 고을)마다 의원을 설치하여 양반 자제를 선발하여 의서 및 경서를 교육하였다.

퇴계는 이 해(19세, 1519년)에 문과 별시 초시에 응시하러 서울에 다녀오는 길에 주희의 『성리대전(性理大全)』에서 맨 앞 권과 맨 뒤 권 두 책을 얻었다. 맨 앞 권1은 「태극도설(太極圖說)」이었고 맨 마지막 권70은 「시(詩)」였다. 이 두 책을 얻어 밤낮없이 읽으며 성리학 세계에 심취하였다. 퇴계

◇◇◇◇◇◇◇◇◇◇◇◇◇

조참의·대사간·공조판서 등을 지냈다. 1517년 경상도관찰사로 파견되어 각 향교에 『소학』을 권하였다. 송재를 방문한 것이 바로 이때이다.

15) 이후 김안국은 한양에 올라가 『농서언해(農書諺解)』·『잠서언해(蠶書諺解)』·『이륜행실도언해(二倫行實圖諺解)』·『여씨향약언해(呂氏鄕約諺解)』·『정속언해(正俗諺解)』 등 백성들을 위해 한문을 한글로 번역한 각종 언해서와 『벽온방(辟瘟方)』·『창진방(瘡疹方)』 등 치료법을 간행하여 널리 보급하였으며 향약을 시행하도록 하여 교화 사업에 힘썼으나 기묘사화가 일어나서 조광조 일파의 소장파 명신들이 죽음을 당할 때, 겨우 화를 면하고 파직되어 경기도 이천에 내려가서 후진들을 가르쳤다.

는 후에 회상하며, 자신도 모르는 사이 마음이 즐겁고 눈이 열려, 읽을수록 점점 의미를 깊이 알게 되어 마치 그 심오한 세계로 들어가는 길을 깨달은 듯 했다고 회고하였다. 이듬해인 스무 살에는 『주역(周易)』을 읽었다. 그 의미를 탐구하느라 거의 침식을 잊을 정도로 몰두한 결과, 이때부터 항상 몸이 마르고 쇠약해지는 병에 걸리게 되었다.

그 이듬해인 1521년, 퇴계는 김해 허씨(金海 許氏, 1501~1527)에게 장가들었다. 김해 허씨는 진사(進士) 허찬(許瓚, 1481~1535)의 딸이다.[16] 2년 후인 1523년에 맏아들 준(寯)이 태어났다. 퇴계는 그 해에 처음으로 성균관에 유학하였다. 하지만 기묘사화(己卯士禍)를 겪은 지 얼마 되지 않은 때라 학생들의 분위기가 들떠 있었다. 성균관 하재(下齋)에 머물렀는데, 당시 학생들의 분위기에 실망하여 속마음을 드러내지 않을 수 없었다. 그러자 많은 사람들이 그를 싫어하고 '가지가지 다 한다'고 지목하며 비방하기를 그치지 않아, 두 달 만에 돌아왔다. 성균관 유학 중 처음 『심경부주(心經附註)』를 접하고 크게 감명받아 종이를 주고 한 부를 구하였다. 퇴계는 방문을 닫고 몰두하여 여러 달 반복해 읽은 끝에 모든 내용을 시원스럽게 깨우치게 되었다. 퇴계는 이 책을 읽고 나서 비로소 심학(心學)의 연원과 심법(心法)의 정미함을 알게 되었다고 한다.[17]

---

16) 남편 공경하기를 손님처럼 하여 물건을 건넬 때는 반드시 소반에 담아서 공손히 올렸다. 거처도 달리하여 家人들은 서로 친애하는 모습을 보지 못하였기 때문에 부부 금슬이 좋지 않은 것으로 의심하기도 했으나, 나중에서야 부부간의 정이 깊은 것을 알았다고 한다. 자신의 집은 가난하고 夫人의 친정은 부유하였지만 처가살이를 하지 않고, 가족만 처가에 맡긴 채 고향에서 살면서 때로 왕래하였다. 그리고 처가에 살찐 말이 있었지만, 그것을 타지 않고, 항상 자신의 마른 말을 타고 다녔다. … 「퇴계연보」 부산퇴계학연구원
17) 「퇴계연보」 부산퇴계학연구원

형님 댁에서

    온계는 열여덟 살이던 해(1514년) 영주 삼봉면 말바우(斗巖)에 사는 연안 김씨 문중 김복흥(金復興, 1482~1537, 통례원가인의)의 딸에게 장가들었고 처가를 왕래하며 공부하였다. 스무 살 되던 해(1516년) 태어나고 자란 안동 노송정 본가에서 분가하여 노송정 동쪽 약 100m 떨어진 곳에 집을 짓고 정착하였다. 온계는 이때 모친 춘천 박씨를 모시기 시작하였다. 1525년에 진사시에 합격하자 이듬해인 1526년 성균관에 들어가 과거 공부를 시작하였다. 퇴계는 형 온계의 집에서 어머니 춘천 박씨를 모시고 5년간 거처하였다.

    퇴계는 이때의 상황을 "지난 병술년(1526년)에 형님께서 성균관에 유학 가셔서 내가 어머니를 모시러 형님 댁으로 가 있었다. 그때 서쪽에 있던 큰 집을 제목으로 시 한 수를 읊었다."라고 회고하였다. 큰 집에 있던 많은 책들은 퇴계가 학문의 토대를 쌓는 데 중요한 역할을 했다.

    푸른 산 곁에 있는 큰 집이 쓸쓸하구나
    그 안에는 만 권의 도서가 가득하구나
    동쪽 개울 돌아서 서쪽 계곡과 합치고
    남북으로 뻗은 산이 푸르름을 맞잡았네
    高齋瀟灑碧山傍   祇有圖書萬軸藏
    東澗繞門西澗合   南山按翠北山長

밤에 흰 구름 와서 자니 처마가 젖고
맑은 달 비추니 집안 가득 청량하네
산속에 산다고 할 일 없다 하지 마소
내 평생 뜻하는 바 헤아릴 수 없음에랴
白雲夜宿留簷濕　　淸月時來滿室凉
莫道山居無一事　　平生志願更難量[18]

그런데 퇴계의 부인 허씨가 퇴계가 어머니를 모시고 이 집(노송정 본가에서 분가한 집)으로 온 이듬해인 1527년 둘째 아들 채(寀)를 낳은 후 곧 세상을 떴다. 퇴계는 달팽이집처럼 작은 집으로 옮겨와 세상을 뜬 허씨 부인이 남긴 둘째 아들 채를 키우며 공부하였다.[19]

형 온계는 성균관 유학 2년 후인 1528년 서른세 살의 나이로 문과에 합격하여 관리의 길을 걷게 되었다. 동생 퇴계는 그 해(1528년) 2월 서울에 올라가 진사 시험에 응시하여 2등으로 합격하였고 6년 후인 1534년(34세) 식년 문과에 응시하여 2등으로 합격하며 관직을 제수받았다. 두 형제는 6년 터울로 대과에 합격한 것이다.

---

18) 권오봉 『가을하늘 밝은 달처럼 퇴계선생 일대기』 158쪽, 교육과학사, 1997.
19) 집안 살림은 후처로 들어온 몸종이 맡아 했고 나중에 아들 적(寂)을 낳았다.

3장

짙은 구름

인종의 시대 / 외척을 물리치소서 / 삼성추고
유신현 강등 사건 / 최하손의 치사 / 이홍남의 등장
"죄가 없습니다" / 운명의 날 / 감형은 됐지만 / 이무강의 분풀이
혼신의 호소문 / 끝내 차단되고 / 돌아올 수 없는 길

인종의 시대

1544년 11월 15일 중종이 세상을 떠나자 맏아들인 인종이 닷새 후인 11월 20일에 창경궁 명정전 처마 밑에서 즉위하고 신하들의 하례를 받았다. 인종의 휘(諱)는 호(峼)로, 중종의 맏아들이고 모비(母妃)는 장경 왕후(章敬王后) 윤씨(尹氏)이다. 어릴 때부터 재지(才智)가 뛰어나 3세에 능히 글의 뜻을 알았고 6세에 세자(世子)로 책봉되었다. 성품이 매우 고요하고 욕심이 적었으며 인자하고 공손했고 효성과 우애가 깊었으며 학문에 부지런하고 실천이 독실하여 동궁(東宮)에 있은 지 25년간 어진 덕이 널리 알려졌다. 선왕의 대업을 이어받게 되자 안팎에서 모두가 어진 정치(至治)를 기대하였다. 그런데 효성이 지극하였으나 중종의 국상 중 슬픔이 너무 심하여 건강을 잃고 불과 1년여 만에 세상을 뜨니 이는 조선 왕실뿐 아니라 우리 역사에도 큰 손실이었다.

즉위하는 날의 현장 상황을 실록을 통해 보자.

중종 39년 갑진(1544) 11월 20일

즉위 하례를 올리기 위해 종친 및 문무백관들이 모두 명정전의 동서쪽 뜰로 나아갔다. 시각은 이미 캄캄하여 촛불을 밝히고 나오니 왕은 가마(승여)를 타지 않고 힘겹게 걸어 어좌(御座) 옆에 이르렀지만 차마 앉지 못하고 오랫동안 국궁(鞠躬)하고 서 있었다. 승지가 앞으로 나아가 아뢰기를, '자리에 오르신 뒤에야 여러 신하들이 하례를 올릴 수 있습니다. 지금 자리에 오르지 않으시니 예식이 이루어지기 어렵습니다.' 하자, 상이 이에 억지로 자리에 올라 앉았으나 오히려 불안한 자세였고 몹시 애통하여 눈물이 비 오듯 떨어지자 좌우 뜰에 있던 여러 신하들도 오열하며 눈물을 흘리지 않는 이가 없었다.

즉위하여 바로 사면령을 반포하였다. 이날 새벽 이전의 범죄자 가운데 모반대역죄, 조부모나 부모를 때려 죽인 죄, 처첩이 음모로 남편을 죽인 죄, 노비가 그 주인을 죽인 죄, 고독 염매(蠱毒魘魅) 죄, 국가 강상(國家綱常) 관련 죄, 관직에서 공금이나 뇌물을 챙긴 죄(事干贓汚), 강절도(强竊盜) 이외의 잡범들을 모두 풀어주도록 명하였다.

인종은 즉위 한 달 후인 12월 20일에 인사를 단행하였는데, 온계 이해는 예조 참판이 되었고, 그리고 9일 후 다시 발령을 내어 이해(李瀣)를 대사헌으로 삼았다. 이는 강직한 신하를 통해 조정의 기강을 바로잡으려는 뜻이었다.

외척을 물리치소서

인종은 성품이 인자하였고 또 사림 세력을 가까이하였기에 즉위하면서 유관, 이언적, 유인숙 등을 등용하고, 선왕의 도승지였던 온계(이해)를 대사헌으로 발탁하는 등 사림 세력을 요직에 등용하였다. 모든 신료와 백성들은 이로써 정치가 쇄신되리라는 기대를 크게 하였다. 그런데 성품이 나약한 인종은 자신을 핍박하던 계모 문정왕후(이때부터 문정대비가 된다)의 마음을 평안히 하기 위하여 대비의 친동생인 윤원형을 공조 참판으로 등용하였다. 그뿐만 아니라 윤원형의 복심(腹心)인 이기(李芑)를 우의정으로 등용하려 하였다.

이기(李芑, 1476~1552)는 덕수 이씨로 일찍이 스물다섯 살인 1501년(연산군 7) 문과에 급제하여 명성이 높았으나 장인인 군수 김진(金震)이 장리(贓吏: 부정하게 뇌물을 받거나 직권으로 재물을 탐한 죄를 저지른 관리)였기에 높은 벼슬에 오르지 못하고, 종사관, 종성 부사, 경원 부사, 의주 목사 등을 전전하였다. 1522년(중종 17) 공조 참의를 지내고 경상도 관찰사, 평안도 관찰사를 거쳤다. 1533년 공조 참판에 오르고 이어서 예조 참판, 한성부 판윤을 역임하였다. 1539년 진하사(進賀使)로 명나라에 다시 다녀왔고, 그동안 쌓은 공로로 국왕이 병조 판서에 임명하려 하였으나, 이조 판서 유관(柳灌)이 장리(贓吏)의 사위라 하여 배척하였다. 그러나 국왕의 신임과 이언적(李彦迪)의 주장으로 형조 판서가 되고 이어 병조 판서로 발탁되었다. 당시에는 능력을 인정받던 관리였다.

인종이 즉위하고 두 달이 지난 1545년 음력 1월 13일 이기가 우의정으로 임명되었다. 그러자 대간(臺諫)들이 그날 즉시 들고일어났다. 이때 대간들의 논박을 주도한 이는 대사헌 이해였고 사간원 헌납[1]이치(李致)도 이에 함께 이름을 올렸다. 대간들이 합계하여 이기의 등용을 극력 반대하였고 이틀 뒤 결국 우의정 제수는 철회되었다.

인종 1년 을사(1545) 1월 15일(기유)
대간이 합사하여 홍언필과 이기의 체직을 청하다

 "대신이 중한 논박을 받으면 완고하고 어리석어 부끄러움이 없는 사람이라도 감히 다시 그 벼슬에 나아가지 못하는 것이니, 신들이 굳이 논집하지 않더라도 홍언필이 어떻게 감히 그 자리에 무릅쓰고 있겠습니까. 이기의 일에 대해 위에서 '대신이 이미 제배되었으면 경솔히 움직일 수 없다.' 하였다 하였으나, 적격자가 아니라면 국가의 위란이 뒤따르는 것이니 어찌 제배되었다 하여 개정하지 않을 수 있겠습니까. 또 '가볍게 움직이면 대신의 자리가 도리어 중하지 않게 될 것이다.' 분부하였다 하셨으나, 적격자가 아닌데 그 자리에 무릅쓰고 있게 된다면 그것이 곧 그 자리를 더욱 가볍게 하는 바가 되는 것입니다. 적격자를 얻지 못한다면 열 번을 바꾸더라도 소요가 되지 않는 것입니다. 한 나라의 흥망을 생각하지 않을 수 있겠습니까. 더구나 지금은 사복(嗣服: 왕위를 물려받음)하신 처음이니 더욱 삼가서 선발하지 않을 수 없으니 빨리 개정하도록 명하소서."

 하니, 답하기를,

---

1) 헌납은 사간원 소속이다. 사간원은 임금의 공사행동을 살펴서 잘못하는 일을 밝혀내고 절차적으로 충고해서 올바르게 인도하는 것이 소임이다. 대사간 밑에 사간과 헌납이 한 명씩 있고 그 밑에 정언(正言)이 두 사람 있다. 온계도 정언과 사간을 역임했다.

"정승의 자리에 대해 내 생각으로는 가볍게 고칠 수 없다고 여기고 있다. 그러나 지금 나라의 큰일이 이미 임박하였으므로 애써 공론을 따른다."

"애써 공론을 따른다"는 말로 결국 인종은 내키지 않았으나 이기를 우의정 자리에서 물러나도록 하였다. 윤원형과 이기는 이때부터 온계 이해와 사간원 헌납 이치(李致)를 원수로 여기게 되었다. 물론 당시 이언적, 유관, 유인숙, 송인수, 권벌, 백인걸, 노수신 등 대부분의 고관들도 그의 등용을 반대하였기에 인종도 결국 임명을 철회한 것이었는데, 윤원형과 이기 일당은 이후 자신을 반대한 사림 세력을 해칠 마음을 품게 되었다. 그리하여 그해 을사년 7월에 인종이 승하하고 이복동생인 명종이 즉위하자 누이인 문정왕후의 권세를 등에 업은 윤원형 일당은 인종 때의 사림 세력을 모조리 역모 사건으로 몰아 죽였다. 그것이 바로 을사사화이다.

온계의 관직 이력을 보면 중종 대와 그 이후로 나뉘어 확연한 차이를 느낄 수 있다. 즉 인종 대를 거쳐 명종 대에는 거의 외직을 전전했다는 것이다. 이는 정치적인 상황과 본인의 선택 때문이었다. 당시 이기를 체직시킴으로써 온계는 이기의 최대 정적이 되고 말았다. 이기는 온계보다 20년 연상으로 덕수 이씨이며 명종 4년(1549)에 영의정에 이르렀고 보익공신 1등에 풍성부원군에 봉해진 인물이다. 그리고 윤원형은 파평 윤씨이며 명종의 외숙(문정왕후의 남동생)으로 역시 1563년에 영의정에 오른 인물이다.

삼성추고

이제 시간을 5년 건너뛰어 1550년의 이야기로 들어간다. 그해(음력) 8월은 유난히 더웠다. 수도 한양의 의금부(義禁府)에서는 8월 10일 추고(推考)가 열렸다. 추고란 고관의 죄를 엄중히 조

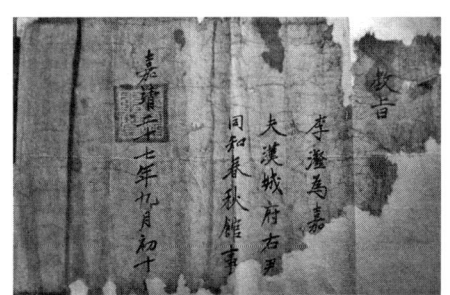

교지 한성부 우윤

사하는 조치로, 혐의가 드러나면 피의자가 혐의를 곧바로 실토하거나 인정할 때까지 고문(拷問)하는 것을 말한다. 당시 의금부는 오늘날 서울 종로2가 옛 신신백화점 자리, 지금의 SC제일은행 본점 자리에 있었다. 그곳에 석 달 전인 5월 한성부 우윤(오늘날 서울시 부시장격)으로 발령받아 근무하던 이해(李瀣)와 유신 현감을 지낸 이치(李致)[2]가 잡혀 와 추고를 받고 있었다. 이해는 석 달 전까지 청홍도 감사였고 이치는 유신 현감이었다. 말하자면 이해는 충청도 도지사격이었고, 이치는 유신현으로 강등되어 있던 충주 시장격이었다. 도지사격과 시장격 인물이 함께 잡혀와 엄중한 문초를 받고 있던 것이다. 더구나 이날 추고는 삼성(三省)이 교좌(交坐: 함

---

2) 이치(李致, 1504년~1550년)는 성균관학유, 사간원 헌납 등을 역임한 문신, 본관은 덕수(德水), 자는 가원(可遠)이다.

삼성추고 **101**

께 참여)하는, 오늘날로 치면 삼부 합동 심문을 하는 중요한 자리였다.[3] 무슨 일이 있었기에 이 두 고위 관리가 추고를 받고 있었던 것일까?

당시 역사를 기록한 실록을 통해 그날의 역사 속으로 들어가 보자. 추고가 열리기 일주일 전인 8월 3일의 일이다.

실록 명종 5년 경술(1550) 8월 3일(갑자)
유신현 역적들의 적몰한 재산의 처리과 관련하여 이해를 추국할 것

사헌부가 아뢰기를,

"한성부 우윤 이해(李瀣)에 대해 아뢰기를, 전에 청홍도 감사로 있을 때 유신현(維新縣)의 역적(逆賊)들이 소유했던 토지, 노비, 재물을 적몰(籍沒: 중죄인의 소유 재산을 관에 등록하여 몰수함)할 때에 제멋대로 본 주인에게 환급한 사실이 있어 함문(緘問: 서면으로 문의함)하였더니, 이해가 답하기를 거부하였습니다. 이에 청홍 감사 및 유신 현감 등이 보관하던 문서를 가져와 빙고(憑考: 사실에 근거하여 검토함)해 보니 추쇄(推刷: 죄인 및 재산을 찾아내어 압수함)한 역적들의

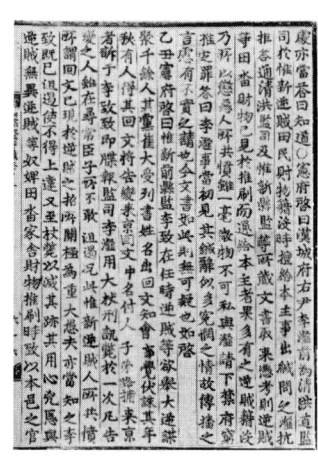

실록 명종 8월 3일조

⋄⋄⋄⋄⋄⋄⋄⋄⋄⋄⋄⋄⋄

3) 조선시대 법률을 규정한 ≪대명률(大明律)≫에 따르면 모반(謀反: 내란죄)·모대역(謀大逆: 종묘 능묘 궁궐을 파괴하는 행위)·모반(謀叛: 나라를 배반하는 행위)·악역(惡逆: 존속 살해)·부도(不道: 흉악법죄)·대불경(大不敬: 임금에게 해를 끼치는 행위)·불효(不孝: 부모에게 도리를 안 하는 행위)·불목(不睦: 8촌 이내의 혈족을 해치는 행위)·불의(不義: 도리에 어긋난 행위)·내란(內亂: 친속간의 간통) 등의 10악(十惡)을 비롯하여 강상(綱常)에 관계되는 죄를 범하는 경우, 임금의 특지(特旨)를 받고 3개 부서가 합동으로 심문을 할 수 있었다. 합동신문은 사헌부(司憲府)·사간원(司諫院)·형조(刑曹), 혹은 의정부(議政府)·사헌부·의금부(義禁府), 혹은 의정부·대간(臺諫)·의금부 등으로 구성된다.

전답과 재물을 본 주인에게 환급한 사례가 과연 많았습니다. 역적의 재산을 적몰하는 것은 악을 징계하여 백성의 울분을 푸는 일이니 비록 하찮은 물건이라도 사사로이 환급할 수 없는 것입니다. 이해를 금부(義禁府)에 내려 끝까지 추문(追問)하여 죄를 정하소서."

사헌부는 유신현 역적 사건으로 인해 역적들의 재산이 몰수되었는데, 당시 이 지역 감사로 있던 이해가 이를 제멋대로 처분한 혐의가 있다 하여 그 사정을 서면으로 감사에게 문의(함문)하였으나 답이 없었고, 이에 문서를 조사(빙고)해 보니 혐의가 사실로 드러났으니 이를 엄히 캐내어 벌해야 한다는 소장(訴狀), 곧 오늘날로 치면 기소(起訴)하자는 내용이었다.

이에 대해 왕인 명종은 (수렴청정 중이므로 문정대비가 답했을 것이지만) 올라온 문서를 보고 혐의가 인정된다 판단하여 구속하여 조사를 철저히 하도록 명한 것이다.

답하기를,

"이해의 일은, 당초 고발 문서를 보니 억울한 점이 많은 듯하여 전해진 말에 부실함이 있을까 염려했었다. 이제 조사한 문서가 이와 같으니 의심할 것이 없다. 아뢴 대로 하라." 하였다.

처음에는 이해가 그럴 위인이 아니라고 생각하여 혐의가 억울할 듯하다 여겼는데, 지금 올라온 조사 문서를 보니 의심할 여지가 없다고 한 것이다. 당시까지 온계는 조정 안팎에서 신망이 두터운 관리였다.

다음 날인 8월 4일 사헌부는 더 구체적이고 확대된 혐의를 들어 이해뿐만 아니라 그 밑에서 현감으로 일했던 이치 등도 함께 국문할 것을 요청하였다.

명종 5년 8월 4일

사헌부가 고변한 사람을 죽인 이치와 이해를 도운 유섭을 국문할 것을 청하다

　사헌부가 아뢰기를,

　"유신현 전 현감 이치(李致)가 재임하였을 때, 역적들이 대역(大逆)을 꾀하고자 1천여 명을 모으려 하였습니다. 이에 그 당여(黨與)인 최대수(崔大受)가 성명을 열기(列記)한 회문(回文)을 돌리다가 사건이 발각되어 복주(伏誅: 처형)되었습니다. 그해 가을, 어떤 이가 그 회문을 우연히 얻어 서울에 와 고변(告變)하려 하였는데, 회문에 이름이 적힌 자의 자제가 길에서 그 고변하려던 자를 붙잡아 이치에게 고소하였습니다. 이치는 즉시 감사 이해에게 첩보(牒報)하고 대장(大杖)으로 형신(刑訊)하였는데, 1차 형신에서 사망하였습니다."

유신현 강등 사건

여기서 잠시 유신현이라는 이름에 대해 짚고 넘어가자. 원래 충청도는 충주와 청주의 머리글자를 따서 만든 지명으로, 충청도의 앞부분 이름이 바로 충주였으니, 그만큼 충주는 충청도를 대표하는 도시였다. 그런데 원래 원주 사람인 유석(劉石)이라는 인물이 충주에 잠시 살 때, 장애인 아버지 살해 미수 사건이 발생했다. "유석(劉石)은 자기 아비를 살해하기 위해 매우 추운 겨울에 강가 바위 위로 아비를 꾀어 와서 물속으로 밀어넣고서, 혹 살아날까 우려하여 대나무 막대로 머리와 뺨 등을 마구 난타하여 막대도 부러졌고 출혈까지 하였습니다."라고 『중종실록』에 기록되어 있으며, 이러한 끔찍한 패륜 사건이 발생하자 당시 조정은 이를 패륜 사건으로 규정하고 충주목을 예성부(芮城府)로 강등하였다. 또한 연좌제에 따라 충청도는 도 이름에서 '충주'를 빼고 대신 '공주'를 넣어 청공도(淸公道)로 이름이 바뀌었다.4) 이때가 1540년(중종 35)이었다. 그런데 그로부터 7년 후, 충주는 이번에 다시 유신현(維新縣)으로 읍호가 강등되었다. 이렇게 된 데에는 양재역 벽서 사건이라는 것이 있다.

1547년(명종 2) 양재역(良才驛)에 문정대비(文定大妃)를 비난하는 벽서(壁書)가 나붙었다는 고변이 접수되었다. 윤원형 일파는 이 벽서를 붙인

---

4) 원래 충주는 예전부터 예성(蘂城)이라고 불리었는데 실록은 '蘂'자가 꽃술이라는 아름다운 뜻을 갖어서 발음이 같지만, 뜻이 보잘것없는 풀이라는 뜻의 '芮'자로 적었다.

배후가 을사사화(乙巳士禍) 때 살아남은 사림 세력의 잔당이라고 지목하고, 송인수(宋仁壽), 백인걸(白仁傑), 이약빙(李若氷) 등을 체포하여 심문하였다. 이후 송인수, 이약빙 등을 처형하고, 이약빙의 형인 이약수(李若水) 등은 먼 변방으로 유배 보냈다. 인종의 외삼촌 윤임(尹任)과 사돈 관계였던 이약빙의 두 아들 이홍남(李洪男)과 이홍윤(李洪胤)도 이에 연루되어 각각 귀양 갔다.

그런데 충주에서 귀양살이하던 이홍윤은 자신들을 몰아세운 윤원형 일파에 대한 원망과 분개를 자주 드러냈다. 반면 강원도 영월에서 귀양살이하던 형 이홍남은 자신의 처지를 동생 탓이라 여기며 이홍윤을 원망하여 서로 사이가 나빴다. 이들 형제가 아버지 이약빙을 장사 지낸 곳은 좋지 않은 땅이었는데, 동생 이홍윤이 술사(術士)를 통해 새로 명당자리를 얻은 후 형 이홍남에게 "장차 왕후장상이 나올 산이다."라고 편지를 보내 자랑하였다. 그러나 형 이홍남은 이 편지를 역이용하여 동생을 역모죄로 고발하는 술책을 썼다. 자신의 패거리들을 시켜 고변(告變)하기를, "동생 이홍윤이 함창(咸昌)에 사는 술사 배광의(裵光義)와 서로 왕래하며 명당자리를 찾아내며, 조정 대신들의 운명을 점쳤습니다. 길흉을 예언하기를 '연산군(燕山君) 때처럼 사람을 지극히 많이 죽이면 마침내 반정(反正)이 일어나 쫓겨날 것이니 지금 임금인들 어찌 오래도록 그 자리를 지키겠는가.'라고 말하였습니다."라고 하며, 그 증거로 지방 토호들의 향회 문서를 제출하였다.

이에 1549년(명종 4) 4월 이약빙의 작은아들 이홍윤을 잡아들여 의금부에서 심문하였다. 이때 영의정 이기(李芑)는 이홍윤이 윤임의 사위라는 점을 듣고, 이 사안을 모반대역죄로 확대시켰다. 이에 확실한 증거도 없이 충주의 토호(土豪)들을 모조리 잡아들이자 충주 한 고을 전체가 이 옥사에 연루되었다. 이 일로 충주의 토호인 강유선(康惟善), 이이(李彝), 이규(李揆), 안세장(安世章), 최대립(崔大立), 최대림(崔大臨), 김의순(金義淳) 등 33명이 처형되었다. 이때 문정대비는

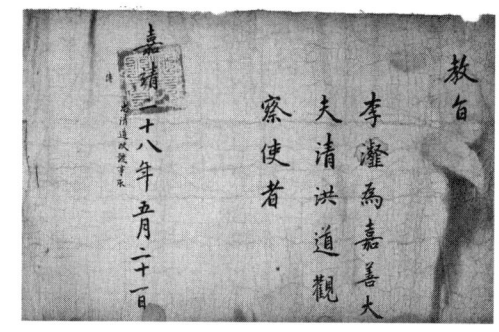

교지 청홍도 관찰사 김문웅 소장

격분하여 "충주에서 역적들이 반역 모의를 계획하고 그 명부까지 만들었는데도, 그 고을 사람 가운데 한 사람도 사전에 고변한 이가 없었으니, 이 것은 인심이 완악하여 군신의 의리를 모르기 때문이다."라고 하며, 충주를 유신현(維新縣)으로 강등하고 충청도를 청홍도(淸洪道)로 이름 바꾸었다. 충주라는 이름이 없어지자 대신 홍주(충남 홍성)를 도 이름에 넣은 것이다.[5] 문정대비는 영월에 있던 이홍남을 특별히 대궐로 불러 "대의를 위하여 형제의 정의도 무시하였다."라고 칭찬하며 친히 술을 따라 주었고, 이홍남은 그날 공조 참의(參議)로 발탁되었다.[6] 이 사건을 파헤친 공로로 이기는 의정부 영의정에 올랐고, 엉뚱하게도 사건으로 공석이 된 청홍도 관찰사 자리에 이해를, 강등된 유신현 현감으로는 이치를 발령하였다. 말하자면 사건으로 쑥대밭이 된 충청도와 충주의 뒷수습을 맡긴 것이었다. 후에 실록을 편찬한 사관(史官)들은 큰 사건으로 많은 사람이 죽을 때마다 이기가 꼭 승진한다고 비판할 정도였다.

---

5) 『명종실록』 4년 5월 21일.
6) 『연려실기술(燃藜室記述)』 권10.

이때 이홍남은 모친 상(喪)중인데도 관직을 받았고 또 아우 이홍윤의 남은 재산을 가져가려 하였다. 이홍윤이 죄인이 됨에 따라 그 집 재산이 나라에 몰수되었는데, 이홍남은 유신 현감 이치에게 이홍윤의 가재(家財) 가 실은 자신의 재산이라 주장하여 반환받아 갔다. 이 사실이 유신현으로부터 청홍도 감사 이해에게 보고되었고, 이를 들은 감사 이해는 "형이라는 자가 아우를 무고하여 죽게 하고 그 가재마저 빼앗으려 한다니, 그는 패륜을 저지른 고약한 자이다"라고 말했다 한다. 이 말이 이홍남에게 전해지자 이홍남이 그때부터 이해에게 원한을 품고 그를 무고할 기회를 엿보았다.

최하손의 치사

 양재역 벽서 사건을 다시 조명하는 이유는 이해와 이치 두 사람의 삼성 추고가 바로 이 벽서 사건의 후유증이기 때문이다. 서울시 부시장과 충주 시장을 잡고 엄중히 조사하게 된 이 사건의 발단은 최하손이라는 인물에게서 시작되었다. 유신 현감 이치가 의금부에서 조사를 받을 때 진술한 바에 따르면, 이치는 1549년 5월 유신 현감에 제수되어 6월 6일에 부임하였는데, 그로부터 열흘 뒤에 일어난 일이었다. 최하손이라는 자는 친형을 구타한 죄로 평안도 의주로 강제 이주되는 벌을 받게 되었는데 가족과 함께 도망쳐 나와서는 자신을 고발한 이를 찾아가 밤에 활을 가지고 쏜다며 위협하다가 유신현(충주)에 고발되었다는 내용이다. 이치 현감은 조사를 진행하며 위협죄는 증거가 없어 제외하고 대신 의주에서 탈법적으로 이탈한 과정을 진술받으려 하니 진술이 엇갈리자 형신(곤장)을 가하려 할 때 갑자기 엉뚱한 고변을 터뜨렸다는 것이다.

 "최하손이 형신을 받기 직전에 큰 소리로 '내가 고변하려 했는데 수금(囚禁) 당했다. 나를 석방해주면 고변(역모 고발)하겠다.'고 떠들어 대었습니다. 현감은 깜짝 놀라 '네가 고변한다는 것은 어느 때의 일인가? 지금 일인가?'라고 물었더니 "이홍윤(李洪胤)의 잔당들이 아직 남아 있다." 하고, 또 "지금이라고 해서 어찌 없겠는가?" 하였습니다. 현감은 수상히 여기고 다시 묻기를 '어찌하여 즉시 고하지 않았으며, 또 수금된 지 오래도록 발설하지 않다가 형신할 때가 되어서야 발설하는가?'라고 물었습니다."

　최하손이 형신을 받기 직전에 갑자기 양재역 벽서 사건에 연루되었던 이홍윤의 잔당이 아직 남아 모의하고 있기에 그것을 고변하려 한다고 말한 것이다. 현감 이치는 그의 말이 조리가 없어 거짓이라 생각되었고, 또 변방으로 이주되었다 도망해 온 자를 마음대로 풀어주기도 어려웠으며, 고변하려 한다는 그의 말을 듣고는 마음대로 조치하기 어려워 감사에게 알렸더니 감사로부터 '실정을 알아낼 수 없으니 사정을 봐주지 말고 형신하라.'는 명이 내려와 곤장 30대로 형신하였는데, 곤장을 맞던 중 바로 숨이 끊어졌다는 것이다. 물론 역모의 증거가 될 문서는 내놓지 못했다.

　그렇다면 충청도 감사 이해는 이 사건을 어떻게 처리했을까? 이해의 진술을 통해 알아보자.

"지난해 가을 유신 현감 이치의 정보 보고에 최하손(崔賀孫)이라는 사람이 형제간 불화(不和) 죄로 의주에 입거(入居)되었는데, 무단으로 도망쳐 돌아와 관내에 숨어 있으면서 돌아가지 않는다고 보고하였습니다. 이에 '입거된 자가 도망해 온 죄'에 따라 법대로 형문(刑問)하라 지시했었습니다. 그 후 같은 현감이 다시 첩보하기를, '최하손은 중한 죄로 입거된 자인데 무단으로 도망해 온 사실을 추문(追問)할 때 관계없는 고을의 회문(回文)을 가지고 고변하겠다고 발악하며 추문을 거부한다.'고 하였기에, 이는 근거 없는 주장을 내세워 중한 죄를 모면하려는 수작이 지나치다고 생각되어 전에 첩보받은 내용에 따라 형추(刑推)하도록 다시 지시하였습니다. 그런데 1차 형신 뒤 병으로 사망했다는 사실을 첩보해 왔습니다."

이것으로 보아 의주에서 도망쳐 나온 최하손이 자기를 고발한 이를 위협하다 관아에 잡혀와, 이홍남의 수법대로 자신이 살기 위해 유신현의 잔당들이 다시 역모를 꾸미고 있다고 고변하려 했으며, 현감 이치는 그것이 자신이 살기 위한 변명으로 보였기에 사실을 밝히라며 곤장을 쳤는데, 그는 곤장을 맞다 곧바로 사망한 사건이었다.[7]

---

7) 나중에 일부 민간 사서에서는 마치 최하손이 정말로 고변하려다 잡혀서 죽은 것으로 기재하기도 한다. 역사는 그렇게 혼란스럽게 된다.
　　"조정에서 유신현(維新縣: 충주를 고친 이름) 잔당(이홍남(李洪男)의 고변에 연루되어 처벌되고 남은 사람들)을 매우 급히 서둘러 치죄하였다. 이때 고을에, 도민(徒民) 최하손(崔賀孫)이 도망 와서 기회를 타 술책을 부리고자 하였는데, 이미 석방되자 본읍(本邑) 향회문자(鄕會文字)를 훔쳐서 장차 서울에 달려가 고변을 올리려는 것을 품관(品官)이 알고 잡아서 관청에 알렸다. 현감 이치(李致)가 잡아 가두고 형(刑)을 청하니 공이 죄목에 의해서 한 차례 고문을 하였는데 죽었다." 《을시전문록》 이해(李瀣)전

이홍남의 등장

그런데 이 사건은 여기서 끝난 것이 아니었다. 여기에 이홍남이 다시 등장한다. 이홍남은 동생을 고변하여 죽게 하였지만 국가를 위해 동생을 고발한 공로를 인정받아 벼슬에 등용되었으며 동생의 재산을 자신이 차지하려다가 감사 이해에게서 소인배라는 비판을 듣고 앙심을 품게 되었음은 앞에서 말한 바와 같다. 그러다가 충주에서 일어난 최하손 사망 사건을 알게 되었다. 이홍남은 곧바로 사간원 사간 이무강(李無疆)을 찾아가 이해와 이치 두 사람이 역모를 고변하려던 인물을 일부러 죽여 입을 막았다'고 무고하였다. 평소 자신에게 살갑게 대하지 않았던 이해에게 원한을 품고 있던 이무강은 이를 원한을 갚을 좋은 기회라 여기고 자신의 직속상관이자 이홍남의 처족인 대사간 원계검(元繼儉)을 사주하여, 사건을 날조하자고 공모하고 영의정 이기 등 평소 이해와 이치를 미워하던 권신들이 함께 나서서 이를 역적 비호 사건으로 크게 키운 것이다.

여기까지가 삼성 추고가 열리게 된 사건의 전말이다. 이제 다시 삼성 추고 현장으로 돌아가 보자.

실록 명종5년 8월 4일
사간원이 한성부 우윤 이해와 예조 정랑 유섭을 국문할 것을 아뢰다

간원이 아뢰기를,

"한성부 우윤 이해는 전에 청홍도 감사로 있을 때 이미 추쇄한 유신현 역당들의 전답과 재물을 제멋대로 본 주인에게 환급해 준 사례가 매우 많습니다. 그가 군신의 의리를 모르고 역적을 비호한 흔적이 분명히 드러났으니 지극히 무상(無狀: 잘한 것이 없이 잘못한 것)합니다. 요즈음 인심이 불안하고 사론(邪論)이 사라지지 않아 재상의 반열에 있는 자들조차 임금을 잊고 역적을 비호하는 행위를 거리낌 없이 합니다. 이해는 일찍이 구수담(具壽聃)[8] 등과 붕당(朋黨)을 이루어 의논과 행동을 함께 하였습니다. 그렇기에 유신현 역적 사건이 고금에 없던 큰 변란이었음에도 직접 보고서도 공공연히 극진히 비호하여 시비를 전도시키고 인심에 의혹을 갖게 하였으니, 이는 그 근본에 유래가 있는 행위입니다.

예조 정랑 유섭(柳涉)은 당시 도사로 있으면서 공사(公事)에 함께 참여했으니 아울러 추국하소서. 전 유신 현감 이치(李致)는 역당 재산을 적몰할 때 자신이 직접 거행하지 않고 하리(下吏)들에게 맡겨 누락된 재산이 많게 하였으며, 역적 사건을 처리한 후에는 그 고을의 어떤 사람이 역당 명단을 열기한 회문을 가지고 다시 고변하려 상경하던 중, 회문 속에 이름이 적힌 자의 아들이 고소한 것을 듣고, (이치가) 그 고변하려던 자를 잡아 가두고 감사(이해)에게 보고한 뒤 때려 죽였으니, 일이 매우 놀랍습니다. 역시 잡아 국문하소서."

---

8) 구수담(具壽聃, 1500~1550): 자는 천로(天老), 본관은 능성(綾城)이다. 1528년 문과에 급제하여 박사를 거쳐 명종 3년인 1548년에 대사헌에 임명되었는데, 공이 대사헌 임명에 대해 장차 대궐에 나아가 사은(謝恩)하려고 하면서 간신(姦臣)들이 날조해 꾸며낸 정상을 밝혀 극론(極論)한 한 소장(疏章)을 밤새 작성하였다. 그때 진복창(陳復昌)이란 자가 공이 쓴 소장의 내용을 훔쳐보고 밤중에 이기(李芑)에게 달려가 알렸다. 이기는 문정왕후(文定王后)에게 곧바로 아뢰어 공을 충청 감사로 내치게 하였다. 그때 이기는 공에게 크게 욕하며 말하기를, "네가 반드시 살아서 돌아오지 못할 것이다."하였다. 공은 이 소장을 올리지 못한 채 강계부(江界府)로 귀양 갔다가 다시 갑산(甲山)으로 옮겨진 후 결국 사사되었다. 1567년에 신원되었다. 개인적으로는 조광조의 조카사위이다. 조광조의 아버지는 조원강(趙元綱)이며 구수담은 조광조의 형인 조영조(趙榮祖)의 사위이다.

이렇게 소(訴)를 올렸는데, 사건 처리 과정에서 단순히 역모(逆謀)를 숨기려 했다는 혐의만으로는 국문(鞠問)을 허락받지 못할 것이라 판단하여 '역적을 비호하고 이미 불순한 언설로 처형된 구수담(具壽聃) 등과 어울렸기에 반역의 마음이 있다'고 무고한 것이었다. 사헌부의 이러한 주장으로 왕(문정대비)은 이해와 이치가 실제로 나쁜 결정과 모의를 하였다고 판단하고

명종 5년 경술(1550) 8월 4일 을축

사헌부의 청을 받아들여 아뢴 대로 하라 답하고, 승정원에 전교하기를,

"이해 등의 일을 보았다. 신하된 자로서 어찌 이토록 극악한 행위를 할 수 있단 말인가? 고변하려던 자를 때려 죽이고 적몰한 재물을 되돌려 주다니, 이는 신하된 자로서 차마 할 수 없는 짓이니 지극히 한심하구나." 하였다.

라고 엄히 다스리라는 전교(傳敎)를 내린 것이다. 평소 신망이 두터웠던 고위 관리 이해와 이치가 어찌 이런 마음을 품을 수 있겠느냐는 의문에도 불구하고, 문정대비는 저들의 참소에 마침내 바른 판단이 흐려진 것이다.

"죄가 없습니다"

8월 6일 먼저 이치(李致)를 잡아들여 삼성 교좌에서 추문하였다. 당시 이치는 모친 상(喪)을 당하여 묘를 지키던 상인(喪人)이었음에도 잡혀왔다. 이때의 공초문(供招文), 즉 진술서가 실록에 그대로 전하는데, 이치는 앞에서 먼저 이야기한 전말을 설명하고는

"최하손이 형신을 받기 직전에 큰 소리로 '내가 고변하려 했는데 수금(囚禁) 당했다. 나를 석방해주면 고변하겠다.'고 떠들어 대었습니다. 현감은 깜짝 놀라 '네가 고변한다는 것은 어느 때의 일인가? 지금 일인가?'라고 물었더니, "이홍윤(李洪胤)의 잔당들이 아직 남아 있다." 하고, 또 "지금이라고 해서 어찌 없겠는가?" 하였습니다. 현감은 수상히 여기고 다시 묻기를 '어찌하여 즉시 고하지 않았으며, 또 수금된 지 오래도록 발설하지 않다가 형신할 때가 되어서야 발설하는가?'라고 물었습니다. 그의 말을 들어보니 말이 조리가 없어 거짓이라 생각되었고, 또 변방으로 이주되었다 도망해 온 자를 마음대로 풀어주기도 어려웠으며, 고변하려 한다는 그의 말을 듣고는 마음대로 조치하기도 어려워 이러한 내용을 감사에게 첩보하였더니, 회송되어 온 서목(書目)에 '실정을 알아낼 수 없으니 사정을 봐주지 말고 형신하라.' 하였습니다. 수령은 모든 공사(公事)를 한결같이 감사의 처결에 따르기에 법에 따라 곤장 30대로 형신하였는데, 본디 풍병(風病)을 앓던 자라 병으로 사망하였습니다. 그런데 회문(回文)을 가지고 고변하겠다는 말은 끝내 발설하지 않았기에 저는 그것을 몰랐습니

다. 신하된 자로서 만약 고변하려는 뜻이 있었다면 어찌 감히 장살(杖殺)했겠습니까? 추쇄(推刷) 과정에서 누락시킨 일은 저는 전혀 모르는 일입니다. (중략) 역적을 비호하고 고변하려던 이를 곤장 형신으로 사망에 이르게 한 일은 절대로 없습니다. 최하손(崔賀孫)을 추고할 때 만든 문안을 헌부에서 가져와 고찰해 본다면 그 사실을 알 수 있을 것입니다."

이치 현감은 저간의 사정을 자세히 밝히며 역모를 고변하려 한다는 말이 그냥 지어낸 말로 보였고 다른 증거도 없었기에 감사의 재가를 받아 심문하다 사망에 이르게 된 것이라는 설명이었다.

이어서 이해(李瀣)의 공초(供招)가 진행된다. 이해는 구수담(具壽聃)과는 일체 교류가 없던 사이였으며, 고변하려 했다는 최하손의 주장은 지어낸 말로 보였기에 법대로 처리했을 뿐이며 자신에 대한 혐의가 조작되었음을 주장한다.

한성부 우윤 이해(李瀣)의 공초는 다음과 같다.

"전일 청홍도 감사로 있을 때 차사원(差使員) 연풍 현감 여세침(呂世琛)이 첩보하기를 '죄인 정랑(呈琅)의 종의 남편 보리금(甫里金)이 자기 명의의 모모 자전(某某字田) 몇 부 몇 속은 보리금 자신의 사경전(私耕田)인데 이를 속공(屬公: 몰수하여 관가 재산으로 처리함)한 것은 온당치 못하다.' 하였으므로 차사원이 첩보한 바에 따라 본 주인인 보리금에게 환급한 것이지, 죄인에게 환급한 것은 아닙니다. 또 재물 등도 차사원의 첩보 공문에 따라 직접 점검했더니 그중에는 별 필요도 없는 세세한 것과 부서진 물건까지 있었습니다. 일단 속공된 후에는 관가의 물건이 되므로 혹 유실되거나 부서지기라도 하면 관리자가 죄를 받을 뿐 아니라 변상까지 해야 하며, 수령이 교체될 때에도 그 사유(解由)에 함께 기록해야 하므로 망령되이 생각하건대 요긴하지 않은 쓸데없는 물건은 관가에 한갓 폐단만 끼칠 것이라 생각하였습니다. 이에 그중에서 더욱 세세하고 부서진 물건을 계본(啓本)에 기록하지 않은 것이지, 본 주인에게 환급한 것은 아닙니다. 저는 실로 혼암하고 망령되어 생각을 잘못한 것이지, 다른 속뜻은 없습니다. 대체로 함께 의논하여 일을 도모하려면 반드시 평소 왕래하며 교제가 친밀해진 후에야 속마음을 터놓고 의논할 수 있는 것입니다. 구수담(具壽耼)은 출신한 지 20여 년간 한 번도 찾아온 적이 없고, 저 역시 성품이 본디 어리석고 고루하며 과문(寡聞)하여 구수담뿐 아니라 다른 동료들과도 상종하며 친하게 지내는 이가 아주 적습니다. 더구나 저는 지난 정미년 4월 황해 감사에 제수되었다가 무신년 6월 교체되었고, 그해 10월 또 청홍 감사에 제수되었다가 지난해 12월 교체되었으니 서울에 머문 날이 얼마 되지 않습니다. 구수담과 붕당을 맺어 시사를 논한 일은 전혀 없습니다. 지난해 가을 유신 현감 이치의 첩정(牒呈) 안에 최하손(崔賀孫)이라는 자가 형제간 불화(不和) 죄로 의주에 입거되었는데 무단으로 도망쳐 돌아와 관내에 숨어 있으면서 돌아가지 않는다고 보고하였습니다. 이에 '입거된 자가 도망해 온 죄'에 따라 법대로 형문(刑問)하라 지시했었습니다. 그 후 같은 현감이 다시 첩보하기를, '최하손은 중한 죄로 입거된 자인데 무단으로 도망해 온 사실을 추문(追問)할 때 관계없는 고을의 회문(回文)을 가지고 고변하겠다고 발악하며 추문을 거부한다.'고 하였기에, 이는 근거 없는 주장을 내세워 중한 죄를 모면하려는 수작이 지나치다고 생각되어 전에 첩보받은 내용에 따라 형추(刑推)하도록 다시 지시하였습니다. 그런데 1차 형신 뒤 병으로 사망했다는 사실을 첩보해 왔습니다." 저는 단지 첩보를 보고 알았을 뿐입니다. 어찌 사정(私情)을 써서 상달(上達)하지 못하도록 저지하였을 리가 있겠습

니까?"⁹⁾

이처럼 이들은 혐의를 순순히 시인하지 않고 조목조목 반박하였고, 조사 과정에서 두 사람을 얽어맬 다른 증거를 찾기 위해 의금부는 후임 감사에게 자료를 조속히 보내라 독촉했지만 자료는 즉시 오지 않았다. 없는 자료가 올 리 만무했을 것이다. 그러자 자료 제출이 늦어진다는 이유로 자료를 보내지 않는 후임 감사도 처벌해야 한다고 또 주청하였다.

명종 5년(1550) 8월 7일 사헌부가 역적에 대한 조사와 관련해 청홍 감사 김광진 등의 파직을 청하다.

사헌부가 아뢰기를,

"역적의 노비, 전답, 재물을 추쇄한 문안(文案)을 본부가 이첩하여 현령(懸鈴)으로 독촉하면 사태가 중대하다고 여겨 깜짝 놀라 즉시 봉행해야 합니다. 그런데 청홍도 감사 김광진(金光軫)은 즉시 수송하지 않았을 뿐만 아니라 상고할 수 있는 회첩(回牒)을 끝내 올려 보내지 않았습니다. 유신 현감 유중영(柳仲郢)¹⁰⁾은 긴요하지 않은 문서만 역말 편으로 보내다가 별도로 다시 독촉한 뒤에야 비로소 고찰할 문서를 수송하였습니다. 이처럼 중대한 일은 조금도 마음을 써 거행하지 않고 이처럼 태만스럽게 하였으니 김광진과 유중영을 모두 파직시켜 남은 무리를 경계하소서."

하니, 답하기를,

"김광진 등의 일은, 요즈음 기강이 해이해져서 모든 일이 이와 같은 것이

---

9) 실록 명종 5년 경술 8월 6일.
10) 류운룡, 류성룡의 부친이다.

다. 그러나 광진은 재상의 지위에 있는 사람이니 송서(送西)¹¹⁾만 하고 유중영의 일은 아뢴 대로 하라." 하였다.

이런 조사를 하는 과정에서 하늘에서 자주 이변이 일어났다. 이날 밤, 유성(流星)이 심성(心星)에서 나와 곤방(坤方) 구름 사이로 들어갔는데 모양은 바리(鉢) 같았고 꼬리 길이는 4~5척쯤 되었고 백색이었다. 달무리가 희미하게 졌다. 이보다 앞선 4일 밤, 유성이 천전성(天田星)에서 나와 손방(巽方) 구름 사이로 들어갔는데 모양은 주먹 같았고 꼬리 길이는 2~3척쯤 되었고 적색이었다. 5일 사시(巳時)에는 태백성(太白星)이 미지(未地)에 나타났다.¹²⁾ 이처럼 천문에서 자주 불길한 현상이 나타나고 있었던 것이다.

---

11) 문관을 오위(五衛)의 군직으로 보내던 일. 서쪽 반열인 무반으로 보낸다는 데서 유래한다.
12) 광해군 8년 1월 23일 부제학 유숙 등이 차자로 아뢰었다. "신들은 이미 이달 15일에 흰 무지개가 해를 꿰뚫는 변으로 인하여 차자를 올렸는데, 16일에 월식이 있었고, 18일에 흰 무지개가 또 해를 꿰뚫었고, 19일에 태백이 미지(未地)에 나타났고, 21일에 흰 무지개가 햇무리를 꿰뚫었으니, 이 어찌 하늘이 견책을 보임이 날마다 일어나 우리 성상을 경계시키는 때가 아니겠습니까."
… 광해군 때의 사례에서 보듯 하늘이 세상 돌아가는 일이 잘못되고 있음을 알린다는 뜻으로 쓰는 말이다.

운명의 날

며칠 동안 계속된 혹독한 고문에도 이치와 이해는 끝내 혐의를 인정하지 않았다. 마침내 8월 10일이 되었다. 운명의 날이다.

명종 5년(1550) 8월 10일 이해·유섭의 졸기
좌승지 김주(金澍)가 위관(委官)들의 의견을 모아 아뢰기를,
"이해 등이 끝내 승복하지 아니하니 가형(加刑)하게 하소서."
하니, 전교하기를, "이해와 이치(李致)를 감사(減死)로 조율(照律)하라."[13] 하였다.
금부에서 그렇게 조율하여 서류를 올렸다. 이해는 장 일백(杖一百)에 유(流) 삼천리로 갑산(甲山)에 유배되었는데 유배 가던 도중 사망하였고, 유섭은 도(徒: 징역형) 삼년으로 잔수역(潺水驛)에 유배되었으며, 이치(李致)는 곤장을 맞던 중 사망하였다.

결국 이치(李致)는 곤장을 맞다 사망하였고, 이해(李瀣)는 장 일백에 유 삼천 리 갑산으로 유배형을 받았는데 가다가 사망했다는 것이다. 유섭(柳涉)도 유배형을 받게 된다. 그런데 이 기록은 너무 소략하다. 이제부터는 왕조실록의 기록에서 벗어나 이 사건의 뒷이야기를 당시 상황을 꼼꼼하

---
13) 죽을 죄가 아니니 사형이 아닌 것으로 법률에 따라 형을 정하라는 뜻.

게 정리한 『경술일기(庚戌日記)』라는 기록을 통해 살펴보자. 『경술일기』는 이해(李瀣)가 억울한 누명을 쓰고 사망한 후 셋째 아들 원암(遠巖) 이교(李喬, 1531~1595)가 그 전말을 자세히 기록한 것으로 집안에서 후손들에 의해 보관되어 오다 최근 공개되었다.

경술일기

가정29년(1550년) ○8월초10일

　삼성(三省)이 교좌(交坐)한 가운데 한 차례 고문(拷刑)을 받으셨다. 이치(李致)는 형장(刑杖)을 반도 채 받지 못하고 운절(殞絶: 죽음)하였다. 이치와 아버님은 죄목의 경중(輕重)은 있었으나 대동소이했기에 같은 차례로 고문을 당하였는데 먼저 운명한 것은 그가 중심(中心)을 잃었기 때문이다.

　승지(承旨)가 입계(入啓)하여 아뢰기를(이때 공사(公事)를 맡는 형방 승지들은 모두 궁중에 출입하였다) '현감 이치가 형장(刑杖) 아래 죽었으며 우윤(右尹) 이 모(李某)는 매를 참고 불복하니 가형할 것을 청합니다.'라고 하니 상감이 특명을 내려 '추국을 미루고 법률에 비추어 죄를 주라[시추조율(時推照律)]'고 하셨다. 이는 필시 상감이 이치가 죽었다는 말을 듣고 느낀 바 있어 그렇게 하였을 것이다.

　여기까지는 『실록』의 기록과 일치한다. 유배형을 내리기로 결정되었으나, 일단 석방이므로 주위 모든 사람이 기쁜 마음으로 옥에서 나오기를 고대하

경술일기 본문

였다. 그러나 이해를 반드시 죽이려고 벼르던 세력들은 그렇게 호락호락 놓아주지 않고 또다시 주청하였다.

삼성이 추국을 곧 파하였다. 이 소식에 온 집안 상하가 기쁘고 감격하기 그지 없었으며 사헌부 서리(書吏) 박수견(朴壽堅)이 찾아와 말하기를 이 일은 곧 영감님(이해)이 다시 살아나신(更生) 것이니 참으로 기쁜 일입니다. 그러나 지금 듣건대 양사(兩司)가 궐내에서 임금을 뵈옵고 있다 하니 망녕되고 경솔하게 기뻐하지 말고 천천히 사태 변동을 보고 행동하라 하기에 마음속으로는 매우 좋은 충고라 받아들이고 한편으로는 겁나고 한편으로는 두려워 노복들에게 시켜 행동을 조심하고 외부에 말을 전파하지 말라 하였다.

금부에서 곤장 백(百) 대를 치고 삼천 리 밖으로 유배하는 법률을 적용하여 유배지를 함경도 갑산으로 정하였다. 양사(兩司)에서 다시 끝까지 추국하여 법률에 의거 정하자고 올렸으나 전지(傳旨)하여 말하기를 '근래 이러한 일로 사람이 많이 죽고 상하니 미안한 마음 끝이 없다. 다시 결정을 고칠 필요가 없다.'하고 허가하지 않았다. 삼경(三更)에 석방하라는 전지(傳旨)가 이어서 내렸다.

『경술일기』

삼경(三更)이라면 밤 12시로, 자정까지 기어코 추국을 하여 자백을 받아내야 한다고 집요하게 요구했지만 석방하라는 전지(傳旨)가 내림으로써 추고는 일단락되었다. 그러자 사간원은 이것으로도 분이 풀리지 않았거나, 혹은 자신들의 음모가 이대로 꺾이는 것을 두려워하여 자료 제출을 조속히 하지 않은 김광진 감사 등을 처벌하라 또 주청하여 결국 감사 김광진 등에 대해 인사 조처가 취해지게 되었다. 사헌부와 사간원 양사(兩

司)는 그 다음 날에도 이해(李瀣)를 끝까지 추문하여 자백을 받아내고 율(律)에 따라 죄를 정할 것을 다섯 차례 더 아뢰었으나 윤허받지 못했다. 참으로 집요하고도 지독한 관리들이었다. 아무리 윤원형과 이기의 권력 아래 있었다고는 하나, 이처럼 지독하게 처벌을 요구하는 것은 인간으로서 있을 수 없는 일이었다.

감형은 됐지만

아무튼 이렇게 해서 비로소 관에서의 추고(推考)는 끝이 났다. 억울하게도 유신현(충주) 현감 이치(李致)가 고문을 받다 사망하였고, 이해(李瀣)는 풀려나 유배를 가게 되었다. 그러나 심한 고문을 받고 유배길에 오르는 이해(李瀣)도 비록 옥에서 나왔지만 계속된 혹독한 고문으로 목숨이 경각에 달려 있었다. 하지만 이해는 조금도 위엄을 잃지 않고 정신을 가다듬으며 할 일을 지시하고 있었다. 다시 『경술일기(庚戌日記)』를 보자.

가노(家奴) 의성 등 세 사람이 옥간(獄間)에 들어가 모셔 업고 나와 교자(轎子: 어깨에 메는 가마)에 모시고 함말질(咸末叱)의 집에 이르렀다.

아버님이 비록 변란과 옥고(獄苦)의 액을 겪으셨으나 정신은 옛 평상시와 다름이 없으셨으며, 모든 상하가 뵈었고, 아는 이들이 함께 위로하고 축하하며 말하기를 '처음 전지(傳旨)를 보았을 때에는 다시는 가망이 없을 줄 알았는데 뜻밖에 오늘날 천은(天恩)이 이토록 미칠 줄은 몰랐다.'고 하니 아버님께서 대답하시기를 '대저 억눌렀다가 부추겨 올리는 것이 임금의 도량(度量)이니라.'고 하셨다.

아들들이 아뢰기를 '여러 번 혹형이 가해져 정신을 수습하시지 못하고 그 한 가지 죄목에라도 억지로 인정(誣服)하실까 그것이 두려웠습니다.'라고 하니 아버님께서 말씀하시기를 '처음 형장(刑杖)을 받을 때에는 정신이 산란하여 태양이 빛을 잃은 듯 보이고 계속 맞은 자리가 몹시 아플 뿐 아니라 온몸이 떨리고 소름이 돋아 두 번 다시 참기 어려울 듯하였으나, 마음속으로 '끝까지 이처럼 나약하면 여러 번 당할 형벌을 어떻게 참을 수 있겠는가'라고 마음을 다져 두 번째 고문당할 때부터는 심지(心志)를 분발시키고 기력을 돋우었더니 혹독한 매가 비록 내려쳐도 별로 고초가 없었다.'고 하셨으며, 또 말씀하시기를 '내가 처음 매를 맞을 때에는 매 숫자를 헤아리지 않았으나 두 번째부터 끝까지는 하나하나 손꼽아 매 숫자를 헤아리니 마음이 아침 해와 같이 밝아지더라.'고 하셨다.

아버님께서 형님(둘째 아들 이영)께 명하시기를 집에 돌아가 어머님을 뵙고 근심과 그리움으로 인한 고통을 위로하고 마음 편히 해드리도록 하고 유배지에 머물 동안의 비용과 양식을 준비하여 가을과 겨울이 바뀔 무렵 갑산으로 와 안부를 전하라 하시고 나(이교)로 하여금 모시고 가게 하셨다. 아버님께서 금부(義禁府)에 갇혀 계실 때 화의 깊이를 예측할 수 없어 사람마다 위태롭게 여겼으나 이도사(李都事)는 '나는 영공(令公)의 덕상(德像)을 알기에 반드시 흉하게 세상을 마치지는 않을 것이다.'라고 말했다 한다.

이무강의 분풀이

일단 추고(推考)는 끝났지만, 이해(李瀣)는 곧 나흘 뒤 결국 숨겨 유배로 감형된 의미가 퇴색되었다. 그런데 이해(李瀣)가 이토록 마지막까지 사간원과 사헌부의 집요한 공세를 받게 된 것은 당시 영의정 이기(李芑)와 그 하수인 사간원 사간 이무강(李無彊)이 개인적인 원한을 풀기 위해 조직적으로 음모를 조작한 데 따른 것이었다. 인종은 즉위 이후 법적 어머니인 문정대비의 심기를 맞추고자 대비의 동생인 윤원형의 측근 이기(李芑)를 우의정에 등용하려 하였는데, 당시 대사헌 이해(李瀣)와 사간원 헌납 이치(李致)가 주도적으로 이를 반대하고 탄핵하여 결국 우의정에 임명되지 못했음은 앞에서 설명한 바와 같다.

이번 사건에 앞장서 설치던 인물로 사간 이무강(李無彊)이 있었다. 이무강은 이기(李芑)의 심복이었다.[14] 이무강은 본처(本妻)를 소박(疏薄)하고 폐첩(嬖妾)에게 빠져 저잣거리 길가에 살고 있었다. 그런데 이해가 그해 봄 원래 살던 남산 자락 명례방에 전염병이 돌아 이를 피해 서소문 안에 잠시 머물 때, 이해는 때때로 그의 집 문 앞을 지났으나, 이무강의 사람됨

---

[14] 이무강은 중종 31년인 1536년 별시 문과에 3등으로 급제하여 교리·사간 등을 지내고, 1550년 사복시부정(司僕寺副正)으로 춘추관기사관이 되어 『중종실록』 편찬에 참여하였다. 이 해 사간으로 있으면서 소윤(小尹) 일파인 이기(李芑) 등의 사주를 받아, 구수담(具壽聃)·허자(許磁)·송순(宋純)·이준경(李浚慶) 등이 을사사화 때의 유배자들을 비호한다고 탄핵해 이들을 유배시켰다.

이 비루하다 여겨 한 번도 들어가 만나주지 않았다. 하루는 궐내(闕內)에서 만났을 때 무강(無彊)이 "영공께서 우리 집 문 앞을 지나면서 들어오지 않는 것은 무슨 까닭입니까? 꼭 찾아와주시면 고맙겠습니다."라고 하기에 이해가 "그렇게 합시다. 내 한번 찾아가 뵙지요."라고 답하였으나 끝내 찾아가지 않았다. 이로 인해 마침내 깊이 앙심을 품게 되었다.

앞서 동생 이홍윤을 고변하여 죽게 하고 벼슬길에 오른 이홍남은 감사 이해가 자신을 폄하한 말을 듣고 원한을 갚을 기회만을 노리고 있었다. 최하손이 심문받던 중 갑자기 사망한 사건을 알게 된 이홍남에게는 원호변(元虎變)이란 처남이 있었는데, 원호변은 사간 이무강(李無彊)과 친분이 있었다. 이홍남이 원호변을 통해 이 사건을 이무강에게 이야기하자, 그러지 않아도 이해에게 원한을 앙갚음할 기회만을 엿보던 이무강은 자신의 사간이라는 직위를 이용해 원호변의 숙부이자 대사간인 원계검(元繼儉)을 부추겼고, 대사헌 송세형(宋世珩)도 끌어들여 사간원과 사헌부 양사가 합동으로 이해를 치죄할 것을 논박한 것이다. 그런데도 이러한 내막을 알지 못하던 이해(李瀣)의 아들 이교(李喬)가 아버님의 구명을 호소하고자 대사간 원계검(元繼儉)을 만났는데 원계검은 "무언가 묵은 원한(宿嫌)이 있는 것이 아니라면 어찌 이토록 심할 수가 있단 말인가? 우리들이 모두 두둔하고 구해 주려 했는데 끝내 듣지 않으니 반드시 그 이유가 있을 것이다."라고 말했다. 원계검 역시 이 일에 관련이 있으면서도 마치 이해를 변호해주려 한 것처럼 에둘러 말한 것이다. 아들 이교는 이 말을 아버님께 아뢰었더니 이해는 "대사간의 말이 옳다. 이무강이 흉험한 자질(資質)로 벼슬자리에 앉아 제멋대로 행동하며 거리낌이 없으니 누가 이를 막을 수 있겠는가?"라고 하셨다.

또 당시 대사헌 송세형(宋世珩)이 자신을 찾아오면 힘써 변호해주겠다

는 말이 들려왔다. 이 말을 듣고 아들 이교가 찾아가 사정을 호소해 보자
는 의견을 아뢰었으나 이해는 "불가하다. 나의 일은 말이나 혀로 다루기
어려운 일이며, 그의 집 문은 거마(車馬)가 붐벼 잠시도 조용할 때가 없는
데 한 번 찾아가서 말을 꺼내지 못하면 두 번, 세 번 찾아간다는 것은 비
루(鄙陋)하고 구차한 일이 아니겠는가? 하물며 나를 살리고 죽이는 권한
이 오로지 대사헌에게만 있는 것이 아닐진대, 대사헌이 나를 만나고자 한
다는 말은 나도 일찍이 듣고 있으나 이 때문에 찾아가지 않는다."라고 하
셨다. 사실은 양사(兩司)를 장악하고 있던 대사헌 송세형(宋世珩), 대사간
원계검(元繼儉), 사간 이무강(李無彊) 등은 모두 이기(李芑)의 앞잡이들이었
다. 후에 송세형[15] 등은 이해(李瀣)가 빨리 죄를 인정하면 선처해 줄 것처
럼 말하였으나, 사실은 자신들이 씌운 혐의가 무고가 아니라 사실이라는
점을 인정받으려 한 것이었다. 이때 찾아가 이들의 요구에 순응했더라면
역사에 영원한 죄인으로 남았을 것이다.

---

15) 송세형은 중종 때 조광조를 풀어주라고 퇴계와 함께 상소를 하기도 했으나 나중에 윤원형 이기 일파와 한 패가 되어 온계의 죄를 굳히는 쪽에서 작용을 했다.

혼신의 호소문

심문 과정에서 하루하루가 긴박하게 돌아가던 중, 8월 5일 이해(李瀣)는 죽을힘을 다해 사건의 진상을 알리는 장문의 호소문을 써서 조사당국에 올리려 하였다. 이 호소문을 보면 당시 그에게 어떤 혐의를 뒤집어씌우려 했는지를 알 수 있다. 이미 혹독한 형장을 받아 몸과 정신이 혼미한 상태였지만, 당시 상황을 자세히 설명한 대목들을 보면 온계(이해)의 자세는 추호도 흔들림이 없었다.

"전지(傳旨)가 내려져 추고(推考)를 받고 있는 가선대부(嘉善大夫) 한성우윤 이모(李某, 55세)가 아룁니다. 전후의 전지(傳旨) 내용뿐 아니라 사헌부에서 가져온 문서 속의 유신 역당(維新逆黨)의 전민재산(田民財産) 등에 대하여 차사원(差使員: 집행관)이 보고하고, 다음에 추쇄(推刷)하여 의견을 넣어 서면으로 보고한 바 있습니다만 … (중략)

유신 역당의 누락된 노비(奴婢)들은 청홍 감사 때에 유신 현을 통해 모두 거두어들이고 이를 보고하였는데도 마치 이들을 원 주인에게 (제멋대로) 환급하였기에 추문하라 하신 데 대해서는, 그렇게 한 일이 없다고 항의하였습니다. 또 전답과 재물을 제멋대로 내주었다고 추문(追問)하라 하셨는데, 논이 아니고 밭입니다만, 제가 무단으로 내준 것이 아닙니다. … (중략)

무릇 어떤 행사를 의논하려면 반드시 서로 모이고 왕래하여 사귐이 친밀해져야만 서로 심정을 토로하며 의논하는 것인데 구수담(具壽聃) 또한 관계(官界)

에 나온 후 20여 년간 한 번도 나를 찾아온 적이 없고 저 역시 성품이 본디 어리석고 어울리기를 싫어하여 구수담뿐 아니라 다른 친구 동료들과도 상종하거나 친교를 맺은 이가 아주 적습니다. 더구나 저는 지난 정미년(丁未年) 4월 황해도 감사를 제수받고 무신년(戊申年) 6월 해직되었으며 같은 해 10월 청홍도 관찰사에 제수되어 지난해 12월 교체되어 와, 서울에 있었던 날이 얼마 되지도 않으니 수담(壽聃)과 붕당(朋黨)을 이루어 행사를 의논한 적이 없고 그것으로 시비(是非)를 뒤집고 인심이 어지러워지게 한 일은 전혀 없습니다.

　이 몸이 본디 큰 공적도 없으면서도 누대에 걸쳐 성은을 입어 분수에 넘치게 이품(二品)에까지 올랐지만, 저의 마음은 하늘의 태양도 비추어 알 것입니다. 오직 밤낮없이 각별히 근신하고 시종일관 한마음으로 견마의 노고를 다하고자 함이 신(臣)의 본심입니다. 전에 만나지도 않았다 해도 대역부도(大逆不道)한 무리들이라면 아무리 절친한 교우라 할지라도 사사로운 정으로 용납해서는 안 되는 법인데, 제가 홀로 군신(君臣)의 의(義)를 알지 못하여 임금도 없이 오직 사사로운 정으로 역적을 숨겨 두둔한다고 하는 것은 결코 만부당한 일입니다. 이러한 정상을 잘 검토하시어 살펴주실 일이라 하겠습니다."

끝내 차단되고

간절하게 호소문을 써서 전달해 달라고 간곡히 호소하였지만, 이 호소문은 추관(推官)이 끝내 수리하지 않았다. 이는 그 전 을사사화(乙巳士禍) 때 추관들이 죄인의 사정을 봐주고 비호하다 도리어 화를 입은 이가 많았기 때문이었다. 이미 이기(李芑)의 심복인 조사관들은 다투어 계속 고문하여 자백을 받아내야 한다고만 주장했다.

다만 예전에는 추고를 받을 때 무거운 칼(칼)을 쓰고 발과 손에 쇠사슬로 묶여 있어야 했는데, 아들들이 감방 안에서라도 아버님의 형구(刑具)를 벗겨 달라고 뇌물을 주려 하였으나 옥졸들이 뇌물도 받지 않고 스스로 밤에 풀어주었다고 한다. 그만큼 이해(李瀣)는 신망이 두터운 인물이었으나 혐의를 벗어날 길은 없었던 것이다.

당시 상황을 보면, 추관들이 혹독하게 고문해도 자백하지 않으니 자백할 때까지 매질로 고문하겠다고 주장했으나 하루 한 차례 이상은 하지 못하도록 제한했다는 것을 알 수 있다. 이는 비록 혐의를 받고 추고를 하지만 왕(문정대비)이 마음속으로는 그렇지 않다고 생각하고 있었다는 이야기가 된다. 또 8일에 한 차례 고문을 받고도 인정하지 아니하니, 더 고문하겠다고 요청하였으나 왕은 더 이상 고문하지 말고 그냥 법에 따라 죄를 정하라고 하였다. 그러자 심문관들은 그런 법은 없으니 인정할 때까지 더 고문해야 한다고 아뢰니, 왕은 "그러면 오늘은 말고 내일 하라"고 미룬다. 왕(혹은 문정대비)으로서는 이는 더 이상 고문하지 말고 끝내라는 뜻이라고 풀이된다.

　연일 고문이 계속되어 목숨이 경각에 이르게 되자 아들들이나 주위에서 여러 가지 헤어날 방법이 없을까 모색하며 심지어는 이기 측근으로 유신 현감 자리에 나가 있던 이충남(李忠男)에게까지 아들 이교(李喬)가 찾아가 방법이 없겠냐고 물었지만 결정적인 답은 해주지 않았다. 또한 혐의를 인정하면 목숨은 건질 수 있다는 말을 일부러 흘려듣게 했지만 이 말이 확실한 것이 아니라 자백을 받아내기 위한 유인책일 수 있다는 생각을 하게 하였다. 이러한 사정을 옥 안에 있던 아버님께 몰래 전하고 의견을 여쭈니, 아버님께서 말씀하시기를 "무고(誣告)에 승복하여 삶을 구하는 것을 나는 바라지 않는다. 하물며 반드시 살 수 있는 것도 아닐진대!"라고 하셨다.

　- 이상 『경술일기』

돌아올 수 없는 길

결국 운명의 날인 8월 10일이 밝았다. 유배형이 결정되자 일단 의금부에서 나와 새벽 4시경 동대문 밖 김 첨사 댁(金僉使宅)으로 옮겨졌다. 그런데도 양사(兩司)

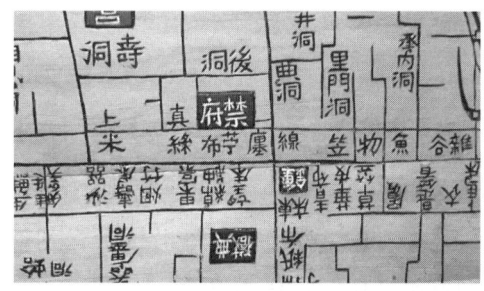

금부(의금부) 위치 지도. 지금의 보신각 건너편이다.

에서는 여전히 석방할 수 없다고 연이어 소(訴)를 올렸으나 윤허받지 못했다. 일단 유배가 결정된 이상 아전들의 독촉으로 머뭇거릴 수 없었으므로 도사(都事) 우언겸(禹彦謙)[16]이 사람을 시켜 출발을 독촉하였으나 출발을 할 수가 없었다. 이때부터 이해의 몸은 더욱 나빠지기 시작했다.

---

16) (의금부)도사(都事) 우언겸(禹彦謙)은 우성전(禹性傳)의 부친이다. 이 일에 관한 우성전의 기록은 다음과 같다. "(퇴계)선생의 넷째 형인 대헌공이 죄를 입음으로 갑산으로 귀양살이를 떠나게 되었다. 그런데 성을 나서자 곧 세상을 떠났다. 이때 아버지가 금오랑(金吾郞: 의금부 도사)이 되어 대헌공을 호위하여 가게 되었다. 그런데 대헌공의 매 맞은 상처가 악화하여 중도에서 그치어 편히 쉬려고 하였으나 아전들이 화를 미칠까 두려워 몇 번이나 간하였으나 듣지 않아서 거의 간사한 무리에게 해를 입을 뻔하였다. 훗날 이 이야기를 알고 있던 (퇴계)선생은 아버지에게 말하기를 '내 형 대헌공이 성주(城主: 우언겸이 안동판관으로 있었기 때문에 그렇게 일컬었다)에게 본래부터 크게 은혜를 입은 일이 있었으나 차마 말을 할 수 없는 일이라 이때까지 입 밖에 내지 못하였다.'하고 곧 흐느껴 울면서 말을 하지 못하는 것이 마치 초상(初喪)을 슬퍼하는 것 같았다." 「경술일기」 중에서

다음 날인 12일 출발을 독촉함에 따라 부득이 말이 끄는 가마에 모시고 출발하였다. 우선은 양주 땅 녹양역(綠楊驛)이 1차 목표였다. 그런데 5리쯤 가니 몸이 더욱 사경(死境)으로 접어들었다. 자연즙에 비빈 소합원(蘇合元)을 드렸다. 오후에 가랑비가 내렸다. 일행은 미애리(彌崖里)에 이르러 비 때문에 촌가(村家)에 들어가 유숙하였다. 그러나 이 과정에서도 양사(兩司)는 연이어 계주(啓奏)하였으나 왕은 불허하였다.

13일에도 그곳에 그대로 머물렀다. 도사(都事)가 아전을 시켜 출발을 재촉하였지만, (아버님께서) 기후(氣候)가 평녕(平寧)하지 않다며 출발하지 않았다. 이미 하루하루가 다르게 위중해지고 있었다. 잡기(喊氣)가 발작했다 멈추기를 반복하며 고르지 않았고 일정한 시각이 없으셨다. 아들들에게 말씀하시기를 "내 아버지(先君)께서도 잡기(喊氣)로 돌아가시고 큰형님(伯兄) 또한 이 병으로 돌아가셨는데, 내가 지금 이 증세를 얻었으니 아마도 살지 못할 것이다."라고 하셨고, 또 말씀하시기를 "사람이 죽음에 임해서는 얼굴이 일그러지고 누렇게 되며 눈동자(眼睛)가 똑바로 굳어지고 구각(口角)이 처지는 법인데, 내가 지금 그렇다."라고 하셨고, 또 옛 시(古詩)를 기억해 내시려 하셨으나 한 구절(句節)도 생각해 내지 못하고 이어 한 시구(詩句)를 작은 소리로 읊으셨으나, 미처 자세히 듣지 못하였다. 누군가가 이것이 '대동강수 하시진(大同江水何時盡), 별루년년 첨록파(別淚年年添綠波)'의 시구(詩句) 같다고 했으나[17] 미처 자세히 듣지는 못했다. 겨우

---

17) 고려의 정지상(鄭知常)이 지은 송인(送人)이라는 시(詩)의 후반부. 한국과 중국의 이별시(離別詩) 중 송인(送人)을 최고로 친다. 전문(全文)은 다음과 같다. 雨歇長堤草色多(우헐장제초색다) 送君南浦動悲歌(송군남포동비가) 大同江水何時盡(대동강수하시진) 別淚年年添綠波(별루년년 첨록파) 비 개인 강둑에 풀빛이 더욱 푸르게 보이는데 남포로 친구를 떠나보내는 내 마음은 슬픈 노래가 되어 나오네. 대동강이 마를 날이 있겠는가? 이별의 눈물이 해마다 보태지는걸

약을 조금 받아먹다 말다 하는 상황이었다.

그 사이에 서울에서 기별이 와 "어제 양사(兩司)에서 일곱 차례 품계하였는데, 전부 윤허하지 않았다고 합니다."라고 하니, 이해는 그전 아들들로부터 이 사건이 종결된 것으로 듣고 있다가, 다시 논의가 되고 있다는 말을 듣고는 "대간이 논계하는 일은 하루에 세네 차례를 넘지 않는 법인데, 지금 일곱 번이나 계속하기에 이르렀다니 내 사건이 이렇게 그치지는 않겠구나."라고 하시고 "너희들이 끝까지 숨기니 내가 더욱 의심이 나고 두렵구나."라고 하셨다. 저녁에 기온이 내려가자 침구(寢具)를 방 안으로 옮겼지만, 이후 언어가 처음으로 어눌해지시고 숨소리가 더욱 가빠졌다. "왼쪽 무릎이 몹시 차다. 두텁게 덮어주면 좋겠다."라고 하기에 옷을 이불 위로 더 덮어 드리고 따뜻한 물수건으로 어루만져 드리며 연달아 청심소합원(清心蘇合元)을 드렸으나 별로 효과(效果)가 없었다.

그리고는 다음 날인 14일 사경(四更: 새벽 2시경)에 세상을 마치셨다. 서울시 부시장으로 있다가, 그전 충청도 감사 시절 처리했던 평범한 사건을 빌미로 한 반대파들의 흉악하고 집요한 공작으로 갑자기 잡혀 와 불과 한 달여 만에 역적 비호라는 누명을 쓰고는 갖은 고문 끝에 사망한 것이다. 유배를 관장하던 도사(都事)가 그의 사망을 나라에 보고하니, 한성부(漢城府)에서 검시(檢屍)하였고 그제야 양사(兩司)에서도 이 사건을 끝내기로 하였다. 정말로 이해(李瀣)의 유배조차 못마땅하게 여기고 기어코 끝장을 보려 했던 당시 사간원과 사헌부 관원들의 행태는 몸서리쳐질 정도였다고 아니할 수 없다. 이상이 『경술일기』에 아들 이교가 기록한 부친의 임종 기사이다.

4장

바른 세상을 위하여

우국충정 / 충과 효는 하나 / 막중한 함경도 어사

함경도를 한 달 안에 / 안빈낙도를 거부하다

도학입국의 꿈 / 하늘의 뜻인가

우국충정

　현실 정치에서 제대로 된 왕도 정치를 구현해 보겠다는 열망을 안고 온계 이해(李瀣)는 중종 말기부터 인종을 거쳐 명종 초기까지 유교의 왕도 정치에 입각하여 임금이 해야 할 일, 가야 할 길에 대해 서슴지 않고 자신의 신념을 「위군난부(爲君難賦)」라는 글에서 역설하였다.

　"오호라 천하보다 큰 것이 없고 임금보다 더 존귀한 것이 없다. 지극히 존귀하면서 지극히 큰 자리에 있으니, 진실로 온갖 일이 모이는 곳이다. 그러하지만 그 모든 것을 능히 풀어내는 이가 임금이 되는 것이니, 실로 임금 되기가 쉽지 않다. 하늘자리에 있으면서 최고로 높은 직위를 다스림이여. 하늘을 대신하여 어루만져 주는구나. 억조창생이 모두 신복함이여. 고로 존귀함과 은총이 비할 데 없구나. 총명한 재주가 뛰어나지 않으면 누가 능히 이 직분을 감당하겠는가? 하물며 어루만짐과 학대함을 구분하는 말도 있지 않은가. 의당 백성들을 보호하고 베풀며 열심히 구휼해 주어야 한다. 그러나 한마음을 공격함이 이토록 많고, 만 가지 정사가 이토록 번거롭다. 조금이라도 태만함을 경계하지 아니하면 뭇 간특함이 때를 호시탐탐 엿본다. 잔치나 베풀고 게으르면 황음이 시작되는 단초가 되기에 족하고 기이하고 교묘한 물건은 사치의 근본이 될 수 있다. 달콤한 말과 비루한 이야기에 요행을 넘보는 문이 저절로 열리고 귀에 대고 소곤대는 말에 남을 참소하고 해치는 꾀가 살그머니 들어온다. 기회만 되면 비집고 들어와 임금의 마음을 간사하고 치우친 곳으로 이끈다. 왕도(王道)가 이리하여 편당(偏黨)하게 되니 백성들의 근본을 어찌 세우겠는가?

일찍이 천명(天命)이 쉽지 않음을 알지 못하니 어찌 백성들을 보호하는 요점을 알겠는가? 슬프다, 이렇듯 군주가 대대로 이어지며 천록(天祿)을 보전하는 자 더욱 적어지니 공자(孔子)의 지극한 가르침이 아니었으면 누가 감히 이런 말을 제기하여 펼쳐 보여 주었겠는가? 어렵게 수사를 동원하여 이 부(賦)를 지었으니 후세의 임금들은 깨우치기를 바라노라!"

이해(李瀣).「임금 되기 어렵다는 부(爲君難賦)」

또한 1546년 새로 등극한 명종에게 「위군난부」에서 제기했던 주장을 보다 적극적으로 거듭 펼쳤다. 조강(朝講) 특진관으로 있을 때, "의복과 음식의 사치가 지금보다 심했던 때가 없었으니, 민생(民生)의 곤폐(困弊)함도 여기에서 연유하는 것입니다. 즉위하신 초기이니 마땅히 통렬히 개혁하셔야 합니다. 사방(四方)의 근본은 서울에 있고, 서울의 근본은 궁금(宮禁)에 있으며, 궁금의 근본은 임금에게 있습니다. 상(上)께서 유념하여 검소하게 하셔야만 폐습을 고칠 수 있습니다."고 하여[1] '사치'를 경계하였다.

또 주강(晝講) 특진관으로 있을 때에는 성리학에 입각한 이학 정치(理學政治)의 핵심을 갈파하는 주장을 폈다.

"소위 체(體)와 용(用)은 어디에나 있는 것이지만, 배우는 이가 체와 용에 관

---

1) 『명종실록』 3, 1년 6월 6일(신묘)조.

한 설(說)²⁾을 알지 못했기 때문에 호안정(胡安定)³⁾이 체·용의 학문으로써 그 제자들을 가르쳐, 사방의 제자들이 다 체·용의 학문을 힘써 배웠습니다. 송(宋)나라 인종조(仁宗朝)에 벼슬한 이 가운데 유이(劉彝), 전공보(錢公輔), 범순인(范純仁) 등이 다 호안정의 문인으로 특출한 인재였습니다. 그 뒤 염락관민의 학문(濂洛關閩之學)⁴⁾이 다 여기서 기인하였는데, 그 한때의 바른 창도(倡導)로 말미암아 인재 배출이 그처럼 많았으니, 한 현인(賢人)이 국가에 미치는 영향이 얼마나 대단하겠습니까? 비록 조정에 크게 쓰이지는 못했으나, 송조(宋朝)의 치도(治道)를 한(漢)·당(唐)이 따를 수 없었던 것은 진실로 여기에 기인한 것입니다. 또한 인재 배출이 참으로 쉽지 아니하여 임금의 배양(培養) 여하에 달려 있으니, 상(上)께서 인재를 아껴 주소서."⁵⁾

왕에게 올린 중요한 진언의 글로는 「선우대에 오른 것에 대해 논한 부」(登單于臺賦)가 있다. 한 무제가 기미책(羈縻策)⁶⁾을 쓰지 않고 흉노를 무

---

2) 도(道)란 무엇인가에 대한 설명으로. 날실과 씨실의 교호작용(交互作用)에 의해서 베가 짜이듯이 이(理)와 기(氣)가 상호작용(相互作用)하여 도(道)가 생성(生成)된다고 본다. 원래 하나인 실을 세로로 사용하면 날실(經)이 되고 가로로 사용하면 씨실(緯)이 되어 베(道)라는 것이 된다. 날(經)은 이(理)로 체(體)가 되고, 씨(緯)는 기(氣)로 용(用)이 된다는 설명.
3) 호안정(胡安定): 호원(胡瑗, 993~1059)을 뜻하며 안정은 그의 시호이다. 송나라 때 성리학의 비조로 불리는 정호, 정이 두 형제의 스승이다. 태학박사(太學博士)와 태자중윤(太子中允) 등을 역임한 호원은 나중에 국자감직강(國子監直講)으로 옮겼는데, 제자들이 대단히 많아 예부(禮部)에서 선비를 뽑을 때면 열에 네다섯 명은 그의 제자였다.
4) 염낙관민(濂洛關閩)의 학문: 염계(濂溪)의 주돈이(周敦頤), 낙양(洛陽)의 정호(程顥)·정이(鄭頤), 관중(關中)의 장재(張載), 민중(閩中)의 주희(朱熹)가 주창한 유교(儒敎). 곧 송학(宋學) 혹은 성리학(性理學), 정주학(程朱學), 주자학(朱子學)을 말함.
5) 『명종실록』 3, 1년 8월 8일(임진)조.
6) 기미책(羈縻策)은 중국의 역대 왕조가 주변 후진 민족에 대해서 취한 전통적 통치 정책으로, 이(夷)로써 이(夷)를 제(制)한다고 말하여 번족(蕃族)끼리를 대립시켜 서로 견제하여 중국에 충성을 다하게 하는 정책이다. 기(羈)란 말의 굴레, 미(縻)란 소의 고삐란 뜻으로 소나 말을

력으로 진압하겠다며 나선 원정은 웅장한 기개를 보여주기는 했으나 무모한 시도로 나라와 백성을 병들게 했으니, 제왕이 할 사업으로는 마땅치 않다고 비판하였다.[7] 한(漢) 무제는 한나라를 세운 고조 유방이 과거 흉노에게 당한 치욕을 씻겠다는 명분으로 직접 대군을 이끌고 장성을 나와 북으로 선우대(單于臺)에 올라 18만 기병을 사열함으로써 흉노에게 위엄을 떨쳤다.[8] 온계는 이처럼 보여주기 위해 군대를 동원하는 행위는 나라와 백성을 위해 결코 현명한 선택이 아님을 간(諫)한 것이다.

고삐에 매어둔다는 의미이다.
7) 『溫溪逸稿』卷2, 3~4쪽, 「登單于臺賦」.
8) 漢 班固 撰, 『前漢書』卷六, 武帝紀 第六: "元封元年冬十月, 詔曰, 南越東甌, 咸伏其辜, 西蠻北夷, 頗未輯睦, 朕將巡邊垂, 擇兵振旅, 躬秉武節, 置十二部將軍, 親帥師焉. 行自雲陽, 北歷上郡 西河五原, 出長城, 北登單于臺, 至朔方, 臨北河, 勒兵十八萬騎, 旌旗徑千餘里, 威振匈奴."

충과 효는 하나

　온계는 33세 때인 중종 23년(1528) 문과에 급제하여 권지정자의 말직에서 출발하여 5년 뒤인 38세 때 계사년(1533) 사간원 정언으로 승진하였는데, 이것이 첫 대간직(臺諫職)이었다. 그 후 49세 때인 중종 39년(1544) 갑진년 사헌부 대사헌에 올랐다. 실로 20여 년간 대각(臺閣)에 출입하며 계언(啓言)하고 상소(上疏)한 것이 모두 훌륭하였다. 20여 년간 조정에서 관직을 두루 역임하였으나, 스스로 근행자지(勤行自持)하고 교유를 삼가 악인과 사귀지 않았으며 목멱산(남산) 아래 명례방(明禮坊)의 조그마한 초가에서 검소한 생활로 자족하며, 그 작은 서재를 운암석실(雲巖石室)이라고 이름하고 저녁 퇴조하거나 여가가 있을 때 경서를 읽어 학덕을 쌓았다.[9]

　당시 온계(이해)의 용모와 행실에 대해 동생 퇴계(이황)는 "어릴 적부터 용자(容姿)가 빼어나 뭇 아이보다 뛰어나니, 선군(先君)께서 기이하게 여기고 사랑하였다."[10]라고 하였다. 온계보다 18년 연상으로 먼저 중앙에

---

9) 조선 중기 참찬 벼슬을 지낸 권남악(權南岳)은 당시 서울의 36坊(방), 즉 현재의 동에 해당하는 36방의 자랑을 적어 놓으면서, 특별히 훈도방 주자동(薰陶坊鑄字洞)에 살았던 어진 사람 41명을 소개하고 있다. 훈도방 주자동은 오늘날 우리가 남산골이라고 부르는, 필동 일대를 지칭한다. 이 책에 온계 이해의 이름이 나온다. 이동식 『책바다 무작정 헤엄치기』 15~16쪽, 휴먼필드, 2019.

10) "어릴 적부터 자태가 빼어나서 보통 아이보다 뛰어났다"[自幼姿狀丰秀, 逈出郡兒]
"성품이 너그럽고 도량이 넓다"[德性寬厚, 器量恢弘] (퇴계가 쓴 친형 온계의 「묘지」)
"성품이 너그럽고 용모가 빼어나다"[德性寬厚, 儀觀丰秀] (퇴계가 쓴 친형 온계의 「묘갈」)

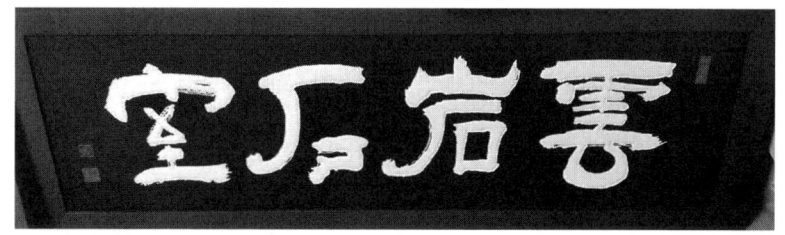

운암석실 현판

진출했던 봉화 출신 충재 권벌(權橃, 1478~1548)은 "덕성(德性), 관후염정(寬厚恬靜)"이라고 표현하였다.[11] 또 대산(大山) 이상정(李象靖)은 자신이 쓴 온계(이해)의 「행장」에서 "화수(和粹)한 자질이 뛰어나고 관후(寬厚)한 덕을 타고나서 애연함이 양춘(陽春)의 온화한 날씨 같고, 고결함이 옥수(玉樹)가 바람 끝에 선 듯했다. 참으로 무리에서 뛰어난 의표(儀表)이고 세상에 상서로운 모습이었다. 청수(淸修)한 절조가 세리(勢利)에 흔들리는 바 되지 아니하고 자수(自守)한 힘이 화복(禍福)에 움직이는 바 되지 아니했다." 라고 하였으며, 「청시소(請諡疏)」[12]에서는 "천자초매(天資超邁), 기국준정(氣局峻整)"이라 하며 "타고난 자질이 매우 빼어나고 기개와 국량이 엄숙하고 장중하다"고 하였다.

이상의 인용에서 공통으로 나타나는 것은 관후(寬厚)하면서도 염정(恬靜)했다는 표현이다. 관후하면 도량이 커 타인을 포용하는 힘이 있게 마련이다. 염정하다는 것은 자아에 대한 엄격한 내적 성찰의 추구를 연상하게 한다. 온계의 인격을 형상하는 데 적절한 표현으로 볼 수 있다.

---

11) 충재 권벌(權橃, 1478~1548)은 조선 중기 중종, 인종, 명종 때의 문신. 어린 명종이 즉위하자 원상(院相)에 임명됐으나 양재역벽서사건에 연루, 유배되어 죽었다. 이 표현은 충재의 유고집인 『충재일고(沖齋逸稿)』에 보인다.
12) 정조 때 유생 300명이 온계에게 시호를 내려달라고 왕에게 청원한 상소장.

선생(이해)이 조정에 있을 때 항상 스스로를 지켜 함부로 교유하지 않았다. 고요함을 숭상하여 비록 벼슬길에 일찍 올랐으나 화려한 것에는 전혀 뜻이 없었다. 목멱산(木覓山) 아래 명례방(明禮坊)에 집을 빌리고 산 중턱 적막한 곳에 집 한 채를 지어 '취미(翠微)'라는 편액을 걸고 이를 스스로 호로 삼았다. 작은 방은 '운암석실(雲巖石室)'이라 이름하였다. 소나무의 푸른 기운이 뜰에 가득하여 발과 난간이 상쾌하였다.

　조정에서 퇴근한 뒤 여가에는 늘 고요히 문을 닫고 경서와 사서를 읽으며 스스로 즐겼다. 함께 이웃했던 이로는 송강(松岡) 조사수(趙士秀), 죽창(竹窓) 안정(安珽), 송강(松岡) 권응정(權應挺), 묵암(默庵) 권응창(權應昌) 등이 있었다. 또 모두 밤낮으로 함께하며 도의를 서로 강마(講磨)하고 명절(名節)을 서로 권면하여 일체 세상의 영욕과 이익에는 무덤덤하였다.[13]

　온계는 38세 때 이조좌랑(吏曹佐郎)이 되자 당시 권신 김안로(金安老)가 그를 만나 보고자 하였다. 김안로는 온계의 처가인 연안 김씨였으니, 말하자면 처족(妻族)이었다.[14] 그러나 선생은 김안로의 인품을 알고 있었기에 끝내 그의 유혹을 물리치고 부모 묘소 참배를 이유로 고향으로 내려감으로써 그 수중에 잡히지 않았다. 이를 통해 온계가 교유를 신중히 하였으며, 출세나 세도에 관심 없이 오직 도(道)에 살고 의(義)에 살며 충성으로 국가에 봉사하고자 하였음을 알 수 있다.

　충(忠)과 효(孝)에 대한 온계의 생각을 엿볼 수 있는 글이 있다. 1535년

◇◇◇◇◇◇◇◇◇◇◇◇◇
13) 「溫溪年譜」 38세.
14) 온계의 처가는 연안 김씨로서, 처의 증조부 김구(金俱)가 김안로의 증조부 김해(金侅)와 형제지간이다. 당시 김안로는 예조판서를 거쳐 호조판서로 있었다.

연행 사행으로 떠나는 황헌(黃憲)[15]을 전송하며 써준 시가 그것이다.

북경으로 사신 가는 황언규를 전송하며
[送黃彥規憲赴京]

충과 효는 원래 다름이 없고

오직 자리에 따라 구별된다네

옷깃 끊었다고 모친과 절연한 것 아니요[16]

벽옥 찾아옴은 군주 온전케 하기 위함이네[17]

충성과 신의가 위험한 여정 호위하고

정밀하고 굳셈이 어려운 임무 해결한다네

돌아올 길 멀다고 사양치 말고

◇◇◇◇◇◇◇◇◇◇◇◇◇◇◇◇◇◇◇◇

15) 황헌(黃憲, 1502~1574) 자는 언규(彥規). 1521년(중종 16) 별시 문과에 급제, 권신 남곤(南袞)의 추천으로 정자가 되고, 정언·사예·집의·사간·장령을 거쳐, 1537년 대사간, 1543년 이조판서, 명종 즉위 후인 1548년 우의정, 1549년 좌의정이 되었는데 윤원형(尹元衡)의 심복인 부제학 진복창(陳復昌)에 의하여 공리(功利)를 탐하고 죄인을 함부로 죽였다는 탄핵을 받고 삭직되었다(민족문화대백과사전). 온계보다 한 살 밑이다. 1535년 5월6일 중국에 사신으로 갔던 일행이 돌아와서 명나라 황태후가 세상을 떠났다는 소식을 알리자 황헌이 진위사(陳慰使)로 임명되어 북경으로 떠났다.

16) 옷깃 …… 아니요: 동진(東晉) 원제(元帝) 때 온교(溫嶠)라는 명신이야기이다. 진(晉)나라 형세가 쇠약하여 장안(長安)과 낙양(洛陽)이 함락되자 원제가 양자강 이남 건강(建康)으로 천도하였다. 이때 유곤(劉琨)이 온교에게 출사하기를 권하자 그 어미가 옷자락을 잡고 만류하였으나, 온교는 옷자락을 끊고 떠나갔다고 한다.(晉書 卷67「溫嶠列傳」)

17) 옥을 …… 위함이네: 이는 군주를 온전케 하기 위해 부모를 멀리 떠나는 것이 불효처럼 보일 수 있겠지만 사실은 효와 충이 다르지 않으니 사신 가서 군주를 돕는 것도 효와 다름이 없다고 말하는 것이다. 전국 시대 조나라 혜문왕(惠文王)이 초나라의 화씨벽(和氏璧)을 얻었는데, 진(秦)나라 소왕(昭王)이 이를 빼앗고자 하여 거짓으로 15개의 고을과 바꾸자고 하였다. 이에 조나라의 인상여(藺相如)가 화씨벽을 가지고 가서 진나라에서 성을 주지 않으면 화씨벽을 깨뜨리겠다고 위협하여 마침내 화씨벽을 온전하게 다시 조나라로 가지고 돌아왔다.(史記 卷81「廉頗藺相如列傳」)

길 떠나서 큰 공훈 세우시게나
忠孝元無別　惟於所在分
絶裾非絶母　完璧爲完君
忠信扶危險　精剛解錯棼
莫辭歸路遠　行矣樹奇勳[18]

이 시를 보면 온계(이해)는 충(忠)과 효(孝)가 원래부터 달랐다고 생각하지 않았다. 몸이 어디에 있느냐에 따라 나뉠 뿐이라고 말한다. 집에 가면 효이고 조정에 서면 충이다. 신하는 능력과 진실을 다해 위험한 사태에서 나라를 지켜내야 하며, 뒤얽힌 외교적 난제도 굳센 정신과 용기를 가지고 해결해 내야 한다. 그것이 바로 진정한 충효(忠孝)이다.[19] 이러한 그의 논리는 정치·사회·경제적 현실의 제반 모순에 대응하는 기준이 되는 것으로, 그가 적극적인 참여를 통한 개혁을 지향하게 된 배경 또한 여기에 있었다. 온계는 성현(聖賢)과 군자(君子)를 구분한다. 성현(聖賢)은 경세제민(經世濟民)의 책임을 진 존재이다. 천하의 어려움을 외면하지 않는다. 천하와 고락을 함께한다. 군자(君子)는 고상한 척하며 물외(物外), 즉 세상 밖에서 자신의 뜻에 맞는 사업을 이루고자 힘쓰며, 위태로운 나라를 걱정할 뿐 구원하러 나서지 않는다. 온계는 하늘도 어찌할 수 없는 시국, 즉 도(道)가 시행되지 못하는 불리한 시기를 만난다 할지라도 도를 굽히지 않고 정도(正道)대로 살아야 한다는 입장을 견지하였다.

---

18)　『溫溪逸稿』 卷1, 2쪽, 「送黃彦規(憲)赴京二首」 乙未.
19)　이종호 『온계가의 학문세계와 현실대응』 39~40, 한국국학진흥원, 2006.

막중한 함경도 어사

온계(이해)가 41세 때인 1536년 이조정랑으로 세자시강원 문학을 겸하고 있을 때 관북도(關北道), 즉 함경도의 안찰사(按察使)로 임명되었다. 안찰사는 왕이 지방에 파견하는 어사(御史) 격이었다. 때는 5월 1일이었다. 5월이라 벌써 염서(炎暑)였음에

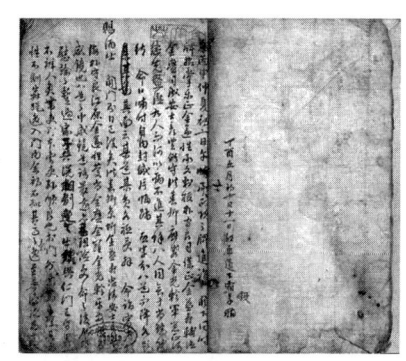

「북행록(北行錄)」 고려대학교 소장

도 불구하고 하루도 지체하지 않고 멀고 험한 산길을 걸어가 발이 부풀고 터져도 쉬지 않고 부임하였으며 손수 방방곡곡 민정을 살피고 백성과 고락을 함께했으니, 이러한 것이 모두 선생(이해)의 충성심에서 우러난 처사였다. 그때의 족적을 온계가 직접 기록한 것이 바로 「북행록(北行錄)」이다.[20]

서울에서 의주까지를 보통 천 리[21]로 본다면 멀리 함경북도 끝까지는

---

20) 「북행록(北行錄)」 고려대학교 도서관에 소장돼 있는데 온계의 사후 출간된 『온계일고(溫溪逸稿)』에도 실리지 않은 귀중한 자료이다. 1979년 『국역 온계전집』에 영인해 수록돼 있었는데 2017년 출간된 『진성이씨온계파세보』 제1권에 김명균 안동대학교 교수의 번역으로 그 전문이 실렸다. 문화재연구소에서도 개인 일기를 번역해서 '조선시대 개인일기3-서울'로 발간했다.

21) 구파발 사거리에는 '양천리'라고 쓴 돌이 서 있다. 여기서부터 의주까지가 천 리요, 다시 부

천오백 리는 넘을 것이다. 그 먼 여정을 24일 만에 다녀온 것이다. 5월 1일 임명장을 받았는데, 가장 먼 함경도로 다녀오라는 임명이었기에 즉시 궐문을 나와 집에 들러 동생 퇴계(이황)와 작별하고 곧바로 출발하였다. 여정은 출발할 때부터 순탄치 않았다.

"나는 함경도로 향했다. 팔도(八道) 가운데 함경도가 길이 가장 멀고 또 험하였으므로 명을 받든 후 사람들이 모두 위로해 주었다. 잠깐 집에 들러 아우 황(滉)과 작별하고 황급히 흥인문(興仁門)을 나서자마자 이미 깜깜하게 어두워져 사람을 분간하지 못하였다. 함께 가는 아전은 본조(本曹) 아전 손순량(孫順良)이었다. 문 밖에서 말을 타려는데 말의 성질이 길들지 않아 마구 날뛰어 문 안으로 도망쳐 들어갔다. 나는 처음에 말이 달아난 것을 알지 못하고 보덕원(普德院) 앞에 이르렀는데, 손 아전이 오지 않은 것을 보았다. 하인을 시켜 물어보게 하니, 탈 말이 마구 뛰어 달아나 문 안으로 도로 들어가는 바람에 미처 오지 못했다고 하였다. 급한 임무를 위해 지체하며 기다릴 수는 없는데다가, 밤이 이미 깊었고 장차 성문을 닫으면 이 아전이 반드시 뒤따라올 수 없을 것으로 생각되어 밤을 타서 달리고 달려 거의 녹양역(綠楊驛)[22]에 이르렀을 때, 손 아전이 뒤따라 달려왔다. 한밤중 요 위에서 식사를 하고 급히 떠났다. 역리(驛吏) 계손(季孫)이라는 자가 이보다 앞서 여러 번 본도(本道)를 내왕하여 그 지방 도로의 원근(遠近)에 대해 약간 말할 수 있었으므로 함께 데리고 가도록 하였다."

산까지가 천 리이니, 그 중간에 이를 알리는 비석을 세운 것이다.
[22] 녹양역(綠楊驛): 돈화문에서 40여 리에 있던 조선시대 역참으로 지금의 망월사역 근방이다. 서울에서 함북 경원 아오지까지 연결되는 첫 번째 대로역(大路驛)이었다.

밤을 새워 달린 것이었다. 그런데 이때 온계의 몸 상태는 최악이었다. 5년 전 낙마 후유증이 남아 있었기에 최악이었다.

"포천현(抱川縣)에 이르니 밤이 깊어 새벽이었으니, 곧 초이튿날이었다. 이 날은 맑았다. 조금 쉬고 양문역(梁文驛)에 당도하였다. 역은 영평(永平) 땅이다. 말을 바꾸어 풍전역(楓田驛)에 당도하니, 역은 강원도 철원(鐵原) 땅이다. 말을 바꾸어 김화현(金化縣) 앞 역에 당도하였다. 예전 신묘년(1531)에 내가 한림(翰林)[23]으로 있을 때 말미를 얻어 귀성(歸省)하려 내려가다 죽산 땅에 이르렀을 때 말이 엎어져 떨어져 왼쪽 정강이뼈 마디를 다쳤는데, 상처가 그 뒤에 다 나았으나, 가끔 시큰한 통증이 있다. 지금 아직 하루 밤낮 사이에 달리기를 예닐곱 식(息)[24]도 되지 않았는데, 정강이 마디를 쉬게 하지 못했더니 다시 시큰한 통증으로 부어올랐다. 간신히 왼쪽 다리를 아끼다 보니 오른쪽 다리 또한 안정이 되지 못하여 오른쪽 다리도 시큰거렸다. 말에서 내리고 오르거나 걷거나 모두 혼자서는 고생스러워 반드시 남의 부축을 받아야 하니 고생스럽고 곤란하였다. 이러다가는 장차 어명(御命)을 받들어 갔다가 돌아올 수 없을까 염려되었다."

---

23) 한림(翰林): 예문관 검열의 별칭. 항상 왕의 측근에서 사실(史實)을 기록하고 왕명을 대필하는 등 권좌에 가까이 있었다. 승지와 더불어 근시(近侍)로 지칭되었으며, 비록 정9품의 하급 관직이었으나 조선시대의 대표적인 청요직으로 선망을 받았다.

24) 식(息): 조선시대에는 30리 단위로 거리에 장승을 세웠는데 이 거리를 '숨 한 번 고른다'는 뜻으로 일식(一息)이라고 하였다. '한참' 즉 일참(一站)도 마찬가지이다.

함경도를 한 달 안에

　함경도 지역은 세종 때 여진족을 몰아내고 6진을 설치하여 백두산을 중심으로 두만강 일원을 우리의 강역으로 확보했지만, 백두산, 마천령 산맥, 함경 산맥에 가로막혀 주민의 거주와 개척이 곤란하였고 사람들의 발길이 거의 닿지 않아 그만큼 행정력 또한 미치기 어려웠다. 그러한 곳에 어사로 임명되어 직접 다니며 현실을 시찰하는 임무는 그만큼 막중했던 것이다.

　온계는 어사 임무 수행 중에 보(堡)와 진(鎭)에서 군졸(軍卒) 및 국방 장비를 점검하여 국경의 방비 상태를 확인하였다. 어면보(魚面堡) 지역에서는 문을 지키는 군사가 바로 문을 열어주지 않고 방문한 이를 엄격히 확인하는 모습이 있었다. 이는 어사의 순행에 엄격한 방비를 보여주려 한 것이라 에피소드로 기록하였고, 신방구비(神方仇非) 지역에서는 보와 보 사이가 매우 멀다는 점을 기록하여 국경 방비에 대한 걱정을 보이기도 하였으며, 수(戍)자리 서는 군인들이 경작하는 농작지도 점검하였다. 그리고 각 지역의 목사(牧使)를 만났으며, 5월 19일 함흥(咸興)에서 함경도 관찰사 신공제(申公濟)의 영접을 받기도 하였다. 함경도에서 온계(이해)의 건강이 최악이었음에도 한시도 지체할 수 없었다.

"며칠 동안 빠르게 달리느라 정강이 마디가 부어 시큰거리며 아플 뿐 아니라 팔뚝 사이가 다 짓물러 터지고 정신과 기력이 내리 꺾여 거의 몸을 움직일 수 없었다. 어둠을 타서 이곳에 이른 데다 음산한 비까지 내리니, 이 고을이 비록 추첨지에 있었지만 수탐(搜探)할 겨를이 없었으므로 겉으로 지나가는 행색을 보이며 바로 객관(客館)에 들어가 자리를 깔고 누워 식사를 하였다. 식사를 마치고 바로 잠에 들었다가 한밤중에 재촉하여 떠나니 비는 그래도 그치지 않았다. 반길에 이르러 횃불마저 다 되었는데 밤은 아직 새벽이 되지 않았고 진창길이 위태롭고 군색했지만, 영흥부(永興府)에 당도하니 아직 밝을 때가 되지 않았으므로 부관(府館)에 들어가지 않고 바로 역노(驛奴)의 집에 들어가 말을 바꾸어 떠났다."

온계는 곳곳에서 민생(民生)에 대한 관심을 보였으니, 바닷가에서 남녀가 고기 잡는 모습, 민가에서 남녀가 다투는 모습, 북쪽 기후와 환경에 따른 북방 지역에서의 농사짓는 모습과 농작물이 남쪽과 다른 모습 등 여정 중 본 백성들의 삶을 생생히 기록하였다. 특히 5월 13일에는 어느 인가(人家)에 들어가니 늙은 아낙이 어린 남녀만 데리고 있었으며, 남자 주인은 군인으로 수자리 살러 가 아직 돌아오지 않았다는 내용을 기록하여 국경 지역 백성들의 고단한 삶에 대한 연민과 애정을 드러내기도 하였다.[25] 여러 곳에서 관리들이 재물을 수탈하고 향락을 위해 동원하는 광경을 보고 이를 기록해 보고는 하였으나, 대책을 정식으로 논의할 기회는 얻지 못하였다.

여기서부터는 길을 돌아간다.

"수십 리를 가다 길에서 짐바리 열다섯 필 남짓을 만났는데 모두 역노와 역

---

25) 『온계선생북행록』 7쪽, 조선시대개인일기국역총서, 국립문화재연구소, 2019.

마였다. 물어보니 어떤 만호(萬戶)가 북쪽에서 교체되어 오는데 그 짐바리라고 하였다. 교체되어 오는 만호의 짐바리가 많은 것도 참으로 옳지 않거니와, 역로(驛路)를 공공연히 실어 나른다는 것은 지극히 외람된 일이다. 잠깐 몇 리를 가다 또 어떤 여인을 만났는데, 치장시켜 말을 태워 오고 있었다. 그런데 따라오는 사람과 탄 말이 또한 역마에 역노였다. 그래서 마상(馬上)에서 하인을 시켜 따라가던 역노를 붙잡아 물어보니, 일일이 실토하였다. 그 실토한 말을 근거로 공초장(供招狀)을 써 역관(驛館)으로 돌아왔다. 그런데 어떤 역노가 작대기에 의지하여 절쩔매고 있는 것을 보고 물어보니, 지금 돌아온 만호가 때맞춰 말을 내어주지 않았다고 매를 맞아서 그렇다고 하였다. 대개 외방(外方) 각 역(驛)의 저와 같이 횡포한 자들의 도도함이 다 이와 같으니, 장차 어떻게 덕화(德化)를 소생시킬 수 있겠는가. 복명(復命)한 뒤 만일 이 일을 논할 처지가 된다면 이 폐단을 제일 먼저 진달(陳達)하려 하였지만 끝내는 못하고 말았다."

온계는 마지막 날을 이렇게 기록하였다. 온계로서는 그야말로 있는 힘을 다해 어사 임무를 수행하였다. 늘 병고에 시달린 동생 퇴계(이황)로서는 감당하기 어려운 임무였을 것이며, 그만큼 온계가 강한 의지를 갖고 있었음을 방증한다.

"24일, 이날은 맑았다. 닭이 울고 출발하여 보덕원(普德院)에 와 잠시 쉬었다. 정오 전 입궐(入闕)하여 숙배(肅拜)하고 바로 각 관(各官)에 제출할 단자(單子)를 들여놓고 나왔다. 오호라, 내가 영남에서 생장(生長)하여 비록 그 방면의 지역과 인원(人員)을 다 보려 해도 오히려 할 수 없을 것이다. 본 것은 몇십 군현에 그치는데, 이 밖에 본 것은 오직 서울을 왕래하며 길가의 몇 고을뿐이고 그 나머지는 모두 보지 못하였다. 이제 임금님의 명령으로 한 달이 못 되어 멀리 북쪽 여러 고을을 다 거치게 되었으니, 가고 온 먼 길을 모두 합하면 몇천 리가 될지 알지 못하고, 지나온 산천의 형승(形勝)과 성곽(城郭) 관방(關防), 요충(要衝), 군사주둔지(軍事駐屯地) 등을 상세히 갖추어 기록하지는 못하지만, 대략 다 보았다. 대장부(大丈夫)로 세상에 태어나 누가 초연히 멀리 거동하여 탐구하고 구경하고 싶지 않겠는가마는, 보고 싶어 하는 것이 평소 먹었던 마음에 의해 모두 조롱박처럼 한 줄에 달려 시골을 벗어나지 못하고 한 세상을 마치는 이가 많다. 지금 나는 다행히 이 행보를 이룸으로써 이제부터 하루살이나 우물 안 개구리 신세를 면할 수 있게 되었다고 생각한다."[26]

---

26) 『진성이씨온계파세보』卷之一 684쪽, 2017.

안빈낙도를 거부하다

온계는 가난하더라도 자신의 몸 편안함을 추구하는 안빈낙도(安貧樂道)의 삶을 부러워하는 마음을 보인 적도 있다. 다음 시가 그것이다.

동년 김자정(金子正)의 시에 화답하다[和金同年子正]
이전에 내가 그의 집을 방문하였는데 시를 써 사례하기에 답장하였다.

평소 소탈한 분이 또 흉변(凶變)을 만나니
곤궁함이 어느 누가 이분과 같겠는가
생계가 곤궁하여 먹을 양식 부족하고
가옥은 황폐하여 무릎 겨우 들일 뿐
세상을 즐기느라 권세 좇기를 싫어하고
분수에 만족하여 곤궁함을 잘 견디네
나는 술 한 잔 권하며 그대를 위로하노니
인간 세상 영화 부귀 날벌레와 같다네[27]

  平生疏韻又遭凶 困厄其誰似此公
  計活蕭條食不足 室廬荒廢膝堪容
  樂天不肯妄趨勢 安分猶能固守窮

---

27) 『온계집』 권1, 시 「동년 김자정 시에 화답하다」 [和金同年子正]

我勸一杯聊慰爾　　人間榮貴等飛蟲

그러나 음(陰)과 양(陽)이 바뀌고 치(治)와 난(亂)이 번갈아 일어나는 상황을 외면하며 구원하지 않으려는 태도는 진정으로 세상을 걱정하는 군자(君子)의 자세가 아님을 「베개에 기대어 아이들 놀이를 보고 읊은 부」(敧枕看兒戲賦)에서 명확히 밝혔다.

그러나 성현(聖賢)의 한 몸은
이 세상을 다스리고 구제할 책임을 맡았으니
엎어진 자를 세우고 위태로운 자를 부축하여
하늘이 준 능력을 저버리지 않아야 하네
어찌 오만하게 '나에게는 이제 맞는다' 하며
세상을 벗어난 곳에서 뜻을 이루려 하는가
천하를 도외시하고 그들을 돕지 않으면
진실로 세상을 걱정하는 군자와는 다른 이일진대[28]

　　然聖賢之一身　　任斯世之經濟
　　起扶顚而持危　　乃不負乎所畀
　　夫何傲然以稱情　　從物外以遂志
　　外天下以不援兮　　誠有異乎憂世之君子

온계는 이러한 생각과 신념으로 중종 말년의 언론을 이끌어 갔다. 그리하여 그는 스스로 내면적 수신(修身)을 통해 도덕적 자세를 유지하

---

28)　『溫溪集』권2, 拾遺 베개에 기대어 아이들 놀이를 보고 읊은 부(敧枕看兒戲賦)가 그것이다.

는 한편, 부당한 권력에 굴복하지 않는 강고한 자세를 동시에 확립하게 되었다. 그가 선(善)과 악(惡)으로 상징되는 이(理)와 기(氣)가 뒤엉켜 부침이 반복되는 와중에도 궁(窮)하고 달(達)함에 전혀 동요하지 않는 마음을 갖게 되었다고 동생 퇴계에게 밝힌 것은[29] 바로 그러한 자세의 결과였다.

---

29) 『溫溪集』 권1, 詩 偶閱牀上 見景浩三絕 句各有所寓之意 因以其意次之.

도학입국의 꿈

사림 세력의 정치적 입지 강화를 위한 온계의 노력은 윤원형이 이기 등과 결탁해 일으킨 을사사화(乙巳士禍)로 인해 무산되고 말았다. 그럼에도 불구하고 그는 당시 화를 입지는 않았다. 소윤의 훈척 세력은 사림들에게 중망이 있는 인물들을 포섭하여 사화의 정당성을 확보하려 했는데, 이언적(李彦迪)을 그의 뜻과 무관하게 공신으로 올린 것도 그러한 시도의 일환이었다. 따라서 이해의 존재 역시 그들의 권력 독점에 부담이 되기는 했지만, 그를 연루시킬 경우 찾아올 정치적 타격을 고려하지 않을 수 없었던 것이다. 그러나 여기에는 평소 도덕과 원칙에 투철하면서도 그것의 적용에 있어서는 극한성을 배제하고 탄력적인 면모를 보인 온계의 현실 대응 자세 또한 무시할 수 없을 것이다. 그가 소윤 세력의 공격에 단독으로 나서기보다 언관들의 공론(公論)을 활용한 것도 그러한 맥락에서 해석할 수 있는 것이라 하겠다.

충주 옥사에 대해서 온계가 취한 태도는 바로 이런 생각의 연장이라고 하겠다. 충주가 유신현으로 강등되면서 충주의 많은 선비 수십 명이 모두 억울하게 숨진 사실을 너무나 잘 알고 있는 온계로서는 최하손이 자신의 족쇄를 풀기 위해 모반 사건을 엮으려 한다는 것을 보고는 그대로 올리면 또다시 피바람이 일 것을 걱정해서 미리 법대로 엄하게 처리하려 했던 것으로 볼 수 있다. 여기에 대해서 누구보다도 형님의 마음을 잘 아는 퇴계는 형님에 대한 묘갈(墓碣)에서 이렇게 말한다.

"이 마음을 미루어 당시의 일을 보건대, 하손의 간사한 꾀가 행하게 된다면 유신현 전체 사람의 생명이 다시 탕확(湯鑊)에 빠지게 된다는 것이 아니겠는가. 이 점을 공(이해)은 차마 못했던 것이다. 그리고 신문해서 보고토록 허가한 것은 그 실정을 캐내어 조정에 보고하려던 것이었는데, 하손이 갑자기 죽을 줄을 어찌 헤아렸겠는가."[30]

---

30) 「묘갈」 此心以觀當日之事豈不以賀孫之計得行則維新闔境人性命逐再沈於湯鑊矣此公之所不忍其以聽訊報者欲得其情而聞於朝耳豈料其遽斃哉.

하늘의 뜻인가

온계는 이처럼 오로지 왕도 정치를 이루고 싶다는 당시 선비들의 대표 주자로서 중종에서 인종, 명종에 이르는 3대의 왕에게 그의 신념을 피력하고 조정과 나라에 올바른 기풍이 정착되도록 잘못된 점에 대해 과감히 시정을 요구했으며, 일반 백성들의 참상을 몸소 구제하는 등 모든 백성들이 고루 잘 사는 세상을 위해 자신의 경륜을 펼치려 했으나, 결국에는 그 뜻을 펴지 못하고 이기 일파의 모함에 의해 몸을 망치고 말았다.

온계 이해(李瀣)의 셋째 아들 교(이교)가 아버지가 모함에 걸려 목숨을 잃는 과정을 지켜보고 이를 세밀하게 기록한 『경술일기(庚戌日記)』는 아버지 온계의 사망과 장례 기록으로 끝이 난다. 그는 아버지의 억울한 죽음을 지켜보면서 왜 아버님께서 이러한 횡액(橫厄)을 당하셨을까를 나름대로 분석하고 설명하는 것으로 일기를 마감하는데, 이는 또한 하늘의 뜻이 아니겠는가라며 당시 가족과 백성들의 애통한 마음을 대신 표현하고 있다.

"아! 화(禍)가 일어남은 그 일어난 날에 생기는 것이 아니고 반드시 그 유래가 있는 것이다. 선군(先君)께서 입으신 화는 청홍 감사 때 일어난 것이 아니고 갑진년 대사헌으로 계실 때 배태된 것이다. 선군께서 대사헌으로 계실 때 이기(李芑)가 영상이 되는 것을 반박하셨는데, 드디어 이기가 이 일에 깊은 앙심을 갖게 되었다. 다음 해 인종(仁廟)이 빈천(賓天: 죽음)하자 뭇 소인배가 서로 어지럽게 날뛰었으나, 도리어 그의 세력 아래 굴복하니 이기(李芑)는 국가의 원흉(元兇)으로서 시국이 위태로운 틈을 타 평소 눈 한 번 흘겨 본 원한까지 갚았으며, 자기를 반박한 대간은 모조리 죽이거나 유배시켰으나, 홀로 선군과 이윤경(李潤慶, 그때 대사간이었으나 입을 다물고 그의 옳고 그름을 말하지 않았다), 이치(李致, 그때 헌납이었다)만이 근근이 생명을 보전하였는데, 경술년 여름 이윤경이 파직을 당하고 나니 우리 선군과 이치가 화를 면한 사실을 사람들이 모두 위태롭게 생각하였다. 이것이 실로 화의 근본이다. (중략)

선군께서 을사년 사화 이래로 스스로 화를 면치 못할 것임을 알고 관직에서 은퇴하고자 생각하셨으나 뜻대로 되지 않아서 열심히 종사하셨고, 일찍이 병오년간에 성묘하고자 말미(휴가)를 받고자 하였으나 먼저 이기에게 사절(辭絶)을 당하셨으니(대체로 휴가를 얻어 환향(還鄕)하는 사람은 먼저 재상에게 품신하고 그 다음에 수유장(受由狀)을 올리고 물러나는 법인데, 안 된다고 하면 나갈 수 없다), 그렇다면 휴가받는 일도 안 되는데 하물며 벼슬을 사퇴하고 물러나는 일이 허락될 수 있었겠는가?

이 때문에 선군께서는 때때로 문득 즐거워하시지 않고 하늘을 우러러 크게 한숨 쉬시며 근심하는 빛을 얼굴에 나타내시며 하신 말씀이 '벼슬을 하여 이품(二品)에 이르렀음은 비록 포의(布衣)로서 지극한 영광이나, 나에게는 뜻을 즐길 수 있는 만년(晩年)이 없다. 이지사(李知事)가 고퇴(高退)한 일[31] 부럽구나!'라고 하시며 여러 번 이 말씀하심을 싫어하지 않으셨다.

관아에서 종사하시는 일 이외에는 서로 만나고 교류하는 사람이 적어서 대문간(門庭)은 쓸쓸하였고, 심지어 자녀들의 혼사에 있어서도 중매자(媒子)가 재상가(宰相家)와의 결혼을 말하는 사람이 있으면 사양하고 허락하지 않으시면서 하신 말씀이 "집에 찾아오는 손님의 신발이 가득히 많으면 사람들이 허물

---
31) 농암 이현보가 벼슬을 버리고 낙향해서 말년을 잘 보낸 일을 의미함.

로 여길 뿐 아니라, 지금 이러한 위난한 시대에 권세 있는 집과 결연(結緣)을 하게 되면 후일 화(禍)가 서로 미칠까 두렵다."라고 하시면서 한결같이 허락하시지 않으셨다.

온계 신도비각

이러한 몸가짐은 선군의 본래의 뜻이었는데 변고가 뜻밖에 생겨 이 지경에 이르렀으니, 어찌 하늘이 시킨 운수가 아니겠는가?

아, 슬프도다!

이 사실의 전말은 이교 등이 감히 잊을 수 없는 일인데, 혹 오랜 세월이 지나면 잊어버릴까 두려워서 이를 써서 갈무리한다.

때는 기묘년(己卯年, 1579) 중추(中秋, 8월)이다."

퇴계의 11세 후손으로서 구한 말 나라가 국권을 일제에 잃었을 때 단식으로 순국함으로써 선비의 절개를 보여준 향산(響山) 이만도(李晩燾, 1842~1910)는 온계의 신도비 상량문에서 이렇게 말했다.

"우리 정민공(貞愍公) 온계(溫溪) 이 선생은 중종과 인종 연간의 명신으로, 염락(濂洛)의 가학을 계승하였다. 원대한 기약을 송로(松老: 송재 이우)에게 받아 일찍부터 일관(一貫)의 진전(眞詮)[32]을 들었고, 계발해 준 공을 도산(陶山: 이황)

---
32) 공자가 증자(曾子)에게 "우리 도는 하나로써 모든 것을 꿴다[吾道一以貫之]."라고 일러 준 데

에게 끼쳤다. 일찍이 옛 학문을 깊이 궁구하는 데 참여하였다. 덕성과 기량은 힘쓰지 않고도 혼연히 이루어졌고, 서법과 문장은 그저 여사(餘事)였음에도 앞설 자가 없었다. 형제에게 우애롭게 대하고 노복들에게까지 미쳤으니 도가 일상의 인륜을 실천하는 데에 있었고, 친척과 지구(知舊)를 구제하여 해치려는 마음이 없었으니 당시에 길인(吉人)이요 군자라 칭송하였다.

가정에서는 본디 화락한 기상이 있었고, 조정에 올라서는 곧 강직한 풍모가 드러났다. 중국에 사신 가거나 이웃 나라와 외교할 때에는 홀로 왕사(王事)에 역량을 드러내었고, 남와(南訛)를 다스리고[33] 북방 고을로 부임하여서는 백성들을 잘 품어 주고 보살펴 주었다.(중략) 마침내 응룡(應龍)이 머리 들고 날개를 펼쳤으니[34] 새와 들쥐와 비바람이 침범치 못하겠고, 영귀(靈龜)로 점을 쳐 상서로움을 얻었으니 천지신명이 보증해 주실 것이로다."

◇◇◇◇◇◇◇◇◇◇◇◇
서 온 말이다.《論語 里仁》
33) 남와는《서경》〈요전(堯典)〉의 '평질남와(平秩南訛)'라는 데서 온 말이다. 원래는 여름 농사를 잘 보살핀다는 뜻인데, 여기서는 남쪽 지방의 백성들을 보살펴 다스렸다는 의미이다.
34) 훤칠한 신도비각이 완공되었으니 악천후와 해충에도 끄떡없을 것이라는 축원이다.

5장
넷째 형님이 계셔서

동포지기(同胞知己) / 형님께 권유하다 / 형제가 한 조정에서
김안로와의 악연 / 형제의 한 마음 / 온계의 편지는 없지만
성절사 형님께 / 큰 아들을 잃다 / 다시 안부 편지
동생의 계속되는 수난 / 둘째 부인의 초상 / 황해도 관찰사로 가다
설화에 가려진 업적 / 드디어 형제의 만남
오랜 회포를 풀다 / 농암과의 긴 인연 / 선상 음악회
죽령의 이별 / 다시 풍파 속으로 / 퇴계도 구설수

동포지기(同胞知己)

온계(溫溪) 이해(李瀣)와 퇴계(退溪) 이황(李滉)은 진성 이씨(眞城李氏) 시조 이석(李碩)의 6대손인 진사 이식(李埴)[1]의 여섯 아들 가운데 넷째와 여섯째로, 모친 춘천 박씨(春川朴氏)

시조 이석 묘소

소생의 동복 형제이다. 온계와 퇴계는 다섯 살 차이 형제였다. 모친인 춘천 박씨가 어려운 가운데에도 농사와 길쌈 등으로 어린 자녀가 포함된 아들들을 키우기 위해 온갖 고생을 하는 동안, 숙부 송재(松齋)가 조카들의 교육을 맡아주었다. 연산군 4년인 1498년 문과에 급제하여 벼슬길에 나선 숙부 송재(松齋)는 4년 뒤 진주목사로 발령받아 부임하며 조카 이하(李河)와 온계(이해)를 데리고 가 진주 월아산(月牙山) 청곡사(靑谷寺)에서 독서

---

1) 온계와 퇴계 부친의 諱는 '埴'인데 후인들은 '치' '식' 두 가지 발음으로 읽어왔다. 이 글자는 '식'과 '치' 두 발음이 있다. '치'로 읽는 경우는 이상은과 윤사순이 대표적이다. 이상은은 『퇴계의 생애와 학문』의 서두에서 "아버지 치는", "사위 치가", "전부 치에게", "형 치와 더불어" 등 여러 차례 '치'라고 표기하고 있다. '식'으로 읽는 경우는 권오봉과 정석태를 들 수 있다. 그런데 온계의 넷째 아들 이름이 寘(치)여서 손자가 할아버지 이름을 다시 쓰지 못하기 때문에 당시에는 '식'으로 불렸다고 봐야 한다. 김언종 「퇴계선생의 삶에 관한 허구와 실제」.

조선 천재 형제의 엇갈린 운명

하게 하는 등[2] 형님의 아들들을 열심히 챙겼다. 퇴계도 조금만 더 성장했더라면 숙부를 따라갔을 것이다. 아무튼 여러 형제 가운데 온계와 퇴계가 가장 두드러졌기에 숙부가 이 둘에게서 집안의 장래를 크게 기대했다. 물론 모재 김안국(金安國)에게서 칭찬을 듣고 장학금을 받기도 했다는 사실 또한 앞에서 설명한 바와 같다.

온계와 퇴계는 형제 가운데 가장 뛰어나기도 했지만, 동시에 가장 절친한 형제였다. 세상에서는 이 두 형제를 두고 금곤옥제(金昆玉弟), 금곤옥우(金昆玉友), 금곤옥계(金昆玉季)[3]라 할 정도로 우애가 각별하였다. 다섯 살 차이가 나는 형제간이었기에 형은 아우를 사랑하고 아우는 형을 따랐으리라 짐작하고도 남음이 있다. 퇴계가 형(온계)을 얼마나 생각했는지 알 수 있는 일화가 있다. 퇴계가 여덟 살 때 이런 일이 있었다. 하루는 형(온계)이 칼에 손을 다쳐 피가 흘러내리는 것을 보자, 퇴계는 얼른 달려와 상처 난 형의 손을 붙잡고 소리 내어 울었다. 어머니 박씨 부인이 그 광경을 보고 매우 기이하게 여겨 "정작 손을 다친 형은 울지 않는데 네가 왜 우느냐?"라고 물었더니, 퇴계는 울면서 이렇게 대답하였다. "형은 나보다 나이가 많아서 울지는 아니 하지만 피가 이렇게 흐르는데 어찌 아프지 아니하겠습니까?"[4] 그 대답 하나만 보아도 퇴계의 성품이 어려서부터 얼마나 인자했는가를 알 수 있거니와, 그만큼 둘째 형(온계)을 열심히 따랐다는 뜻도 된다. 또 형은 이런 일을 당해도 눈물을 보이지 않는 강인함이 성

---

2) 1533년 퇴계는 진주 청곡사(晉州) 앞을 지나가면서 26년 전 이 절에서 공부하던 형님 이하(李河)와 이해(李瀣)를 그리워하며 시를 짓기도 했다.
3) 형제간의 남다른 우애를 비유하는 말. 형제가 모두 문장이 훌륭함을 비유하기도 함. 사시사철 푸른 잎을 자랑하는 소나무와 잣나무의 절개, 즉 송백(松柏)의 절개를 비유하기도 하는 말이다.
4) 「퇴계연보」 1508년 3년 (무진) 8세.

동포지기(同胞知己)

격에 있었다.

  더욱이 이 두 형제는 다른 형제와 달리 유달리 학문에 뜻을 두었고, 도학(道學)과 성현지도(聖賢之道)를 닦는 데 뜻을 두었기에 서로 밀어주고 당겨주었을 것은 자명한 일이다.[5] 대과 급제 후 조정에 나가 나라를 위해 일을 할 때에도 가장 마음이 통했기에 자주 만나 정을 나누고 회포를 풀고 싶어했던 사이였다. 두 형제는 그런 핏줄로서의 우애를 넘어, 세상을 일구어 나가는 데 있어서도 뜻이 통하고 서로 격려하며 힘이 되어주었다. 다만 그 길은 서로 방향이 달랐다.

---

5)   강주진 「온계 이선생의 생애와 사상」 『국역 온계전집』 33쪽, 1979.

형님께 권유하다

다음에 남긴 시가 온계의 삶을 가장 대표적으로 보여준다. 시라기보다는 형님에게 쓴 시 형식의 편지라 할 것이다.

시를 쓴 때는 1533년 여름이다. 퇴계는 이해 1월 29일부터 4월 초까지 경상남도 의령, 함안, 진주, 곤양 등지를 여행하다가 형 온계의 전갈을 받고 여행을 중지하고 집으로 돌아왔다가, 곧바로 서울로 와 성균관에서 대과를 보기 위한 공부를 시작하였다. 퇴계가 성균관에 올라와 보니 공부를 한다는 고관 자제들의 일탈과 방탕한 모습이 너무나 한심해서 퇴계는 벼슬 세계에 대한 생각이 바뀌고 있었던 것 같다. 퇴계는 남산 자락에 있는 형님 댁을 찾아왔는데 형님은 당시 사간원 정언이어서 몹시 바쁠 때였기에 아직 집에 돌아오지 않으셨다. 앞에서도 말했지만 사간원, 사헌부에 배속되면 다들 배를 내밀고 위엄을 뽐내었다고 한다. 그래서 출근할 때에도 직급에 따라 다르지만 방울을 울리며 큰 소리로 사람들을 물리치며 등원하곤 했다.[6] 시의 첫머리에 이 광경을 묘사한 것은 바로 그러한 것에

---

6) 조선조 초기에 다사헌을 지낸 권근이 쓴 「상대별곡」에 그런 광경이 묘사되어 있다.
   - 홰홰 닭이 이미 울고 새벽 오니, 날 밝은데 길게 뻗은 서울의 길로
     대사헌(大司憲)과 늙은 집의(執義) 장령(掌令)과 시평(持平)들이,
     아름다운 가마 타니, 수레 앞에서는 잡인 막고 뒤에서는 부축하며
     아, 사헌부로 등청하는 그 모습이 어떻습니까?
     씩씩하도다, 사헌부 관원이여, 씩씩하도다, 사헌부 관원이여.
     아, 무너진 기강을 일으키니 그 모습이 어떻습니까?

대한 퇴계의 일종의 부정적 평가이자 반감이 담겨 있다고 하겠다.

검과 패옥 쨍그랑 소리 새벽 내내 울리며
사간원 신하들 대궐문으로 들어가네
작은 집에 서책만 덩그러니 놓였으니
돌이켜보면 옛 원의 뜰과 도리어 비슷하네
劍佩鏘鏘滿曉聽　　薇垣臣入五雲屝
小齋惟有圖書靜　　還似當年舊院庭

가랑비 오늘 아침 진흙탕 되려는데
남풍이 때때로 홰나무 가지를 흔드네
내가 와서 홀로 문 닫고 앉아서
형님을 생각하며 시 한 수를 짓노라
細雨今朝欲濕泥　　南風時復□槐枝
我來獨自關門坐　　爲賦思君一首詩

아득한 풍운 속에 깊이 빠져 고달프니
세상사 결국에는 마음에 들기 어렵네
이제부터라도 옛날 살던 고향으로 돌아가서
흰 구름 깊은 골 냇물 소리 듣고 사느니만 못하리
風雲漠漠困淵沈　　世事終難愜素心
從此不如歸舊隱　　白雲深處聽溪音

떵떵거리며 출근하는 사간원, 사헌부 관원들의 위세와는 달리 형님의 집에는 작은 책상과 책만이 있더라는 것이다. 형님도 성격이 소탈하신데 이렇게 와서 풍진(風塵) 속에 계시는 것보다도 고향으로 내려가시는 게 더 좋지 않으냐고 묻는 내용이다. 이렇게 세 수를 지어 책상 위에 두고 퇴계는 돌아간다. 오후에 집으로 돌아온 온계는 동생의 이 시를 보고는 금방 무슨 이야기를 하려는구나 하고 알아채고는 답시를 써 보낸다.

우연히 책상 위를 살피다가 경호(景浩)가 지은 절구 세 수를 보았는데, 각각 담고 있는 우의(寓意)가 있기에 그 뜻을 가지고 차운하다[偶閱牀上 見景浩三絶句 各有所寓之意 因以其意次之] 계사년(1533)

부끄럽다 조금도 성상께 보탬 못 되고
조용히 아침 나절 궁궐에서 물러 나온 것이
참새 노는 작라문 밖에 어느 누가 왔는고
낮잠에서 깨어나니 뜰에 비가 가득하네
愧乏絲毫補聖聽　居然朝退紫宸扃
雀羅門外客誰到　午睡醒來雨滿庭

옅은 구름 가랑비에 진흙탕 되지 않고
거미줄 친 나뭇가지에 석양빛이 비치네
적막한 작은 집에 홀로 앉아 있노라니
저물녘 맑은 흥취 나의 시심 일으키네
薄雲疏雨不成泥　返照蛛絲閃樹枝
寂寞小齋仍獨坐　晚來淸興動吾詩

리와 기가 뒤엉켜 절로 성쇠 있으나
궁달 따위 본래 이 마음 흔들지 못하네
앞으로 고향으로 돌아간단 말 하지 마라
인간 세상 어디에서 지음(知音)을 만날쏘냐
紛綸理氣自升沈　窮達元非動此心
莫道從今歸舊隱　人間底處會知音

　온계는 아침에 경복궁 동쪽의 사간원 관아로 나갔다가 곧 퇴근을 해서 남산 아래 명례방에 빌려 살고 있던 집에 돌아와 보니 누군가 왔다 간 듯하고, 잠시 낮잠 자고 일어나니 비가 살짝 왔는데 이제 시를 제대로 보게 되는구나. 그런데 세상이 어지럽고 어렵다고 해도 내 본 마음은 그대로이고 내가 출세하려고 이러는 것이 아니다. 어디에 가든 자신을 알아줄 지음(知音)을 만나는 게 쉽지 않은 법이고, 세상에 바른 이치를 구현하려면 세상 속에 있어야 한다. 그러니 고향으로 돌아가자는 말은 하지 말아 달라는 뜻을 피력한 것이다. 결국 그 '우의(寓意)'는 어떻게 사는 것이 올바른 '처세'인가를 따지는 문제였다. 퇴계는 세상이 어수선하니 고향으로 물러나 성정을 함양하며 때를 기다리자는 쪽이고, 온계는 정치적 환경은 변화무쌍한 것이니 그 속에서라도 본 마음을 지키며 내 뜻을 알아줄 사람들과 함께 세상을 바로잡는 길을 가겠다는 것이다.

형제가 한 조정에서

　이듬해인 1534년 퇴계는 34세 때 문과에 급제하여 승문원(承文院) 권지부정자(權知副正字)로 임명되었다. 형 온계는 윤2월부터 승문원 교검(校檢) 자리에 있었다. 승문원은 사대(事大: 중국)와 교린(交隣: 일본·여진) 문서를 관장하고, 중국에 보내는 외교 문서에 쓰이는 이문(吏文)의 교육을 담당하였다.[7] 권지(權知)는 과거시험 합격 후 처음 가는 견습직이었고, 온계도 처음 합격 후 이곳의 권지정자로 갔는데, 퇴계가 합격했을 때에는 이미 높아져서 예문관, 성균관, 사간원, 예조좌랑을 거쳐 4단계 높은 검교(檢校)로 근무하고 있었다.

　퇴계는 36세 때 성균관 전적(典籍)으로 있다가 휴가를 얻어 모친을 뵈러 고향으로 돌아왔다. 이때 온계도 의정부 검상(檢詳)으로 있다가 퇴계와 함께 고향에 돌아왔다. 죽령(竹嶺)에 이르러서 온계가 다음과 같은 시를 지었다.

단풍 숲 푸른 절벽 채색 병풍 펼쳐졌는데
그 가운데 맑은 시내 있어 돌 언덕 안고 흐르네

---

[7] 즉 외교문서 수발과 작성, 교육을 담당하는 기관으로서 정원 3명의 도제조(都提調: 3議政이 겸임), 정원이 없는 제조(2품 이상이 겸임)와 부제조(당상관이 겸임), 그리고 판교(判校: 정3품)·참교(參校: 종3품)·교감(校勘: 종4품) 각 1명, 교리(종5품)·검교(檢校: 정6품)·박사(정7품)·저작(著作: 정8품)·정자(正字: 정9품)·부정자(종9품) 각 2명을 두었다.

잘못 바쁜 길 가까이하여 불행한 줄 알겠는데
푸른 이끼에 이런 노니는 자취 전혀 없었네[8]
楓林翠壁彩屛開　　中有淸溪抱石臺
誤近忙途知不幸　　了無遊迹到蒼苔

그동안 관직에 나간 이후 바빠서 푸른 이끼 낀 이 길을 다시 가본 적이 없었음을 아쉬워했다. 그 뒤 1542년 온계가 재상어사(災傷御史)의 사명을 받들어 영남 지역으로 나가게 되었는데, 퇴계는 단풍이나 푸른 시내를 만나면 곧 형님의 이 시를 외웠고, 또 화운(和韻)하여 시를 지었다.

시냇물과 단풍 숲 서로 비춰 열렸는데
채색 병풍이라는 아름다운 시구에 승정원 생각나네
나는 지금 바로 바쁜 길의 사람이 되었으니
아름다운 곳에서 무슨 인연으로 돌 이끼 밟을까[9]
澗水楓林相映開　　彩屛麗句憶銀臺
我今正作忙途客　　佳處何緣步石苔

이때 온계는 승정원에 근무했는데, 퇴계는 옛 시구를 떠올리며 승정원에 근무하는 형님을 그리워하여 6년 전에 지은 온계의 시구에 맞춰 다시 시를 지은 것이다. 이는 퇴계와 온계가 얼마나 지극히 서로를 보고 같이

---

8) 온계연보(溫溪年譜)에 이런 기사가 있다. 後壬寅, 退溪先生, 奉命嶺東. 每遇丹楓碧澗, 輒誦此詩. 因和其韻曰, "澗水楓林相映開. 彩屛麗句憶銀臺. 我今正作忙途客, 佳處何緣步石苔." 時先生已陞秩入中書, 故云憶銀臺, 兩詩竝見元集.
9) 퇴계집에는 「洪川三馬峴用景明兄竹嶺途中韻」라는 제목으로 실려 있다.

있고 싶어 했는가를 잘 보여준다.

사실 퇴계는 어머니에게서 난 네 형제 중에서 온계(이해)를 가장 가깝게 생각하고 늘 의지

취미헌 대원군 이하응이 온계의 후손에게 써 준 당호

하곤 했다. 일찍이 삼촌 밑에서 같이 훈육받은 것도 그렇고, 공부를 하거나 생활을 할 때 서로를 알고 인정하며 끌어주는 것이 있었을 것이다. 앞부분에서 퇴계가 충청도로 백성들의 기아 실태를 파악하기 위해 부지런히 말을 달릴 때에도 형님 생각을 했음을 그가 남긴 시로 알 수 있었지만, 두 형제가 모두 관직에 나간 후 서로 그렇게 오랫동안 보지 못하고 지낸 것은 우리 현대인들이 상상하기 어렵다. 아마도 당시 관직이라는 것이 그리 호락호락하지 않았고 담당 업무가 늘 폭주했기에 그랬을 것이라 짐작해 본다. 그리고 타고난 성품이나 기질이 퇴계가 더 사람을 가리고, 기왕이면 진흙탕 속에서 사는 것보다는 조용히 학문을 하며 제자들을 가르치는 것을 더 보람 있게 생각했기에, 5년 먼저 관직에 나가 여러 험한 상황에서 고생하는 형을 보며 늘 안쓰러워했음을 그가 형에게 남긴 이런 시를 통해 알 수 있다.

온계는 목멱산(木覓山), 즉 남산 북쪽 기슭 명례방에 살면서 소나무 숲 옆에 작은 서재(小書齋)를 지어 운암석실(雲巖石室)이라고 이름을 지었고, 취미(翠微: 먼 산에 아른아른 보이는 옅은 푸른빛)라는 당호를 지어 스스로 취미헌(翠微軒)이라는 호를 가지기도 했다. 여기서 온계는 공무가 끝난 뒤 곧바로 집으로 돌아와 사람을 많이 만나기보다는 책을 벗 삼아 공부를 하였다고 한다. 퇴계는 당시의 정세를 보아 관계에 계속 있는 것보다는 고

향으로 돌아가 인재를 키우는 것이 좋지 않으냐고 물어본 것인데, 온계는 관계에 나와서도 학문은 할 수 있다며 자신의 갈 길을 동생에게 천명한 것이다. 이때는 퇴계가 아직 대과에 들기 전인데도 퇴계는 자신이 보는 정치 풍토가 우리 형제에게는 맞지 않으니 정치판을 떠나는 것이 어떠냐고 물어보는 것이고, 여기에 대해 온계는 세상 속에서 정의가 살아있는 올바른 세상을 만들려면 그 세상 속에 있어야 한다는 신념을 확인해 준 것이다. 두 형제는 이렇게 벼슬에 대한 생각, 학문에 대한 생각이 달랐기에 서로 가는 길도 달라졌고, 그것이 나중에는 두 형제의 운명도 갈라놓은 것임을 이 시문답에서 확인한다.[10]

---

10) 온계 사후 220년이 지난 1772년(영조 48년)에 온계의 6대손 읍지헌(挹芝軒) 이현룡(李見龍, 1692~1765, 진사)이 흩어져 있던 온계의 유묵을 모아 『온계일고』를 펴냈는데, 그 첫머리에 이 시가 올라와 있는 것을 보면 이 시가 그만큼 온계라는 인물의 성품을 파악하는 중요한 핵심 자료라고 판단했기에 편찬자가 앞머리에 올린 것으로 보인다.

김안로와의 악연

1534년 퇴계(退溪)가 34세로 문과에 급제하여 첫 번째 벼슬인 승문원(承文院) 권지부정자(權知副正字)에 임명되었다. 얼마 뒤 예문관(藝文館) 검열(檢閱) 겸 춘추관(春秋館) 기사관(記事官)에 추천되었으나 임명되지 못했다. 여기에는 곡절이 있었다. 선생의 처숙부 권전(權磌, 1490~1521)이 간신 남곤(南袞) 등을 제거하려다 사건에 연루되어 사형을 당했고, 그 형이자 퇴계의 장인인 권질(權礩, 1483~1545)은 귀양을 갔다. 죄인의 사위가 사관(史官)이 될 수 없다는 반대가 있었기 때문이다. 당시 예문관 검열 자리는 최고로 영예로운 자리로, 학문과 문장이 뛰어나고 글씨를 잘 쓰는 젊은 관원이 발탁되는 깨끗한 요직이었다.

'죄인의 사위'라는 것은 표면적인 이유였고, 실제로 막은 자는 권신 김안로(金安老)였다. 그 당시 김안로는 온 조정을 좌지우지할 정도의 권력을 갖고 있었다. 이조판서, 대제학 등 겸직이 한명회(韓明澮)보다도 더 많았다. 그의 아들이 중종의 사위였다. 본인 스스로 문과 장원급제할 정도로 학문과 문장이 있었다. 사람됨이 간사하고 음험하여 한평생 남을 모해하고 사건을 꾸며 많은 사람을 죽이거나 귀양 보냈다. 그런데 김안로는 영주(榮州: 조선시대는 영천) 사람이었다. 퇴계의 처가도 영주 출신이다. 장인 진사 허찬(許瓚)은 김안로와 동갑이고, 진사에 동반 급제한 사이였다. 또 형 온계의 처가도 영주였고, 김안로의 먼 친척이었다.

퇴계가 관직에 나오자 김안로는 어느 집 아들인지 훤히 알고 있었다.

자기에게 당연히 인사하러 오겠지 하고 기다렸으나 오지 않았다. 얼마 뒤 김안로가 좀 보자고 불렀으나 가지 않았다. 다른 사람들은 줄을 대어 다투어 자기를 만나려고 하는 판국이었다. 김안로가 속으로 "내가 부르는 데도 안 와?"라고 생각하였다.

퇴계가 평생 학자의 길을 걸었으니, 흔히 부드러운 분이라는 선입관을 가진 사람이 많다. 그러나 제자 문봉(文峯) 정유일(鄭惟一)이 지은 『언행통술(言行通述)』에 보면, "의리상 옳은 일에는 용감하게 나아가고, 옳지 않은 일에는 꺾이거나 흔들리지 않았다.(理所宜爲, 勇往直前, 不挫不撓)"라는 기록이 있다. 이때 김안로를 만나러 갔다면 위대한 퇴계는 존재할 수 없는 것이다. 사람의 한 번의 행동이 천추의 평가를 좌우한다. 맹자(孟子)의 "스스로 돌아보아 바르면 비록 천만 명이 막을지라도 나는 가리라.(自反而縮, 雖千萬人, 吾往矣)"라는 구절이 있다. 이런 것이 선비 정신이다. 퇴계는 이를 잘 실천하였다. 밝은 눈으로 세상을 바르게 볼 수 있었기 때문이다. 왜? 마음이 공명정대했기 때문이다. 김안로가 사악한 마음으로 불법을 계속 저지르는데 오래 갈 리 없다고 생각했다.[11]

김안로는 퇴계가 가지 않자 원한을 품었다. 김안로는 대간(臺諫)을 시켜 퇴계를 논핵(論劾)하게 했다. 1535년에 이르러서는 의령 아전의 사주를 받은 김안로가, 퇴계의 장인 허찬을 의령 고을의 무단(武斷)으로 몰아 죽게 만들었다.

온계의 처가는 연안 김씨(延安金氏)로 영주 이산(伊山)에 있었는데, 김안로와 먼 친척이 되었다. 또 온계의 거처는 김안로의 집과 가까이 있었다. 온계가 관직에 나간 뒤 김안로가 자기 당으로 끌어들이려고 관심을 보였

---

[11] 허권수 「허권수의 한자로 보는 세상(991)」 경남신문 2023년 8월 8일.

으나, 온계는 끝내 그와 관계를 맺지 않았다. 그래서 온계는 오랫동안 산직(散職)에 있었다.[12]

퇴계는 39세 되던 해 12월에 모친상의 상복을 벗고 다시 홍문관 부수찬(副修撰)에 임명되었다. 형 온계는 그해 44세로 조산대부(朝散大夫) 의정부 사인(舍人)에 임명되어 있는 상태였다. 부수찬에 임명되면 의례적으로 춘추관 기사관(記事官)에 임명되었으나, 온계가 사인으로서 춘추관 편수관(編修官)을 겸직하게 되어 있었으므로 혐의를 피하기 위하여 퇴계는 기사관 겸직을 사양하였다. 이때 퇴계와 온계에게 큰 장애물이었던 권간(權奸) 김안로(金安老)가 실각하여 사사되었다. 그 뒤부터 퇴계도 홍문관에 진출할 수 있었다.

---

12) 허권수 「형제지기(兄弟知己), 온계선생(溫溪先生)과 퇴계선생(退溪先生)」, 퇴계 귀향길 450주년 순례 행사 강연집.

형제의 한 마음

이런저런 와중에도 두 형제는 틈만 나면 만나고 같이 고향에 내려가고 싶어 했다. 온계가 사간원 사간으로 있었던 1540년에 동생 퇴계는 사헌부 지평으로 재직했다. 형제가 나란히 양사(兩司)에 근무한 것이다. 또 국왕의 교서 저작(著作)을 담당하는 지제교(知製敎)를 형제가 함께 겸직하고 있었다. 지제교는 품계는 낮지만, 시문을 잘하는 사람만이 할 수 있는 아주 영예로운 자리였다. 온계는 곧 홍문관 직제학(直提學)으로 있다가 이듬해인 1542년 정월에 진휼어사(賑恤御史)로 선발되어 경상도로 내려와 굶주린 백성들을 구제하는 일에 정성을 다하였다. 3월에는 고향에 와서 한식날 선영에 참배하였다. 퇴계는 서울에서 이 소식을 듣고 세 수의 시를 지어 보냈다. 비가 온다고 형님이 성묘를 제대로 할 수 있을까 걱정하는 내용이다.

> 멀리서도 알겠나니 한식에 고향 선산에 도착했음을
> 수곡에 바람 많겠지만 가래나무 푸르겠지요
> 서울에는 오늘 저녁 어지러이 비 내리는데
> 종이 돈이 비에 젖어 일이나 제대로 되실지요
> 遙知寒食到家山　樹谷風多宰樹碧
> 長安此夕雨紛紛　紙錢無奈妨霑滴

온계는 퇴계의 시에 차운(次韻)하였다.

위아래 묘소가 다닥다닥 얽혀 있는데
산 가득히 소나무 가래나무 여전히 푸르구나
음식과 술 경건하게 차려 깨끗한 정성 바치니
이슬 서리 느끼며 슬픈 눈물 떨어지네
丘墳上下纍纍荒　依舊松楸滿山碧
虔供粢醴薦潔誠　霜露感生哀淚滴

이에 앞서 2월 20일 밤에 퇴계는 고향 산수 속에서 노니는 꿈을 꾸고, 꿈속에서 시를 짓다가 꿈을 깨었는데, 깬 뒤 시 한 수를 완성하여 형에게 부쳤다. 이 시에 온계가 차운한 시가 있다. 온계의 시는 이러하다.

수풀 우거진 멧부리 그윽한 경치 뛰어난 곳에
사람 없어도 피었다 지는 봄 꽃 몇 해이던가
머잖아 돌아가 쉬는 날을 기약해야지
보잘것없는 살림이지만 온계에 두 집이 있으니
絶勝林巒窈窕處　無人開落幾春花
相期早晚歸休日　薄業溫溪有兩家

형 온계는 이 시에서 형제가 고향으로 돌아가 함께 살자는 뜻을 나타내었다. 온계라는 지명은 온혜(溫惠) 마을 온계의 집 서쪽에 있는 시내로, 근처에서 맑은 온천물이 솟아나 세찬 겨울에도 얼지 않는 은혜로운 동네의 시냇물이라고 하는데, 형은 온계를 자신의 호로 삼았다. 동생 퇴계는

형제의 한 마음　**179**

1546년에 형의 집이 있는 온계에서 더 동쪽 하류 3리 지점의 시냇가인 토계(兎溪)가에 집을 짓고 살았는데, 나중에 이 시냇물을 퇴계(退溪)로 고치고 이를 자신의 호로 삼았다.[13]

◇◇◇◇◇◇◇◇◇◇◇◇◇◇
13) 「퇴계연보」 병오년(1546)조 『퇴계전집』.

온계의 편지는 없지만

퇴계의 글을 모아놓은 『도산전서(陶山全書)』에는 퇴계가 형 온계와 주고받은 편지 스물한 통이 수록되어 있다. 1545년부터 1550년까지 보낸 것이다. 그 이전에도 많은 편지를 주고받았겠지만, 남아 있지 않다. 『온계일고』에는 퇴계와 주고받은 편지가 남아 있지 않다. 시(詩)도 『도산전서』에는 온계에게 준 시가 많지만, 『온계일고』에는 온계가 지은 많은 시문 가운데 극히 일부만 남아 있다.

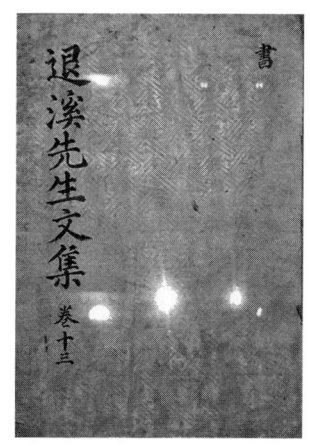

퇴계선생문집

한편 온계가 지인에게 건넨 한 편의 서간문이나 서문(序文), 기문(記文), 발문(跋文) 등 산문은 전혀 없다. 서간문이 없다는 것은 옥사에 연루되거나 옥사를 조장할 만한 단서를 철저히 지워버리고자 했던 의도의 소산이 아닌가 싶다. 온계가 1550년에 역적을 비호한 혐의로 조사를 받다가 사망했지만, 그의 혐의가 벗겨진 것은 아니고 그냥 기소 유예의 사건이기 때문에 온계는 여전히 죄인이었다. 앞의 여러 사건들에서도 보듯 만약 누가 역적 모의를 했다고 하면 온갖 고문을 해서 관련자를 찾아내고 그 집뿐 아니라 친구·친척 집을 모조리 뒤져서 이상한 글귀가 쓰인 문건이 나오면 바로 그것이 증거로 쓰이고 소장자도 곧바로 죄인이 되기 때문에 그에게서 받은 편지나 문건들이 다른 친구들 집에서 거의 보관하지 않고 폐기한 듯하다.

다시 말하면 친구나 지인들에게 온계의 편지로 남아 있는 것이 거의 없다는 것이다. 동생 퇴계의 경우에도 퇴계가 형님에게 쓴 편지는 나중에 후손과 제자들이 퇴계의 문집을 편찬할 때 스무 통 정도 수록했지만, 형님에게서 받은 편지는 하나도 수록되어 있지 않다. 그래서 우리는 온계 자신이 털어놓은 자신의 역사를 만날 수 없고, 동생이 남긴 편지를 통해 형과 무슨 일이 오갔는지를 짐작해볼 수 있을 뿐이다. 현재 확인된 형님에게 보낸 가장 이른 편지는 1545년(인종 1년) 온계가 북경으로 성절사(聖節使)로 갔을 때 북경으로 인편을 통해 보낸 편지이다.

성절사 형님께

조선은 명나라 황제·황후의 생일을 축하하기 위해 해마다 성절사(聖節使)란 사절을 보냈는데, 성절사의 정사(正使)는 영광스러운 임무이고, 수행원도 수백 명에 이르는 큰 사절단을 이끈다.[14] 여기에 온계는 큰아들 복(宓)을 수행토록 했다. 출발은 5월이었고 돌아온 것은 9월이다. 당시는 인종이 즉위한 후로서 왕의 신임을 받아 나가는 영광스러운 임무이기는 하지만, 퇴계는 윤원형 등이 준동하는 엄중한 때라서 형님과 조카가 성절사로 가는 것을 보며 만감이 교차하는 느낌을 담은 시를 써서 올렸다.

성절사로 북경 가는 형님을 보내드리며
[奉送同知兄聖節使朝京]

동방의 사절이 휘황도 하구나
오색 구름의 북경에 조회하러 가시는구나
황제의 궁은 아득히 여기서 몇천 리인가
국경 지나며 풍찬노숙할 일 걱정이구나

東方使節擁煒煌　　五雲北闕朝帝鄉

---

14) 영광스런 임무인 만큼 동생 퇴계 선생의 송별 장편시 외에도 당시의 명현인 규암(圭庵) 송인수(宋麟壽), 기재(企齋) 신광한(申光漢), 죽창(竹窓) 안정(安珽), 지평(持平) 이천계(李天啓), 사간(司諫) 황효공(黃孝恭)도 시를 지어 장도를 빌어준 것이 전한다.

帝鄕遙望幾千里　　風餐露宿愁關梁

황제의 큰 궁궐 생신을 축하하려
각 나라 사신 행렬 총총이 모이는 자리
남자의 장한 뜻 인정받을 수 있을 텐데
이별 길이라고 눈물 콧물 흘릴 일 아니지
玉皇大庭賀聖節　　衣冠萬國同趨蹌
桑弧壯志粗可酬　　何用臨岐涕泗滂

그렇게 두 수를 쓰고는 집안과 자라온 이야기를 한다.

옛날 선성에 있던 우리 집 생각하면
어려서 아버지 잃고 집안이 썰렁했지만
가르침 엄한 어머니 베 짜던 기계 끊고
가르침 느끼던 숙부님 향랑 태운 일 감사하네
부지런히 일하여 적은 봉록이라도 받아
글 쓰는 세상에서 형제 나란히 서게 되었지요
이 아우는 평범한데 갑자기 병이 들어
중도에 공부 그만둘까 깊이 생각했어요
憶我家在古宣城　　少小失怙門祚涼
教嚴慈母斷織機　　誨感叔父焚香囊
辛勤尙須微祿養　　翰墨場中聯雁行
阿奴碌碌遽嬰疾　　中道輟業思深藏

형님께 힘입어 부족한 저를 이끌어 주셔서
벼슬길 청운에 이어 올라 이름 떨칠 기약했네
어찌 알았으랴, 적은 녹과 많은 녹 받게 되어도
나라 은혜 다하지 못하고 어머니 은혜 못 갚을 줄을
賴兄湔拔策駑蹄　　接武靑雲期立揚
豈知三釜與五鼎　　國恩不曁慈恩償

중유는 헛되이 쌀 지던 슬픔 품었고
고어는 다함없이 풍목의 슬픔 아파했네
지난해 어머니 묘소에 같이 오르지 못했는데
올해도 벼르던 마음 또 어그러졌군요
仲由空懷負米痛　　皐魚不盡風木傷
去年不得同上隴　　今年心事又乖張

　형님을 떠나보내고 나니 젊을 때 열심히 공부해서 두 형제가 다 출세는 했지만, 일찍 돌아가신 아버지는 그렇다 치고, 고생고생하며 키워주신 어머니를 봉양하려 했으나 벼슬길에서 시간을 내지 못해 떠나보내고 나니 그렇게 슬플 수 없다는 심정을 밝힌다. 온계가 42살, 퇴계가 37세 되던 해인 1537년 10월에 모친 박씨가 세상을 떠났다. 퇴계는 관직이 6품에 이른 뒤부터 외직을 얻어 모친 봉양하기 편하도록 하려고 했으나 되지 않았다. 온계도 관직에 얽매여 모친 봉양의 기회를 얻지 못하여 두 형제 모두 평생 한으로 여겼다.
　중유(仲由)는 공자(孔子)의 제자 자로(子路)이다. 지극한 효자로, 그가 옛날 어버이를 모시고 있을 적 가난했기 때문에 자기는 되는대로 거친 음식을 먹으면서도 어버이를 위해서는 백 리 바깥에서 쌀을 등에 지고 오곤 했다. 어버이가 돌아가신 후 높은 벼슬에 오르자 솥을 늘어놓고 진수성찬을 맛보는 신분이 되었지만, 당시에 거친 음식을 먹으며 어버이를 위해 쌀을 등에 지고 왔던 그때의 행복을 다시는 느낄 수 없게 되었다고 술회한 고사가 전한다.

고어(皐魚)는 초(楚)나라 사람으로, 천하를 두루 다니다 돌아와 보니 어버이가 돌아가신 후라서 "나무는 조용히 하려 했지만 바람이 멈춰주지 아니하고, 자식은 봉양하려 했지만 어버이가 기다려주지 않는다.(樹欲靜而風不止 子欲養而親不待)"라고 슬퍼하며 곡(哭)하다가 죽었다고 한다. 모두 어머니께 효도를 할 수 없는 처절한 마음을 표현했다.

활 안고 지금 정호에서 곡을 하건만
뗏목 이미 은하수 건널 것을 경계하네
공적인 일이 원래 개인 사정을 빼앗는 법
두렵고 떨리는 비와 이슬 찬 서리 같구나
抱弓方在哭鼎湖　乘槎已戒超銀漢
由來公義奪家私　怳惕雨露凄風霜

시의 마지막에는 아버지를 따라간 큰 조카 복(宓)에 대해서도 잘 다녀와서 나중에 큰 인물이 되어달라는 바람을 담았다. 그리고는 자신의 건강이 좋지 않아 힘들다는 한탄도 한다.

조카 복은 우뚝하게 두각이 드러나니
굳센 의지로 어려움 이겨내야 하리

신생의 작은 재주도 볼 만하고
박랑의 뛰어난 무예 버들잎을 뚫지
宓也嶄然出頭角　要堅志氣艱難嘗
辛甥小道亦可觀　朴郞絶藝誇穿楊

아, 이 몸은 구차하고 쓸모없어
평생을 양생하는 곳에 몸 맡기고 있네
떠나는 자리 시 한 편에 뜻 다하지 못했으니
한스럽다, 결연히 일어나 함께 훨훨 다니지 못함을
嗟我區區百無用　生涯長付養病坊
離筵一篇意不盡　恨未決起參翶翔

이 시의 끝에 퇴계는 이례적으로 시를 쓴 사연과 자신의 심사를 표현해 놓았다. 퇴계는 형님과 조카가 떠나간 뒤 여러 가지 많은 소회가 일어나기에 그것을 담아서 긴 시를 쓴 것인데, 그것을 쓰게 된 연유를 밝혀 놓음으로써 이 시들이 형님에게 보내는 편지였음을 드러낸 것이라 하겠다.

"지난 가을 우리 형제가 함께 말미를 얻어 예안에 가서 소분(掃墳: 성묘)을 하기로 하였다. 떠나려 할 때 형님은 일로 인해 행차를 정지하셨고 나는 되돌아왔다. 형님은 금년 봄에 다시 행차를 도모하셨는데, 동생인 내가 외구(外舅: 장인)의 상을 당해 안동으로 돌아가 장례를 지내려 했기에 거의 같은 시간에 소분을 할 수 있게 되었다. 그런데 국상(國喪)과 사신 가라는 명령이 잇달아서 출발을 미루어 오다가 형님에게 북경 가는 행차가 있게 되었고 나도 병이 생겨 결국 실행하지 못했다. 사람 일을 알 수 없는 것이 매번 이렇구나. 이별을 두고 지난 일을 돌이켜보니 감회를 누를 수가 없었다. 시 속에 그런 소견을 약간 담았다. 옛 사람이 풍우 대상(風雨對牀)에 침상을 같이하지 못하는 회포(風雨對牀之懷)15)를 빗대어놓았다."16)

시의 앞부분은 형님이 떠날 때 곧바로 썼지만, 뒷부분은 나중에 퇴계가 시를 정리하면서 다시 붙인 것이 아닌가 생각된다. 아무튼 이렇게 형님을 보내고 나서 나중에 북경으로 간 형님으로부터 사람을 통해 편지가 왔다. 이에 퇴계는 이곳 소식을 담은 편지를 쓴다. 아마도 인편으로 전달되었을 것이다. 이것이 남아 있는 첫 번째 편지다.

"성무(成茂) 등이 의주(義州)에서 편지를 가지고 이달 12일에 서울로 왔기에, 편지를 보고서 사행하시는 중에 기거(起居)가 비록 간간이 편찮으셨으나 바로 회복하셨고 일행 자제 이하가 모두 별 탈 없이 압록강을 건넜음을 알았습니다. 또 16일에 요동(遼東)에서 장계(狀啓)와 함께 보낸 편지를 보고서 형님의 체후(體候)가 평안하시고 가시는 도중에 비가 온 소식 등 막히는 폐단이 전혀 없고 그곳에서 출발하고부터 또 기일(期日)에 맞추어 지체됨이 없음을 알았으니, 기쁘고 위안이 되는 마음을 어찌 다 말로 하겠습니까. 다만 요동에서부터 서쪽으로 가는 행차는 어떠하신지 또 비는 오지 않았는지 모르겠습니다.

그리고 찌는 듯한 더위가 기승을 부리니 전에 앓으시던 다리와 무릎의 통증이 처음에 으레 발작하였을 것인데, 말 타기에 익숙할 때까지 고통을 참으

---

15) 비바람이 칠 때 형제가 한 방에서 같이 자며 정을 나누는 일.
16) 去年秋. 吾兄弟同受由. 埽墳于禮安. 臨發. 兄因事停行旆. 溷往還. 兄更以今春謀行. 而弟亦有外舅之喪. 將歸葬于安東. 庶可同時埽奠矣. 國恤與詔使事相繼遷延. 而兄有此行. 弟又患病. 遂不果. 人事之不可料每如是. 因別撫事. 不勝感歎. 詩中略見. 以寓昔人風雨對牀之懷云.

신 뒤로는 통증이 어떠한지 모르겠습니다. 부사(副使)가 요동에서 저에게 보낸 편지에 형님이 말을 잘 타서 따라가기가 어려웠다고 하였는데, 제 생각에 앓은 부위가 전과 같다면 어떻게 그렇게 말할 수 있겠습니까. 이로 헤아려 볼 때 말 타기에 익숙해진 뒤로 몸이 회복되셨을 것입니다.

여기 있는 양가(兩家)의 어른과 아이는 모두 별 탈 없이 잘 지냅니다. 온계 동네의 전염병도 지금은 모두 수그러들었고 태평교(太平橋)의 집(영주의 온계 외가)도 모두 무사합니다. (중략) 저는 별다른 증상은 없지만 전보다 몇 배 몸이 손상되었음을 스스로 느낍니다. 마침 다행히 한가로이 지내다가 청송부(靑松府)에 자리가 나서 간곡히 구하였으나 의망되지 않았고, 뜻밖에 이달 보름에 도목정사(都目政事)에서 다시 시종(侍從)의 직임에 제수되었습니다. 이전의 직임도 이미 감당하기 어려웠는데 실록청 낭관의 일은 더욱 병든 사람으로서 하루도 버틸 수 있는 자리가 아닙니다. 어찌하면 좋겠습니까. 처음 생각으로는, 가을쯤 고향에서 장사지낸다는 이유로 내려가 끝내 돌아가지 않으면 몇 년은 벌 수 있을 것이라 여겼습니다. 그런데 지금은 거취를 결정하는 것이 미관말직에 비할 수 없어서 실로 가벼이 처신하기 어려우니, 어떻게 처신하는 것이 마땅한지 모르겠습니다. 답답합니다."

큰 아들을 잃다

그런데 온계가 중국에 가 있는 동안인 7월에 인종이 승하하고 명종이 즉위하였다. 8월에는 윤원형 등이 을사사화(乙巳士禍)를 일으켜 이기(李芑)가 다시 정승이 되었다. 당시 자리에 있던 정승들을 모함하여 다 죽이고, 자기들 뜻에 따르지 않는 선비들을 모두 숙청한 것이다. 온계는 명나라에 사신으로 가 있었기에 이 화를 면했으나, 개인적으로는 데리고 갔던 큰아들 복(宓)이 9월 16일 북경 동쪽 통주(通州)에서 갑자기 사망하는 변을 당했다.

온계의 자제 가운데는 큰아들 복이 가업을 이어갈 만한 인재로 퇴계의 기대를 모았다. 퇴계는 복에게 글을 끊어 읽는 법(구두(句讀))을 가르쳤다. 물론 퇴계는 병이 잦아서 그 뒤 조카를 가까이에서 자주 가르치지는 못했지만, 조카가 가르치는 것을 잘 알아듣고 행실도 올바르고 해서 아주 예뻐했다고 한다. 이 무렵 퇴계에게는 조카가 많이 있었지만 요절을 많이 하는 바람에 가업을 이을 가망이 있는 자는 오직 둘째 형님 하(河)의 아들 완(完)과 넷째 형님 해(瀣)의 아들 복(宓)뿐이었다며 기대를 했지만, 형님의 큰아들인 복이 멀리 중국에서 요절을 한 것이다.

온계가 명나라에 성절사(聖節使)로 간 것은 인종 1년인 1545년 5월이었다. 중국에 사신으로 가는 것은 석 달 이상이 걸리는 엄청나게 고생스러운 임무여서 사신을 떠나보낼 때 다들 환송을 해주었다. 퇴계는 바로 앞에서 소개한 대로 형님을 보내는 감회와 잘 다녀오시라는 축원을 담은

긴 시를 썼지만, 그러한 숙부의 바람이 소용없게 되었다. 온계는 당시의 상황을 퇴계에게 편지로 알렸는데, "북경으로 갈 때와 북경에 체류했을 때에도 모두 탈이 없

큰 아들 복(宓)의 묘소

었는데, 돌아올 때 아랫배와 두 다리에 한습(寒濕)한 증세가 조금 있어 움직이는 데 방해가 되었다. 그러므로 여행길에 데리고 오기가 힘들었을 뿐 다른 염려는 없었는데, 열엿샛날 떠나서 통주(通州)에 도착했을 때 저녁나절 상기(上氣)하는 발작 증세가 멈추지 않다가 밤중에 갑자기 죽었다"라고 하였다.[17]

가장 애지중지했던 맏아들을 졸지에 잃은 온계의 마음은 얼마나 참담했을까? 가장 믿었던 조카를 잃었다는 소식을 들은 퇴계도 얼마나 가슴이 아팠을까? 조카의 유해가 돌아왔을 때 퇴계는 직접 조카를 추도하는 제문을 쓴다. 그런데 이 제문을 보면 조카 복의 상태를 추정할 수 있는 표현이 있다. 즉 그전 해 7월 퇴계가 압구정에서 휴가를 받아 책을 읽고 있을 때[18] 조카가 찾아와 대화를 한 적이 있는데, 그때 복의 혈기가 허한 것을 보고 이상하게 생각해 물었더니 조금 아픈 정도라고 하고는 별로 신경을 안 쓰는 듯해서 속으로 걱정을 했었으며, 그때 살이 쪄서 힘들어했다

---

17) 「온계선생연보」 1545년 을사條 『온계일고』.
18) 이를 사가독서(賜暇讀書)라고 한다. 조선시대에 국가의 유능한 인재를 양성하고 문운(文運)을 진작시키기 위해서 젊은 문신들에게 휴가를 주어 독서에 전념할 수 있도록 한 제도이다.

는 것이다.[19] 이 증세에
대해서는 중습(中濕)이
라고 표현했는데, 몸에
습(濕)이 쌓여 피부 감각
이 둔해져 뻣뻣하거나
숨이 차고 가슴이 그득
한 것, 붓고 부풀어 오르
는 것, 허리와 넓적다리

현대의 황학루

가 무겁고 아픈 것 등의 증상이 나타난다고 한다. 퇴계도 대체로 기가 허하고 신체가 비만하면 진실로 풍사열습(風邪熱濕)에 잘 걸린다고 말했는데, 아마도 한여름에 북경에 있으면서 무덥고 습한 날씨에 몸의 습이 악화된 것으로 보여진다.

그런데 복이 부친 온계를 모시고 중국 수도 북경으로 가는 길에 황학루(黃鶴樓)[20]에 올라 지은 시(詩)가 『온계일고』「연보」에 전해진다.

흰 갈매기 나는 물결은 만 리인데
황학루 달은 천추를 비추누나
초췌한 삼한(三韓)의 길손은
누각에 올라 눈물을 거두지 못하네

◇◇◇◇◇◇◇◇◇◇◇◇
19) 도산전서(陶山全書) 권62 「조카 장사랑 복에 대한 제문(祭姪將仕郎宓文)」.
20) 중국 무한의 대표적인 관광지 황학루는 5층 건물로 51m의 높이로 양자강변에 우뚝 솟아 있다. 이곳은 원래 삼국시대에 오(吳)나라에서 군사적인 목적의 망루를 지었던 것이 시초인데, 그 후 여러 차례 화재와 개축을 거쳐서 현재의 것은 1985년에 건설된 것이다. 황학루는 악양의 악양루(岳陽樓)와 남창의 등왕각(藤王閣)과 함께 강남 3대 명루로 꼽힌다. 5층 전망대에서 장강과 장강대교, 그리고 동호(東湖)를 바라볼 수 있다.

白鷗波萬里　　黃鶴月千秋
憔悴三韓客　　登臨淚不收

이 시를 본 중국 문인이 시가 잘되었다고 매우 칭찬하다가 탄식을 하고는 "반드시 살아서 돌아가지 못하리라(必不生還矣)"라고 했다고 한다. 어떻게 시의 표현만 보고 복의 운명을 미리 알았는지도 모르겠지만, 시의 후반부가 비장한 심사를 표현한 것이어서 그렇게 말한 것 같다.

다시 안부 편지

퇴계는 사행길에서 돌아오는 형님을 기다리며 급변하는 국내 정세를 담은 편지를 보낸다. 그사이 인종이 승하하고 정세가 급변한 것을 알린 것이다.

"가을이 거의 절반이 지났는데, 여행하시는 중에 체후가 평안하신지 모르겠습니다. 이른 아침부터 저녁까지 근심하고 그리워하는 지극한 마음을 금할 수 없습니다. 정사(正使)가 아직 서울에 도착하지는 않았으나 만약 요동(遼東)에서 먼저 알려줬다면, 아마 근일에 필시 부고(訃告: 인종이 승하한 일)를 들었을 것입니다. 부여잡고 울부짖는 애통함이 멀리 떨어져 있는지라 갑절이나 더 심할 것이니 어찌하면 좋겠습니까.

이곳에는 서울과 지방의 친족들이 모두 별 탈 없이 지냅니다. 형수님은 얼마 전에 풍증(風症)을 앓아 수 삼 일간 약을 복용하고 바로 차도가 있어 지금은 평상시대로 회복되었습니다. 다만 저는 극도로 몸이 상한 나머지 설사를 얻어 비장(脾臟)이 약해져 여러 병이 더욱 심해져 매우 위독하였는데, 지금은 구차히 살기를 바라 점차 회복되어 갑니다. 그러나 형세로 보아 염치없이 직임을 차지하고 있을 수 없어 두 번째 사직 상소를 올렸는데 아직 윤허를 받지 못하였으니 참으로 민망합니다.

이처럼 변고가 닥쳐 황급한 때를 당하여 오래도록 휴가 중에 있는 것은 신하의 의리에 어떠하며 공론에 어떠하겠습니까. 삼십육계(三十六計) 가운데 고향으로 돌아가는 것이 최상이니 계획도 이미 정하였습니다. 다만 행차가 돌아가는 것을 기다리고 있고, 또 산릉(山陵)의 일[21]을 아직 마치지 않았기 때문에 지체되었습니다.

　멀리서 생각건대, 이전에 (북경에서) 이미 하례(賀禮)를 마치고 답답하게 지내던 터에 흉한 부고를 들으셨으니 필시 배(倍)의 속도로 재촉하여 돌아올 것이므로 행차를 맞이하는 노복들을 이달 25일쯤 의주(義州)로 보낼 것입니다. 다만 홍조(弘祚) 등의 종들이 미처 오지 못할까 몹시 염려됩니다. 소식을 듣지 못한 지가 벌써 넉 달이나 되었으니, 만리타향에서 정회를 어찌 말로 다 할 수 있겠습니까. 삼가 헤아려 주시길 바랍니다. 편지의 예식을 갖추지 못했습니다. 부디 몸조심하고 끼니를 잘 챙겨 드시기를 바랄 뿐입니다. 삼가 절하고 편지를 올립니다."

---

21)　**퇴계는 인종의 능을 만드는 산릉도감의 일을 맡고 있었다.**

동생의 계속되는 수난

온계는 10월에 명나라로부터 조정에 돌아와 복명(復命)하였다. 기행문인 조천록(朝天錄)을 지었으나, 전하지 않는다. 이때 퇴계는 홍문관 전한(典翰)으로 재직 중이었는데, 10월에 우의정 이기(李芑)가 퇴계를 삭직(削職)할 것을 주청하여 곧 삭직되었다. 이기는 선비의 여론이 자신을 찬성하지 않음을 알고 자기와 뜻을 달리하는 자를 다 몰아내어 여러 입을 틀어막으려고, 대궐에 들어가 홀로 아뢰기를, "근일에 죄목을 정한 것이 각기 그 죄에 적당하였사오나, 다만 조정의 관리 중에는 죄로 인해 파직될 자가 아직 남아 있습니다. 이천계(李天啓)·이황(李滉)·권물(權勿)·이담(李湛)·정황(丁熿) 등을 모두 파직시키소서."라고 하였다. 이 때문에 이황과 정황 등 몇 사람이 같은 날 관직을 삭탈당하였다. 조야가 다 놀라고 분하게 여겼다. 그런데 곧바로 이기가 다시 명종에게 아뢰어 퇴계의 직첩(職牒)을 돌려주어 사복시정(司僕寺正) 겸 승문원(承文院) 참교(參校)로 서용되었다. 그 이유인즉, 이기의 조카 이원록(李元祿)이 평소 퇴계를 존중하여 이기에게 퇴계를 삭직해서는 안 된다고 힘써 간하였고, 이때 간신 임백령(林百齡)도 이기에게, "이황은 근신하여 스스로 절조를 지키는 사람이라는 것은 사람들이 다 아는데, 이제 이 사람에게 죄를 준다면, 앞에 죄를 받은 사람들도 모두 억울한 사람으로 간주될 것입니다."라고 말하여, 이기가 명종에게 다시 직첩을 돌려주도록 주청하였다.

퇴계는 21세인 1521년 영주 초곡(草谷, 사일, 푸실) 출신 김해 허씨인 진사(進士) 묵재(默齋) 허찬(許瓚, 1481~1535, 1501년 진사)의 맏딸(퇴계 선생과 동 갑)에게 장가들었다. 처 외조부는 창계(滄溪) 문경동(文敬仝)으로 그는 두 딸만 두었는데, 허찬은 그의 맏사위로 의령(宜寧)에서 영주 초곡(草谷)으로 옮겨와 살면서 처부모를 봉양했다. 이런 연유로 허씨 부인은 영주 초곡에 서 태어나 어린 시절을 보냈다.

퇴계의 처조부는 예촌(禮村) 허원보(許元輔)인데 소과를 거친 선비로 고 성에서 의령으로 처음 정착한 사람이다. 그는 의령 가례(嘉禮) 마을에 있 는 백암산수가 마음에 들어 이곳에 정착한 후 정자를 지어 김일손(金馹 孫), 김굉필(金宏弼), 문경동, 김영(金瑛) 등과 교류하며 시를 읽고 학문을 강론했다.

퇴계의 장인인 허찬은 바로 허원보의 둘째 아들이었다. 허찬이 문경동 의 사위가 될 수 있었던 것도 허원보와 문경동의 교분 때문이었다. 또한 퇴계가 허찬의 사위가 되었던 것은 처 외조부인 창계 문경동과 숙부인 송 재 이우와의 친분 때문이었다. 그래서 창계는 외손녀인 허씨 부인을 퇴계 에게 시집보내게 되었다.

청풍 군수를 지낸 창계 문경동은 살림이 넉넉하였다. 아들이 없었으므 로 그의 재산을 사위인 허찬에게 물려주었다. 허찬의 재산 역시 의령과 영주에 산재하였으므로 매우 부유하였다(『언행록』 권1). 허찬의 묘는 경남 의령읍 소지동에 있고, 외손자 채와 아들 사렴의 묘도 함께 있다. 허찬이 죽은 후 퇴계의 처가가 영주에서 의령으로 옮겨간 것 때문으로 보인다.

허씨 부인은 1522년 10월 18일 맏아들 준(寯)을 출생하고, 1527년 11 월 차남 채(寀)를 낳고 한 달 후 향년 27세에 숨을 거둔다. 부인을 잃은 퇴 계는 3년 후 권질(權礩)의 딸을 후처로 맞이한다. 권질은 신사무옥(1521)으 로 죽임을 당한 권전(權磌)의 형으로 연좌되어 예안에 유배 중이었다. 그런데 후처 권씨는 정신이 온전치 못해 가정생활이 어려웠다. 혼인 과정에 여러 설이 있지만, 권질의 간곡한 청을 퇴계가 거절하지 못했다는 설에 무게가 실린다. 한편 퇴계는 부인 허씨가 죽은 후 안살림을 챙겨 줄 측실을 들이는데, 여기서 서자 이적(李寂)을 얻는다.

둘째 부인의 초상

1546년(병오년) 7월에 퇴계 부인 권씨가 별세했다. 퇴계는 1545년(을사년) 12월에 장인 권질이 서거했지만, 당시 중국 사신들의 영접사(迎接使)를 맡고 있는 바람에 귀향하지 못했고, 다음 해 1546년 병오년 3월

퇴계 동상(서울 남산)

에야 휴가를 얻어 풍산 장인 집으로 가볼 수 있었다. 장인의 장례를 마친 두 달 후였다. 그 후 병으로 직무에 복귀할 수 없어 도산의 계상에서 몸조리를 하였다. 7월까지 향촌에 있는 동안, 서울의 형 온계로부터 부인의 죽음을 알리는 편지를 받았다. 퇴계는 벼슬 중에는 서울 서소문 집에서 부인과 같이 살았지만, 건강 때문에 서울에 올라가지 못하고 고향에 머물러 있느라 부인이 세상을 뜬 지도 몰랐던 것이다. 퇴계는 답장을 썼다.

"보내신 편지를 받고서 천만 뜻밖에 집안사람이 병으로 쓰러져 일어나지 못했군요. 어찌 불행한 일이 이 지경에 이른단 말입니까. 제가 이미 이곳에 와 있고 두 아이도 모두 임종을 보지 못했으니, 너무도 아프고 애통함에 어찌할

바를 모르겠습니다. 정말 모르겠습니다. 모두 저의 액운이 쌓인 탓이니 더욱 애통하고 슬픕니다.

괴로이 머물러있다 보니 집안 살림이 빗자루로 쓸어낸 듯 텅 비어, 초상(初喪)의 모든 일과 발인(發靷)하는 등의 일을 어찌할 방도가 없어 모두 형님께 걱정만 끼쳐드리게 되었습니다. 민망하고 절박한데 어찌할지, 어찌할 수가 없군요. 오래 붙들고 둘 수가 없고 즉시 발인해야 하기에 뱃길을 통하여 단양(丹陽)으로 갈 것입니다. 그러나 발인하는 날을 먼 이곳에서 헤아릴 수 없으니 모름지기 형편에 따라서 기일(期日)을 정해 알려주시기를 간절히 바랍니다. 뒤에 마땅히 사람을 보내겠습니다. 마음이 어수선하여 우선 이렇게만 쓰겠습니다. 절을 올리며 아룁니다."

퇴계는 부인의 죽음도 모두 자신의 죄와 액운이 쌓여 당한 것이라고 슬퍼했다. 부인의 곁에 있지 못했고, 두 아들도 비록 계모지만 어머니를 임종하지 못한 것을 가슴 아프게 여겼다. 퇴계는 하는 수 없이 부인의 장례를 형님께 맡길 수밖에 없었다.

초상을 치르는 모든 일과 운구는 형님이 맡아서 해주었다. 남한강 수로를 이용해 배로 단양까지는 운구했는데, 서울에서 충주까지는 형님이, 그다음 청풍, 단양을 거쳐 장지까지는 퇴계가 맡았다. 이 과정에서 형님 온계는 모든 일을 빈틈없이 처리해 주었다.

아들이 상여를 모시고 내려오는데, 서울에 있던 조카들(형님의 아들들)이 함께 호송해 왔다. 제천 한수면의 황강나루(黃江津)까지는 물길이 순조로워 잘 모셔왔으나, 장마로 상류의 물살이 세져 여러 날 걸렸다. 퇴계는 죽령에 빈소를 만들어 기다리려고 했고, 상여 호송팀은 날이 지체되니 말을 달려 퇴계에게 소식을 전하려 했으나, 퇴계에게는 타고 갈 말이 없고 또 힘도 미치지 않아 죽령까지 가지 못했다. 7월 2일에 죽은 부인은 7월 28일에 발인하여 8월 14일 고향 예안(도산면의 옛 이름)에 닿았다. 형님 온계도 8월 15일에 고향에 왔다. 사인사(舍人司)[22] 관청에서 부인의 호송을 도와주었으나, 퇴계는 조문과 부의는 극력 거절하고 형의 도움만으로 초상을 치렀다. 형이 없었으면 정말 어려웠을 상황이었다. 잇따른 흉사에다 건강도 최악이어서 매사를 형께 상의하고 문의했다.

넷째 형에게 올리는 편지 병오년(1546, 명종1)

"겨울 날씨가 추워지기 시작해 번잡한 업무로 바쁜 이때, 체후가 평안하신지 모르겠습니다. 형님을 그리워하는 마음이 날로 더욱 깊어집니다. 저는 한 달 동안 두 차례 상을 당하여 모두 장례를 치렀는데, 장모님의 장례는 겨우 마쳤고 아내의 장례는 22일로 정하였습니다. 일마다 엉성하여 그사이 관례로 공력(公力)을 빌리는 일이 대부분 어려워져 마련하지 못하여 정한 날짜에 미치지 못할 듯하니 몹시 민망합니다 ….

지난 여름에 앓은 병과 이번에 당한 상사(喪事)는 모두 하늘이 저의 길을 막은 것입니다. 저는 지금 병에 시달리고 세상에 한창 비방하는 소리가 들끓어 오만 가지로 씨름하느라 마음의 병만 더하여 어찌할 바를 모르겠습니다. 처음에는 상경(上京)하여 명을 받든 뒤 내년 봄에 돌아와 장사를 지내고 싶었습니다. 봄 사이에 또한 병환이 없으리라 보장할 수 없는데, 가을 겨울까지 미룬다면 아이들이 최복(衰服)을 벗는 기한이 지나갈 것입니다. 최복을 벗고도 아직 장사를 지내지 않은 것은 관계된 바가 매우 중한지라 부득이 장사 지낼 날을

---

[22] 사인사는 의정부(議政府)의 사인(舍人)들이 근무하던 관청이다. 사인은 조선시대 정4품 관원으로, 의정부 정승들을 보좌하면서 정승의 결재 사안을 각 관청에 전달하는 역할 등을 담당하였다. 온계는 1637년 사인으로 근무했다.

올해로 잡고 풍산(豊山)
의 장사[23]와 같은 달에
함께 치렀으니, 이 때문
에 어렵고 군색한 일이
많아 이러한 추위에 내
몰린 것입니다.

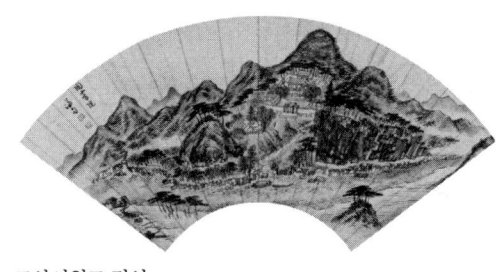

도산서원도 정선

  생각건대, 이 장례를 마치고 상경하는 것은 과로로 몸이 초췌하여 이미 극도로 원기가 빠졌는데, 모진 추위를 무릅쓰고 먼 길을 가는 것이니, 마치 마른 잎사귀가 뜨거운 바람을 맞는 것과 같아서 떨어지지 않고자 한들 그럴 수 있겠습니까. 이 몸이야 비록 아까운 것이 없지만 미물도 오히려 스스로 아낄 줄을 아니, 곰곰이 생각해 보아도 참으로 어려운 일입니다. 이 때문에 밤낮으로 나아가고 물러나는 계책을 헤아려 보고도 끝내 결행하지는 못하였습니다."

◇◇◇◇◇◇◇◇◇◇◇◇◇

23) 풍산(豊山)의 장사: 퇴계의 장모인 정선 전씨(旌善全氏)의 장례로 추정된다. 전씨는 풍산 지곡리(枝谷里: 현 안동시 풍천면 가일마을)의 권질(權礩)의 부인으로 정미년(1547)에 죽어 그해 10월 28일에 남편의 묘소에 합장되었다. 《退溪先生文集 46卷 奉訓郎行廣興倉奉事權公墓碣銘》

황해도 관찰사로 가다

온계는 중국에서 돌아온 이후 충무위(忠武衛) 상호군(上護軍) 등의 한직에 임명되었으나, 장차 어떤 일이 일어날지 예상되었으므로 고향으로 내려갈 뜻을 확고히 하고 있었다. 그러나 미처 실행하지 못하고 있었다. 이때 어떤 사람에게 보낸 편지에서, "전날 같은 조정에서 모시고 의지하던 분들은 모두 다 외지에 나가 있고, 황(滉: 퇴계)도 돌아오지 않고 있으니, 저는 외롭고 위태롭고 쓸쓸하여 마음 붙일 곳이 없습니다. 만 리 길에 환란을 만나고 와서 이가 흔들리고 머리카락도 희어졌습니다. 인생의 슬픈 것을 생각하면 가슴속에 끓어오르는 것을 능히 진정하지 못하겠습니다."라는 구절에서[24] 그 당시 자신의 출처에 대해 고민하던 온계의 심정을 알 수 있다. 여기서 '환란'은 아들을 잃은 슬픔을 뜻하는 말일 것이다. 중국에서 돌아와 보니 권력을 잡은 간신들이 설치며 모든 일을 자기들 하고 싶은 대로 횡포를 부리니, 온계는 벼슬에서 물러나 시골로 돌아가기를 결심했으나, 다른 신하들이 모두 죽음을 당하고 자신만이 남아있는 위태로운 상태여서 의심받을 형적(形迹)을 남기고 싶지 않았다. 그래서 여러 번 고향에 성묘하겠다고 신청해도 영의정 이기(李芑)가 들어주지 않았다. 온계는 경상도 관찰사로 나가기를 요청했으나 그것도 되지 않았다. 그러다

---

24) 온계연보(溫溪年譜) 가정(嘉靖) 25년 1546년 3월조. 편지 내용이 남아 있는 유일한 사례인듯 하다.

가 4월에 특별히 황해도 관찰사로 임명되어 5월에 부임했다. 당시 황해도에 큰 기근이 들었고 전염병도 돌아 한 도(道)가 거의 텅 비게 되자, 왕(실제로는 대왕대비였을 것이다)이 특별히 발탁하여 발령이 난 것이다. 과거 경상도 구휼에 큰 공을 세운 것이 참작되었을 것이다. 신재(愼齋) 주세붕(周世鵬)의 증별시에 "임금의 마음으로 간택되었음을 알아야 하네(須知惟簡在王心)", "가는 곳마다 백성을 위무하는 밝은 해가 현장에 가는 듯[隨處摩民白日臨]"이라고 한 것이 이를 말해 주는 것이다. 5월에 사은숙배하고 부임하였다. 고향에 머물다가 이 소식을 들은 퇴계가 먼저 형님에게 시를 써 보낸다. 마음이 무척 괴로웠던 모양이다. 「형님의 편지를 받았는데 황해 감사로 나가신다 하였다. 1547년 5월에 임금님께 작별인사를 드린다고 하시므로 시를 지어 삼가 부친다」라는 제목으로 썼다.

> 작년 어느 때에 이 아우 서울을 떠났던가
> 동쪽 교외 가랑비에 봄 맞는 마음 슬프게 했지
> 올해 어느 때에 형님이 서울을 떠나시니
> 석류꽃 눈에 어른거리고 매실 익을 때라네
> 똑같은 작별이나 이제 더욱 멀어지니
> 서해는 아득하고 길은 끝이 없구나
> 영남의 자리는 말할 것 없지만
> 휴가받아 남쪽으로 옮을 어찌 쉽게 얻으랴
> 작서의 송사[25] 그치고 감당나무 그늘[26] 맑으리니

---

25) 작서(雀鼠)의 송사: 작서는 작각서아(雀角鼠牙)의 줄임말로 송사가 분분히 일어나는 것을 의미한다.
26) 감당(甘棠)나무 그늘: 정사를 행하는 관아를 뜻한다. 주나라 소공(召公)이 감당나무 아래에

수양산은 푸르고 부용당엔 달 떠오르겠네[27]

고향 그리며 아우 생각하는 마음은 어떠할까

대궐 그리며 백성 걱정하다 흰머리 보이리

(이 아우는)[28] 병 안고 궁벽한 산에서 농사일 배우면서

소유(蘇轍)의 지업[29]에 진실로 악착같이 뜻을 두었네요

반평생 돌아보니 옛 걸음걸이 잊었으니

바라건대 하늘이 준 궁함으로 내 부족함 보충되길

척령시 완성되어 기러기 발에 부쳐 보내니

나아가고 물러섬과 슬픔 기쁨에 상관없이 함께 노력합시다

去歲何時弟出京	東郊細雨傷春情
今年何時兄去國	榴花照眼黃梅節
等是作別今更遠	西海漫漫路不極
辰韓仗節且不論	乞暇南來那易得
雀鼠訟息棠陰淸	首陽翠色芙蓉月
懷鄕憶弟意若何	戀闕憂民見華髮
抱病窮山學農圃	少游志業誠齷齪
回頭半世失故步	庶以天窮補其闕
鶺鴒詩成寄雁足	出處悲懽俱努力

서 은혜로운 정사를 행했던 고사에서 유래하였다. 곧 지방관의 선정을 의미한다.
27) 수양산과 부용당(芙蓉堂)은 해주에 있는데, 이곳 해주에 이해 형님이 황해도 관찰사로 부임했으니 곧 송사도 줄어들고 선정을 펴서 해주의 산하가 푸르고 맑을 것이라는 뜻을 표현한 것이다.
28) 여기는 퇴계의 이야기이므로 이해를 돕기 위해 주어를 괄호로 넣어보았다.
29) 소유(少游)의 지업(志業): 명예와 이익을 구하지 않고 평범한 삶 속에서 안분지족하는 것.

이에 형이 이 시를 보며 또 아우에게 마음 다잡으라고 시를 써보낸다.

아우의 시에 차운하여 도로 부치며 끝에 경계하고 권면하는 의미를 붙이다
[次舍弟韻 却寄 末寓規勉之意云]

슬프다 우리 형제 모두 서울 떠나

각자 타향에 머물며 둘 사이의 정을 품는구나

서로 아득히 멀리서 바라볼 뿐 만날 수 없어

비바람은 까닭 없이 자주 계절 바뀌네

길은 아득하고 멀리 몇천 리 떨어져 있는가

그대는 동쪽 끝에 나는 서쪽 끝에 있네

타향 풍토여서 방문하는 사람도 적은데

더구나 정 깊은 그대를 어찌 만날꼬

오직 꿈의 혼만이 먼 곳을 꺼리지 않아

때때로 하늘에 뜬 달을 향해 날아오르리

세상일 슬픔 기쁨은 우선 논하지 않더라도

훗날에 반드시 두 흰 머리카락 보리라

산중에 앙상하게 마르는 것을 알아줄 이 누구인가

달관한 자는 곁에서 악착같다고 비웃으리

혹시 부르는 명이 있으면 신중히 유유히 노닐어

바라건대 한 번 일어나 대궐에 조회하길

등용되거나 은거하거나[30] 거취를 다시 헤아려 보라

---

30) 용사행장(用舍行藏): 세상에 쓰일 때는 나가서 자기의 도를 행하고, 버림을 받았을 때는 물러나서 숨는 것을 말한다. 공자가 안연(顏淵)에게 "써주면 도를 행하고, 버리면 은둔하는 것을 오직 나와 너만이 이것을 가지고 있다[用之則行 舍之則藏 惟我與爾 有是夫]."라고 한 데서

옛사람은 여기서 더욱 공력을 들였네

척령시[31] 완성되어 기러기 발에 부쳐 보내니

나아가고 물러섬과 슬픔 기쁨에 상관없이 함께 노력합시다

嗟我兄弟皆離京	各在他鄕懷兩情
相望落落不可見	風雨無端累變節
道路脩阻幾千里	君在東陲我西極
殊方風土少經過	何況情親奈爾得
惟有夢魂不怕遠	飛越時時一天月
世事悲歡且不論	他日須看兩鬢髮
山中枯槁有誰知	達者傍觀笑齷齪
儻有徵命愼優游	庶幾一起朝玉闕
用舍行藏更商量	古人於此尤著力
鶺鴒詩成寄雁足	出處悲懽俱努力

12월에 찰방(察訪)으로 있던 다섯째 형 이징(李澄), 즉 온계의 바로 아래 동생이 황해도 관찰사의 임지로 온계를 방문해서 두 형제가 객사에서 만났다. 이때 온계가 동생 이징에게 〈안서(安西) 객사에서 한밤중에 이야기하며 지은 시 2수〉와 〈함허당(涵虛堂)에서 이별을 말하며 지은 시 5수〉를 써 주면서 퇴계에게 보여주라고 했다. 끝 절구에 이런 내용이 있다.

―――――――

유래하였다.(論語「述而」)

31) 척령시(鶺鴒詩): 객지의 생활이 고달픈 가운데 형제를 그리워한다는 말이다. 시경 「소아(小雅)·상체(常棣)」에서 "저 할미새 들판에서 호들갑 떨듯, 급할 때는 형제들이 서로 돕는 법이라오. 항상 좋은 벗이 있다고 해도, 그저 길게 탄식만을 늘어놓을 뿐이라오[鶺鴒在原 兄弟急難 每有良朋 況也永歎]"라고 한 데서 온 말이다.

돌아가는 아우를 장차 보게 될 것이니
보고픈 마음, 하고픈 이야기 말 안 해도 같으리
함께 거닐자는 옛 약속 언제쯤 지킬까
서로 아득히 멀리 떨어져 각자 서쪽 동쪽에서 바라만 보네
回鞭季子行當見　苦憶情懷不語同
舊約逍遙在何日　相望落落各西東

여기에 대해 퇴계도 답시를 썼는데, 경청(윗형의 字) 찰방 형이 황해도 감사인 큰 형을 만나고 온 것이 부럽다는 생각에다 이 형도 고향으로 가면 또 보기 힘들다는 생각 등 복잡한 심사를 시로 지었다. 큰 형이 7수를 썼으니 퇴계도 7수로 화답한다.

12월 20일에 경청(景淸) 형이 떠나려고 하는데 하루 종일 비바람이 불었다. 그 참에 「안서의 객사에서 밤에 이야기하다」와 「함허당에서 이야기하다」의 작별시를 꺼내어 보여주시기에 삼가 차운하여 느낌을 서술하였는데, 지금 적어서 드린다.

안서 성 안의 달이 하늘에 두루 비치니
응당 눈 밟는 기러기 발자국처럼 금방 사라질 듯[32]

---

[32] 기러기가 눈 위에 발자국을 남긴다는 것은 곧 눈이 녹으면 바로 발자국이 사라지듯이, 모든 사물이 이처럼 덧없음을 비유한다. 소식(蘇軾)의 「화자유민지회구(和子由澠池懷舊)」에서 "인생이 가는 곳마다 그 무엇과 같을꼬, 눈 위에 발자국 남긴 기러기 같으리라. 눈 진창에 우연히 발자국 남겼지만, 기러기 날아가면 어찌 다시 동서를 알리오[人生到處知何似 應似飛鴻踏雪泥 泥上偶然留指爪 鴻飛那復計東西]."라고 한 데서 온 말이다.

떠나고 머묾에 다시 그림자가 천 리 멀리 나뉘니
이로부터 마음과 일이 모두 멍멍해지는 것을 알겠구나
安西城裏月周天　　應似飛鴻踏雪連
去住更分千里影　　從知心事兩茫然

하늘 끝 이별하는 마음 애써 참기 어렵나니
이 이별 후 또 더위 추위 몇 해나 지날까
문득 한양에 와서 여관 침상 함께 쓰니
흐린 기운 사흘 동안 서글픈 마음 더해 주네
天涯離抱故難强　　此別還經幾燠涼
却到漢城同旅榻　　愁陰三日助凄傷

비바람 소리 가운데 이별할 날 정하고
슬프게 마주하며 떠날 때를 걱정하네
고향 산천 이곳과도 오히려 천 리 멀리 있으니
산 넘고 물 건너는 말과 하인이 얼마나 피곤하랴
風雨聲中住別期　　黯然相對念行時
鄉關此隔猶千里　　跋涉何如馬僕疲

객지에서 이별함도 이미 슬픈데
병든 몸으로 고향 생각함은 더욱 마음 아프네
창밖에 빗소리 교묘히 가슴 속 한(恨)을 쪼개어
저절로 눈 서리처럼 머리 가에 내리네
客中離別已悽然　　病裏思鄉覺又偏

囱外雨聲工碎恨　　自然霜雪點頭邊

궂은 비 사나운 바람에 한 해 저물려 하니
형제간의 정회(情懷)[33] 너무도 복잡다단하구나
흉년 든 고향 땅엔 굶주린 이 많은데
은택 미칠 길 없어 눈물만 줄줄 흐르네
苦雨盲風歲欲闌　　鶺原情緖太多端
凶年故國多窮餓　　河潤無由但眼潸

몸 밖의 영고성쇠 달리 무엇 있으랴
세상 갈림길에서 끝내 헤맬까 두렵네
어찌 차마 다시 부평초처럼 떠돌게 하랴
하나는 동쪽 따라가고 하나는 서쪽에 남네
身外榮枯更何有　　世間岐路恐終迷
那堪更遭萍蓬跡　　一逐東歸一在西

소요당에서 비바람 맞는 두 소씨 형제[34]

◇◇◇◇◇◇◇◇◇◇
33) 원문의 척원은 우애 있는 형제를 뜻하는 말이다. 시경 「소아(小雅)·상체(常棣)」에서 "저 할미새 들판에서 호들갑 떨 듯, 급난한 상황에서는 형제들이 서로 돕는 법이라오. 항상 좋은 벗이 있다고 해도, 그저 길게 탄식할 뿐이라오[鶺鴒在原 兄弟急難 每有良朋 況也永歎]."라고 한 데서 유래한 말이다. 207쪽의 '척령'과 같은 말이다.
34) 송나라 소철(蘇轍)이 젊은 시절 형 소식(蘇軾)과 함께 위응물(韋應物)의 "누가 알리오 비 오고 바람 부는 밤에, 또다시 침상을 마주하고 잘지[那知風雨夜 復此對牀眠]"라는 시를 읽고 벼슬을 버리고 한가로이 지내는 즐거움을 함께 누리자고 약속하였다. 그 뒤 벼슬하며 사방으로 흩어져 7년 동안 만나지 못하다가 다시 만나서 팽성(彭城)에 100여 일을 머물며 지은 시에서 "소요당(逍遙堂) 뒤 천 길 나무가, 한밤중 비바람 소리 길게 보내오는데, 침상 마주하고

늙어서 청산에서 함께 노닐자는 옛 소원 같았네

이 뜻 이루지 못해 참으로 애석하고

사람으로 하여금 길이 밭두렁 남쪽 동쪽을 생각하게 하네[35]

逍遙風雨兩蘇公　　黃髮靑山宿願同

此志未酬眞可惜　　令人長憶畝南東

이듬해(1547년) 가을 퇴계는 황해도의 형님께 편지를 올린다.

넷째 형에게 올리는 편지 정미년(1547, 명종2)

○ 당시 넷째 형이 황해 감사를 맡고 있었다.

"가을이 깊어지는 이때, 삼가 고을을 순행하시는 체후가 평안하신지요? 지난번에 매사냥꾼(鷹貢人)이 왔을 때 편지를 받지 못하였고, 그 사람이 돌아갈 때도 작별을 고하지 않아 편지를 써놓고 미처 부치지 못하였으니, 그리워하는 마음이 어찌 끝이 있겠습니까.

저는 뜻밖에 소명(召命)을 받들고 어쩔 수 없이 억지로 병든 몸을 이끌고 올라왔는데, 오는 길에 비록 다행히 다른 고생은 면하였으나 피로가 극심하여 더욱 심열(心熱)이 생겨 몸이 허해졌습니다. 게다가 오늘 경연에 나아간 것이 두 세 차례이니 병든 사람으로서 더욱 감당할 수 있는 바가 아니라서 사양하여 벗어나고 싶으나 사세로 보아 어려우니, 근심스럽고 답답한 마음을 어찌하

누워 기뻐하며 옛 약속 생각하니, 표박하여 팽성에 있는 줄도 몰라라[逍遙堂後千尋木 長送中宵風雨聲 臥喜對床尋舊約 不知飄泊在彭城]"라고 한 데서 온 말이다.(古今事文類聚 後集 卷8「轍幼從子瞻兄讀書未嘗一日相舍……」)

35) 시경 「소아(小雅)·신남산(信南山)」에서 "내 경계를 내가 다스려서, 그 이랑을 남으로도 내고 동으로도 낸다[我疆我理 南東其畝]."라고 하였는데, 이는 자기 땅에서 자기 뜻대로 농사짓는다는 뜻. 여기에서는 전원으로 돌아와 유유자적하게 지내고 싶은 마음을 뜻한다.

면 좋단 말입니까.

이곳에 와서 비로소 자세히 들으니, 올해 댁내의 아이들과 조카들에게 병환이 이어져 근심거리가 많았는데, 지금 모두 회복되었다고 하니 기쁩니다. 유독 태평교(太平橋)의 형수님(온계의 아내)이 아직 완전히 편치 못하시니 한스러울 따름입니다. 고을 순행하는 일을 이미 마치고 해양(海陽)으로 돌아가셨습니까? 이쪽으로 오는 인편이 있으면 근황을 알려주시길 바랍니다. 마침 입직하였다가 동료들이 재계(齋戒)에 들어갔으므로 사람들이 모인 자리에서 간략히 써서 올립니다. 삼가 아룁니다."

온계가 황해도 감사 시절 퇴계는 자주 편지를 올린다.

"인편을 통해 삼가 들으니, 고을을 순행하시는 체후가 평안하심을 듣고서 매우 기쁜 마음을 가눌 수 없습니다. 저는 오랫동안 한가로이 지내던 중에 갑자기 내달리는 바람에 마음과 근력이 모두 초췌해져 옛 증세가 갑자기 심해졌으니, 몹시 걱정스럽습니다.

지난번 은율(殷栗)에 출행할 때 편지를 써서 붙였는데, 아직 받아 보지 못하였습니까? 그리고 전에 매 사냥꾼이 돌아왔을 때 편지를 써놓고 아직 부치지 못했는데, 이번에 이렇게 뒤미처 올리며 아울러 오는 길에 지난번 부쳐주신 시(詩) 3편에 차운한 시를 올립니다. 삼가 살펴주시기를 바랍니다. 모든 근황은 편지와 시에서 대략 알려드리니 다시 누누이 아뢰지 않습니다. 초가을 서늘해지는 날씨에 기거(起居)가 평안하시길 바랍니다. 삼가 절하고 편지를 올립니다."

이 편지를 받고 형이 동생에게 답장 겸 써준 시가 남아있다.

아우 경호에게 화답하여 부치다

[和寄舍弟景浩]

노복(창두)이 돌아와서 편지를 받았는데, 아울러 편지 끝에 아름다운 시구도 있으니 매우 위로가 되었다. 돌아가는 노복(김자) 편으로 곧바로 한 번 웃을 거리를 화답하여 부친다.

蒼頭之回. 得奉報簡. 兼得簡末惠句. 慰慰. 卽因金子之歸. 和寄一粲.

차가운 창에 혀를 차며 허공에다 글 쓰는데[36]

세밑에 우애 있는 형제의 그리움 끝이 없네

객이 있으면 한 잔의 술 대작하여 마시련만

쓸쓸하게 누각 밖에선 북풍이 불어오는구나

寒囱咄咄但書空　歲暮鶺原戀不窮

有客一杯還對酌　凄凄樓外北來風

---

36) 咄咄(돌돌)은 괴이(怪異)하게 여겨서 놀라는 모양을 뜻한다. 문장은 어쩌다가 이런 신세가 되었는지 아무리 생각해도 이상하고 알 수가 없다는 뜻이다. 진(晉)나라 은호(殷浩)가 제명(除名)되어 평민으로 전락한 뒤에 하루 종일 공중에다 뭔가 글씨를 쓰고 있었는데[終日恒書空作字], 사람들이 몰래 엿보니 바로 '돌돌괴사(咄咄怪事)'라는 네 글자였다는 고사가 있다.(世說新語)

설화에 가려진 업적

해가 바뀌었다. 명종 3년(무신) 1548년이다. 해가 바뀌면서 다시 지역에 기근이 발생했다. 퇴계는 그 전 형님과 함께 기근 대책에 적극 나선 경력이 감안되어서 다시 단양군수로 발령을 받는다.

국조보감. 명종3년

○ 1월. 이황(李滉)을 단양군수(丹陽郡守)로 삼았다. 헌부가 아뢰기를,

"이황이 현재 호당(湖堂)에서 사가독서하고 있으니 외직에 보임해서는 안 됩니다. 그를 머물러두어 고문(顧問)에 대비토록 하소서."

하니, 상이 이르기를,

"백성들이 바야흐로 기근에 시달리고 있으니, 시임 대신이나 대각이라 하더라도 가서 구제하게 해야 한다."

하고, 듣지 않았다.[37]

단양은 벽지이지만 산수가 빼어나기로 이름 높은 고장이다. 예로부터

---

37) 그런데 퇴계전집의 연보에서는 〈1월에 병으로 청송부사(靑松 府使)로 보임(補任)되기를 구하였으나, 전관(銓官: 인사담당관)이 몹시 준엄하게 거절하여 단양군수로 임명되었다〉라고만 나와 있다. 아마도 연보를 작성할 때는 이런 기록을 몰랐을 것이라 보이지만 근래에 만든 부산퇴계학연구원의 연보에도 이런 사실은 누락되어 있다. 형 온계나 동생 퇴계가 당시 구휼에는 아주 좋은 평가를 받고 있음을 알 수 있는 자료이고, 이 책 맨 앞에서 언급한 중종의 치적으로 연결되는 이유가 되는 기록으로 봐야 한다.

단양에 부임해 오는 원님들은 모두 울며 왔다가 울며 간다는 말이 전해진다. 올 때는 궁벽한 곳으로 간다고 눈물짓지만 갈 때는 아름다운 고장을 떠나기 못내 아쉬

단양 옥순봉 일대

워 운다는 것이다. 먼저 정도전의 전설이 얽혀 있는 도담삼봉을 비롯해, 석문(石門), 사인암(舍人巖), 상·중·하선암, 구담봉(龜潭峰) 그리고 옥순봉(玉筍峰)이 팔경으로 손꼽힌다.

퇴계는 명종 3년(1548) 1월 단양군수로 부임하여 단양향교를 현재의 자리로 옮기고, 백성들을 가르치는데 힘을 쏟았다. 퇴계는 학문에 대한 식견과 덕행이 높아 학문 연구와 후학양성에 힘쓰는가 하면, 틈만 나면 자연을 찾아 그 아름다움에 도취할 줄 아는 도인이기도 했다. 지금도 단양팔경 곳곳에는 선생의 자취가 남아 있다. 단양팔경은 퇴계가 지정한 것이라고 전해진다.

퇴계는 부임한 그 해 짧은 재임 기간 단양지방의 흉년과 기근을 구제하는 데 혼신의 노력을 다하였다. 퇴계가 군수로 부임하던 당시 단양에는 오랫동안 가뭄이 들어 백성들이 굶주리고 있었다. 기록에 따르면 단양에서는 가뭄이 3년 동안 계속되어 백성들이 곡식을 구하지 못해 산나물과 같은 열악한 음식으로 겨우 버티고 있었다고 한다. 퇴계는 이런 참상을 보고 가슴이 아팠고 이를 구휼하기 위해 구휼에 전력을 기울였다. 그 정황을 「단양산수기(丹陽山水可遊者續記)」라는 글에 남기기도 했다.

가정 무신년(1548, 명종3) 봄 내가 처음 단양에 수령(守令)으로 나갔었는데, 마침 그해 흉년을 만나 공사 간에 곤급(困急)하고, 질병의 우환이 더하여, 흉년을 다스리는 정사 외에는 항상 마음이 우울하여 문을 닫고 날을 지낼 뿐이며, 산수(山水)에 노는 것이 여의치 못하였다. 간혹 기민(飢民)을 구제하려고 때로 시냇가나 산곡 사이를 왕래하다가 한두 군데 좋은 곳을 얻어 보았다.[38]

단양에는 남한강이 지나고 단양천이 흘러 물이 풍부한 고을이지만 가뭄이 들면 하천의 물이 금방 말라버려 농사에 이용할 수 없었다. 따라서 퇴계는 가뭄을 해결하고 백성들을 구휼하기 위해 저수지를 만들었다. 퇴계는 단양의 여러 지역을 답사한 끝에 단양천 하류가 보를 설치하기 좋은 지형이라 판단하고 백성을 동원하여 복도소(複道沼)라는 보(洑)를 만들었다. 현대에 와서 복도소가 있었던 곳은 충주댐 건설로 인해 거대한 인공 호수가 만들어졌는데, 이를 통해 퇴계가 선정한 위치가 저수지를 만들기에 최적의 장소였다는 점을 알 수 있다. 복도소가 완성된 해의 여름, 퇴계는 복도소가 완공된 것을 기념하여 인근의 큰 바위에 친필로 '복도별업(複道別業)'이라는 네 글자를 써서 새겨두었다.

그런데 퇴계 이황의 사후, 언젠가부터 퇴계가 단양의 관기 두향과 사

두향 전설을 묘사한 단양 스토리텔링 공원

---

38) 退溪先生文集卷之四十二 / 記 / 丹陽山水可遊者續記

랑에 빠졌다는 서사가 유포되었고, 이는 소설, 답사기, 학술 서적의 소재로도 활용되었다. 이것은 분명 퇴계의 앎과 삶, 그리고 퇴계학의 정체성과는 다른 이야기라서 사람들은 오히려 좋아하는 것 같다. 단양군에서는 1987년부터 매년 두향제를 개최하고 있으며, 그로부터 30년 후인 2017년에는 단양의 장회나루 언덕에 퇴계-두향 서사를 바탕으로 한 스토리텔링공원을 조성하였다. 하지만, 퇴계 이황에 대한 연애 서사가 지역 축제의 이름으로, 문화 산업의 명목으로 무책임하게 유포되는 것은 마땅한 일은 아니다.

퇴계가 단양에서 군수로 재직할 때의 상황을 보면 단양군수에 임명된 1월에 곧바로 서울을 떠났는데, 이때 처가살이를 하던 맏아들 준(寯)이 처와 아들 안도(安道)를 데리고 단양으로 와서 아버지를 모셨다. 이런 사정을 감안하면 당시 단양 관사에는 퇴계와 첩실, 그리고 서자인 적(寂), 26세인 아들 준, 며느리 금씨, 8살인 손자 안도, 모두 6명이 살고 있었을 것으로 추정된다. 그런데 한 달 후인 2월에는 둘째 아들 이채(李寀, 1527~1548)가 의령 처갓집에서 갑자기 죽었다. 아들이 죽으면 아버지가 아들을 위해 상복을 입는다. 김언종 교수는 이러한 상황에서 기생을 옆에 두고 경내의 명승을 다니며 사랑을 나누는 것이 가능했을지 의문을 제기한다.[39]

퇴계의 단양 생활은 가을이 미처 다 가기도 전인 시월에 갑자기 막이 내린다. 형 온계가 충청도 관찰사로 부임하게 된 때문이었다. 말하자면 형이 자기의 직속상사로 온 것이다. 고려 조선시대에는 상피제(相避制)라는 것이 있어서 일정한 범위 내의 친족간에 동일관사(同一官司)나 또는 통

---

39) 김언종 「퇴계선생의 삶에 관한 허구와 실제」 퇴계학보 第138輯.

속관계(統屬關係)에 있는 관사(官司)에 취임하지 못하도록 하는 제도가 있었다. 공사가 엄격했던 퇴계는 이 제도에 따라 단양에서 인근 고을인 경상도 풍기 군수로 옮겨가게 되었다. 단양을 떠날 때 퇴계의 짐은

도산 광명당 앞 매화

책 두어 궤짝과 괴석(怪石) 두 개뿐이었다고 한다. 거기에 매화분을 갖고 왔다는 전설이 있다. 퇴계는 매화를 아주 사랑해 백 편이 넘는 매화시를 남긴 데다가 돌아가시기 바로 전에 매화나무에 물을 주라고 한 것은 사실로 기록되고 있다. 단양에서 가져온 매화분을 서당 앞에 심었다는 이야기가 전해지지만, 이 매화가 두향과의 연애설화에 나오는 그 매화인지는 확실치 않다.

드디어 형제의 만남

퇴계가 단양군수로 내려오던 1548년, 형 온계(溫溪)는 그해 6월 황해도 감사에서 물러나 동지중추부사 겸 동지춘추관사에 제수되었고, 7월 오위도총부 부총관을 겸임하다가 9월 한성부 우윤 겸 동지춘추관사(현 서울시 부시장 격)에 제수되었다. 이때 비로소 휴가를 받아 고향에 돌아와 성묘하였다. 마침 퇴계도 이때 단양 군수로서 고향에 와 있었기에 함께 만날 수 있었다. 형은 한성부 우윤, 아우는 군수였으니 안동 도산현 일대가 시끄럽고 집안 자제들의 출세를 기뻐하며 많은 사람이 모였을 것이다. 이때 성묘하며 함께 지낸 기록은 직접 남아있지 않으나, 그 이듬해(1549년) 두 형제가 효자암에서 다시 만났을 때 그때를 회상하며 주고받은 시가 전하며, 퇴계가 그 정황을 시의 서문에 설명해 놓았다. 상황을 묘사한 퇴계의 서문을 먼저 읽고 형제의 시를 차례로 보자.

효자암 전별 자리의 절구 시에 차운하다[次孝子庵餞席絶句]

온계(溫溪) 서쪽으로 고개 하나를 넘으면 효자암(孝子庵)이 있는데, 효자암 앞에는 들판이 널찍하게 펼쳐져 있다. 지난 9월에 형님이 한성부 우윤으로 휴가를 받아 고향에 왔고, 나도 이때 단양군수였는데 뒤쫓아 왔다. 장차 돌아가려고 할 때 일가 사람들과 이곳에서 작별하였다. 마침 1년이 지난 지금 또 함께 와서 작년의 작별을 잇게 되었다. 이미 그렇게 만난 것을 다행으로 여겼으나 또 지금의 만남을 이어가기가 기약하기 어렵다는 것을 탄식하였기 때문에 이런 구절을 지었다.

퇴계 원운

작년에 이곳에서 이별의 잔 잡았는데
한 해 금방 가고 또 헤어짐이구나
해마다 이런 이별 할 수 있다면
갈림길에서 거듭 서성거릴 필요 없다네
去年此地把離杯　一歲分飛又再來
若使年年爲此別　臨岐不用重徘徊

온계 화운

함께 어울려 다니며 작년의 술잔 잡고
친척과 친구들 다 모인 것 기뻤다네
비록 내년에도 만날 약속 있지만
깊은 정에 사람들 더 머뭇거리네
相隨共把去年杯　却喜親朋畢竟來
縱使明年當有約　情深自是更徘徊

이렇게 하고서 1548년 9월의 만남 이후 형님은 서울로, 동생은 단양으로 각각 돌아갔다. 가슴에 쌓였던 회포가 모처럼 만나 공중으로 날아갔을 것이다. 정작 이 때의 기분은 그 다음 해에 만난 것과는 비교가 안될 만큼 특별했을 것 같다. 그 다음 해에 만나서는 큰 족적이 남았기 때문이다.

단양군수를 떠난 후 곧바로 퇴계는 11월 풍기군수로 부임했다. 이 무렵 형 온계는 충청도 관찰사로 새로 부임한 것으로 보인다. 풍기로 온 직후 형님께 쓴 편지가 남아 있다.

넷째 형에게 답해 올리다. 당시 넷째 형이 충청 감사를 맡고 있었다.

  단양(丹陽)의 아전이 돌아오는 편에 보내신 답장을 받아 보고서 체후가 강녕하심을 알았으니 기쁜 마음을 금할 수 없습니다. 저는 이달 초순에 풍기(豐基)에 왔는데 사무가 번다하고 바람이 매서워 병을 조섭하기에 마땅하지 않고 토색질(討索)이 모여들어 더욱 감당할 수 없습니다. 이전에 가르쳐주신 말씀은 형세상 어려워 힘들게 지체할 계책을 내었습니다. 삼가 생각건대, 내일 출발하면 오래지 않아 경계에 이를 것입니다. 단양 사람 편에 이렇게 회답하는 편지를 부치니 만일 다시 답장을 주신다면 단양 사람이 전해 줄 것입니다. 이어 단양 고을의 모든 일을 특별히 염려해 주시기를 우러러 바랍니다. 조카 교(寯)[40]가 어진 부인(婦人: 봉화 금씨)을 얻었으니 참으로 축하드립니다. 얼핏 들으니, 연초에 중원(中原)을 순행하신다고 하는데, 사실인지 모르겠습니다. 끝으로 여행하는 체후가 평안하시기를 바라며 이만 줄입니다. 삼가 절하고 답장을 올립니다.

  풍기 군수로 부임한 후, 충청 감사로 새로 부임한 형님에게 안부를 묻는 편지인데, 자신이 떠나온 단양을 잘 봐달라는 부탁도 한다. 그리고 형님의 연초 순행 일정 등을 고려하여 다시 만날 가능성에 대해 언급하고 있다.

  그리고는 곧 해가 바뀌어 1549년이다. 새해 편지를 보낸다. 안부를 물

---

40) 이교(李寯, 1531~1595). 온계의 셋째 아들이니 퇴계의 조카. 자는 군미(君美), 호는 원암(遠巖)이다. 봉화 금응석(琴應石)의 딸에게 장가들었다. 벼슬은 음사(蔭仕)로 사헌부 감찰과 대흥현감(大興縣監)을 지냈다.

으며 감사의 연초 순시를 잘 하시라는 것, 본인이 풍기 군수로서 경상북도에서 실시하는 지방 과거시험에 감독관으로 가야하기에 걱정이라는 것, 그리고 자신이 이런 저런 일정으로 차출될지 모르니 충청도 네 군을 순시하는 일정을 잘 고려해야 다시 만날 수 있을 것이라는 점을 밝힌다.

넷째 형에게 올리는 편지 기유년(1549, 명종4)

　새해가 되어 봄기운이 일어나는 이때, 삼가 고을을 순행하는 체후가 평안하시리라고 생각하니, 우러러 하례하는 지극한 마음 가눌 수 없습니다. 저는 세찬 바람과 모진 추위에 겨우 위태로운 목숨을 이어오며 새로운 양기가 찾아옴을 기쁘게 맞이하고 있습니다. 그러나 감당하지 못하는 것은 괴롭고 번거롭게 토색질하는 것이 날로 그치지 않고 늘어나는 것입니다.

　지금 또 성주 유생 도회(都會)[41]의 과예시관(課藝試官)으로 차정(差定)되었는데, 병을 핑계로 사양하였으나 허락받지 못해 부득이 근일에 내려가야 하니, 20일 뒤에야 일을 마치고 돌아올 수 있습니다. 만약 또 감시(監試) 동당시관(東堂試官)에 차정된다면, 그사이 분주히 고생하다가 구제하기 어려운 병이 생길까 참으로 걱정됩니다.

　감사(監司)와는 평소에 안면이 없으므로 사정을 고할 길이 없어 형세가 매우 어렵게 되었습니다. 그렇다면 오직 결연히 떠나가야 할 뿐 달리 스스로 구제할 길이 없으니 어찌하면 좋겠습니까. 연초에는 추위가 겁나고 또 사정이 있어 성묘하지 못하여 한식(寒食)을 기다리고자 하는데 시관에 차임되는 것이

---

41) 고려시대 매년 여름 시(詩)·부(賦)로 지방의 인재를 선발하던 제도. 조선 초에 폐지되었다가 1407년(태종 7)에 권근(權近)의 건의로 부활되어, 각 도 관찰사의 주관하에 매년 6월 계수관(界首官)에 도회소를 설치하고 도내(道內)의 교생(校生)을 제술(製述)과 강경(講經)으로 시험을 치렀다.

또한 방해될 듯하니, 사군(四郡)을 순행하는 일은 반드시 늦봄에 있어야 서로 어긋남이 없을 것입니다.

  나머지 드릴 얘기는 별지(別紙)에 자세히 적었습니다. 남은 추위에 평안하고 진중하시기를 빕니다. 이만 줄입니다. 삼가 절하고 편지를 올립니다.

오랜 회포를 풀다

드디어 1549년 9월 온계가 휴가를 받아 고향을 찾을 수 있었다. 퇴계도 이 일정에 맞춰 풍기에서부터 고향인 도산으로 내려왔다. 두 형제는 부모 묘소를 참배하고 전(奠)을 올렸으며 이어서 친족과 함께 하였다. 두 형제의 감흥이 눈물처럼 흐른다.

먼저 동생이 두 수를 읊었다.

벼슬하다 고향 와서 낡은 집을 보니
눈 안에 아들과 조카 줄지어 모였네
석 잔 술 올려도 슬픈 바람 멈추지 않고
상체의 노래 부르며 눈물로 옷자락 적시네
遊宦來歸見敝廬　　眼中兒姪集魚魚
悲風不盡三杯奠　　常棣歌成淚洒裾

형님은 도를 맡고 아우는 고을 맡으니
남들은 금의환향으로 비유한다네
부귀는 한 터럭도 자랑할 게 뭐가 있나
선대의 업 힘써 닦아 길이 기울지 않기를
兄專一道弟專城　　人比還鄕晝錦榮

富貴一毫何足詫　勉修先業永無傾

누가 읽어도 그 뜻이 명확히 들어오는 글이다. 이어 형님도 두 수를 읊는다. 마을과 고을 사람들이 운집했음을 알게 해준다.

「온계에서 친족과 회포를 펴다」 시에 차운하다[次溫溪敍族韻] 2수
궁벽한 마을 낡은 옛집에 광채가 빛나니
화려한 안장 옥 부절이 금어를 비추네
뜰 아래 많은 사람 모두 용의 자손이니
뛰고 걸음에 어깨 닿고 소매도 닿네
光動窮村舊敝廬　雕鞍玉節照金魚
詵詵庭下皆龍種　趨步聯肩又接裾

군수에서 바뀌어 또 군수를 맡으니
두 도의 풍속을 살핌은 분수 밖의 영예로다
선영에 와서 배알함을 은혜로이 허락하시니
찬 바람 불 때 감격의 눈물 펑펑 쏟았네
專城換了又專城　兩道觀風分外榮
恩許先塋來奠謁　凄風感淚瀉如傾

농암과의 긴 인연

온계와 퇴계의 고향인 도산면 온혜리에서 동북쪽으로 사십리 길을 가면 퇴계가 '우리 집안 산(吾家山)'이라고 부른 청량산이 있고 중간 오른쪽 강물을 따라 돌아 내려가면 농암종택이 있다. 맑은 강물 건너편으로 암벽산이 멋지게 병풍처럼 두르고 있는 이곳은 농암(聾巖) 이현보(李賢輔, 1467~1555)의 종택이 자리하고 있고 그 안에는 분강서원(汾江書院)이란 작은 건물도 있다. 사람들은 이곳 풍광을 아주 좋아하지만 원래 농암의 종택은 이곳이 아니라 하류 쪽 분강(汾江: 汾水 또는 汾川)이라는 작은 강가였는데 안동댐 건설로 수몰이 되면서 이쪽으로 옮겨 세운 것이다.

농암종택 앞 분강

농암 이현보는 온계 퇴계의 숙부인 송재 이우보다 한 살이 많았기에 거의 한 동네 친구로서 같이 학문을 하고 둘 다 일찍 벼슬길에 나선다. 농암은 연산군 때 과거에 급제하여 연산군-중종-인종-명종 등 4대를 섬기면서 무려 44년간(32세부터 76세까지) 벼슬아치로 봉직하였다. 이 기간 동안 주로 외직을 자청하여 아홉 고을의 수령과 경상도 관찰사를 역임하였는데 치적이 우수하여 여러 차례 포상을 받았으며, 청렴결백하여 청백리로 선발되기도 하였다. 벼슬을 하면서도 친구인 송재 이우가 1517년에 일찍 세상을 뜬 뒤에는 조카인 온계와 퇴계를 가까이하며 가르침을 주고 친교를 유지했다.

농암 이현보 영정

농암은 72살이던 1540년 8월 병으로 휴가를 받아 고향으로 내려가는데, 이때 사간원 사간 겸 사복시 정으로 있던 온계는 8월 24일 광나루에서 이현보를 전송하며 「고향으로 돌아가는 참판 이현보를 전송하며[送李參判(賢輔)南行]」라는 시를 지어 보낸다.

끝까지 온전한 자 몇 사람이나 되랴
우리 공의 높은 절개 짝할 이 없네
조정에서 경륜하던 솜씨 거두어
강호로 돌아가서 숨은 노인 되네
서울에서 전송하는 자는 모두 친구들이며
고향에서 맞이하는 자는 모두 친척이라네
임금 은혜 힘입어 분강에서 지내게 되었으니

하사받은 영광에 대해 어찌 하지장 부러워하랴
終始能全有幾人　我公高節更無倫
收將廊廟經綸手　歸作江湖逸老身
京國送行皆故舊　鄕關迎慰盡情親
君恩賴有汾江在　榮賜何須羨季眞⁴²⁾

　농암은 고향으로 돌아와서는 시골할아버지(田舍翁)로 자처하며 집 앞 시냇가에 배를 띄우고 자연을 벗삼아 유유자적하니 사람들이 농암을 신선으로 여겼다. 그는 자연을 벗 삼아 살아가는 처사적(處士的) 삶의 방식을 보여줌으로써, 후배인 이황이나 이황의 제자들에게 많은 영향을 끼쳤다. 특히 강호생활(江湖生活)의 풍류(風流)를 즐기는데는 읊기만 하는 한시보다도 노래로 부를 수 있는 국문시가가 더 유용하다는 사실을 체득하고, 스스로 「효빈가(效嚬歌)」, 「농암가」, 「생일가」같은 단가(당시는 아직 시조창이 나오기 이전이므로 시조라는 명칭이 없었음)를 짓기도 하였다.

---

42)　당나라 시인 하지장(賀知章, 659~744, 자 季眞)이 귀향을 청하자, 당 현종(玄宗)이 이를 허락하며 감호(鑑湖)와 섬천(剡川) 일대의 땅을 하사한 일을 가리킨다(新唐書 卷196 「隱逸列傳·賀知章」. 이에 대해 이백(李白)이 「대주억하감(對酒憶賀監)」 시에서 "조칙으로 경호의 물을 하사하니, 그대 때문에 호수가 영광을 누렸네[勅賜鏡湖水 爲君臺沼榮]"라고 하였는데, 이현보를 하지장에 빗대어 표현한 말이다(李太白集).

선상 음악회

온계와 퇴계가 고향을 방문하기 석 달 전인 1549년 6월, 유두(流頭)가 지난 사흘 뒤의 일이다. 귀밑털에 서리가 내린 노인이 낙동강의 지류인 분강(汾江)의 고깃배 뱃전에서 어부가 보

청량산과 낙동강

는 세상을 노래하는 시조를 선보인다. 이 시조를 만든 이는 당시 83세의 농암(聾巖) 이현보(李賢輔, 1467~1555). 서른 둘에 벼슬길에 올라 중앙과 지방의 온갖 중요직을 거치며 유능한 관리로서 인정을 받고 명성을 쌓았지만, 중앙 정계의 소용돌이를 피해 고향으로 내려오려는 소망은 일흔여섯이 되어서야, 그것도 겨우 병을 핑계로 허락될 수 있었다. 그만큼 임금의 신임이 두터웠기에 내려올 당시 조선조 5백 년 역사에서 유일하게 임금이 참석하는 은퇴식을 받았고 배 타러 한강으로 가는 길에는 장안 백성들이 구름처럼 몰려나와 전송했다는 전설의 정치인이자 문인, 농암은 내려와서 분강(汾江)에 배를 띄우고 산천 속에서 유유자적하는 자신의 심사를 어부에 빗댄 9편의 장가와 5편의 단가 등 14편의 〈어부가〉에 담았다. 고려시대부터 내려오던 것이지만 이를 새롭게 정리한 것이다.

이 가운데 시름 없는 것은 어부의 생애로다

일엽편주를 만경창파에 띄워놓고

인간세상 다 잊었으니 날 가는 줄 알겠는가

  옛날의 시조는 노래로 불렀다. 농암은 배 위에서 틈틈이 시조를 가다듬어 노래로도 쉽게 부를 수 있도록 했다. 그러다가 여름이 지난 늦가을에 농암이 사는 분천에 귀한 손님 두 사람이 찾아왔다. 바로 청홍도(충청도) 감사인 온계와 풍기 군수인 퇴계였다.

  농암은 안동부사로 있던 시기인 50대 중반 무렵 퇴계와 처음 만났을 가능성이 있다. 34년 후배인 퇴계와는 이후 뜻이 맞고 추구하는 것이 통해서 늘 자주 만나고 아꼈다. 농암의 집은 퇴계가 터를 잡은 도산(陶山)에서 그리 멀지 않아, 강변길로 걸어서 두 시간 남짓이면 도달할 수 있는데, 농암의 집 앞을 흐르는 분강(汾江)에서 농암과 퇴계는 가끔 배를 띄우고 술잔을 물에 흘려보내면서 음풍농월의 풍류를 즐겼다고 한다. 잘 알다시피 농암은 1512년(46세), 분강(汾江)의 기슭 농암바위 위에 부모를 위해 정자를 짓고 '애일당(愛日堂)'이라 했다. 하루하루를 아까워한다는 뜻의 '애일'이니 곧 '부모님이 살아 계신 나날을 아낀다'는 뜻이다. 농암은 여기서 아버지를 포함한 아홉 노인들을 모시고 어린아이처럼 색동옷을 입고 춤을 추는 등의 활동을 하였는데, 이는 중국의 전설적인 효자 노래자(老萊子)의 효도를 본받은 것이었다. 이 모임을 '애일당구로회(愛日堂九老會)'라 했다. 모임은 이후에도 이어져 나중에 70세도 안된 퇴계가 어른들의 권유로 막내로 참여하기도 했다.

  1549년 가을 안동이 낳은 세 인물은 분강 위에서 배를 같이 탔다. 이 날의 모임은 좀 특별했다. 이 날의 동향을 알게 해준 것은 세 분이 주고받은 시이다.

그동안은 이 만남과 관련된 시로 농암과 온계의 시만이 각각 문집에 실려 전해져 왔다. 같은 날 행사를 묘사한 이 시 두 편만으로는 그저 세 분이 한날 잘 모여 놀았다는 정도만을 전하는 것으로 생각되어 왔다. 그런데 몇 년 전, 퇴계의 친필 한시 1수가 고문헌연구가인 서수용씨에 의해 발견되어 공개되었는데, 이 시가 바로 농암과 온계 두 분이 운자(韻字)를 받은 원래의 시(原韻詩)임이 밝혀졌다. 이로써 세 선비가 시를 주고받은 경위가 확실히 밝혀졌다.

퇴계의 시(원운)

새로 발견된 퇴계의 시는 「형님(온계 이해)과 함께 농암 선생을 모시고 병암(屛菴)에서 유람하다가 저물녘에 부내[汾川]에서 배를 탔다」라는 설명이 먼저 나오고 이어 다음과 같은 내용으로 되어 있다.

산사에서 차를 마시고 나온 뒤요
다시 배를 타고 술을 부를 때로세
푸른 물결 비단 자리에 넘실대고
어여쁜 기생들 어부가를 불러대네
江頭橫小艇　　歌鼓雜陳時
赤壁蘇仙句　　潯陽白傅詞

명산 복지라 인간 세상 아니요
신선 풍도는 속세 모습 아닐세
우리들 또한 무슨 요행을 만나서

덕에 취해 덩실 춤출 수 있었나
福地非人世　仙風異俗姿
吾儕亦何幸　醉德舞僛僛

여기서 재미있는 것은 배에 동승한 기생들이 어부가를 불렀다는 점이다. 어부가를 부른 것은 이 시를 통해 처음으로 알려졌다. 말하자면 6월에 어부가를 만들었지만 이를 노래했다는 것은 이 시에서 처음 나오므로, 농암이 온계와 퇴계를 불러 어부가를 제대로 선보였다는 분석이 가능하다. 다시 요즈음 식으로 말하면 음악인들이 유명인사들 앞에서 어부가를 초연한 것이 된다.

농암의 시(차운)

다음은 퇴계의 시에 차운하여 농암이 지은 시이다. 「경명(景明: 온계의 字)과 경호(景浩: 퇴계의 字)가 함께 병암(屛菴)에서 유람하다가 저물녘에 부내[汾川]에서 배를 탔다. 경호의 운에 차운했다」는 서문이 붙어 있다.

강어귀에 작은 배 놓여 있으니
장단 맞춰 실컷 노래할 때로세
소동파의 적벽가 구절이요
심양 땅의 백거이 가사일세
江頭橫小艇　歌鼓雜陳時
赤壁蘇仙句　潯陽白傅詞

가을이라 산엔 잎새들 지고

지는 해 그 자태 한껏 뽐내네
흐드러진 배 안의 즐거움이여
그대들 춤사위 구경 할 때로세
秋山新帶瘦　　落日遠含姿
爛熳舟中興　　看他舞袖僛

온계의 시(차운)

마지막으로 형인 온계가 퇴계의 시 운자에 차운하여 남긴 시이다. 「이상공(李相公: 농암 이현보)을 모시고 부내[汾川]에서 배를 탔다. 경호(이황의 字)의 운자에 차운하다」라는 서문이 붙어 있다.

싸늘한 가을날 해질 무렵 강마을에
배를 불러 술을 싣고 악보 보며 노랫가락 맞췄지
凜冷初冬日　　江村欲暮時
喚船方載酒　　按譜更調詞

소산함은 신선의 모습이요
청수함은 늙은 학의 자태로세
덕이 있어 오히려 그에 취해서
얼싸안고 덩실덩실 춤을 춘다네.
疏散朧仙貌　　清修老鶴姿
德將猶自醉　　不覺累僛僛

그런 자리였기에 술이 오르고 노래가 나오면서 이날의 모임은 그 어느 자리보다도 즐겁고 유쾌한 자리였음은 세 사람이 남긴 시의 표현을 통해 잘 드러난다. 농암은 이를, "흐드러진 배 안의 즐거움이여, 그대들 춤사위 구경 할 때로세"라

청량산

고 노래했고, 온계는 "덕이 있어 오히려 그에 취하니, 얼싸안고 덩실덩실 춤을 춘다네"라고 솜씨 있게 받았으며, 퇴계는 "우리들 또한 무슨 요행을 만나서, 덕에 취해 덩실 춤출 수 있었나"라 했는데, 이들 세 분이 격의 없이, 세상 걱정을 잠시라도 잊고 모처럼 즐겁고 행복한 시간을 가졌으며, 그 계기는 바로 농암이 만든 어부가를 노래, 악기반주와 함께 배 위라는 현장에서 직접 공연한 것이었다는 점을 알게 된다. 어떻게 보면 온계나 퇴계나 고단한 벼슬살이, 복잡하고 힘든 가정사 등의 험난한 인생에서 가장 아름답고 달콤한 시간을 가졌다고 하겠다.

죽령의 이별

형제는 사흘을 같이 지내고 풍기 고을에 와서 같이 지냈다. 풍기 관아에서 형제가 함께 술을 마시다가 퇴계가 이런 시를 지었다. 벼슬살이의 괴로움과 이별의 아쉬움을 노래하고 있다.

오고 가며 사흘을 자며 풍기 그리워했는데
붉은 촛불 맑은 거문고에 밤은 깊어가네
술동이 앞에 춤추는 대나무 비웃지 마소
벼슬살이에 이별하는 것 괴로움이 많네
往來三宿戀基山　　紅燭淸琴夜向闌
莫笑樽前舞風竹　　宦遊離別苦多端[43]

죽령에서 형제간 이별과 새로운 만남을 기약하다

가형(家兄, 온계)이 충청 감사로 계실 때 잠시 말미를 받아 고향에 오셨다. 나

---
43) 이 시는 도산전서유집에 「풍기군아야음절구(豊基郡衙夜飮絶句)」라는 제목으로 실려 있다.

는 당시에 외람되이 풍기 군수로 있어서 맞이하고 전송하기를 모두 죽령에서 하였다. 당초에 요원 아래에 빼어난 한 곳을 얻어 두 개의 대를 세웠다. 그 동쪽을 잔운(殘雲)이라 하였으니 뇌계 유호인의 시「죽령행(竹嶺行)」의 "굽이굽이 잔도가 구름에 닿아 있네(蒼蒼竹嶺高薄天. 百盤棧道浮雲邊)"라는 구절에서 취하였고, 그 서쪽은 촉령(矗泠)이라 하였으니 점필재 김종직의「유두류기행(遊頭流紀行)」시에서 "바위는 우뚝우뚝, 물소리는 시원하네(雲根矗矗水泠泠)"의 구절에서 취하여 이름하였다. 협곡은 안영(雁影)이라 하였으니 곧 두보의 시(「舍弟觀. 赴藍田. 取妻子. 到江陵. 喜寄三首」)의 제1수 함련에 "기러기의 그림자는 골짜기에 이어지네(鴻雁影來連峽內)"라고 한 뜻을 취한 것이다. 다리는 소혼(消魂)이라 하였으니 강엄이 지은「별부(別賦)」에 "침울하게 넋이 빠지는 것은 오직 이별뿐이라네(黯然消魂者. 惟別而已)"라는 말에서 따온 것이다. 작별하게 되자 형님이 나에게 말씀하시기를 "자네는 벼슬을 그만두지 말게. 내년에 내 꼭 다시 올 것이니 저 대 위에서 잔을 드세나."하셨다. 퇴계는 이 약속을 되새기며 그 다음날 기념으로 두 절구를 써 붙였다.

퇴계의 시

자연의 터를 다듬어서 두 대(臺)를 꾸미니
감사 형님 오실 때 배웅하기 위함이네
우리 정분 넘치듯이 정겨운 물소리 들려오고
이별의 한 쌓이듯이 산 우뚝 높아라
 爲劚天荒作兩臺 鴒原棠茇送迎來
 泠泠恰似惟情溢 矗矗還如別恨堆

안영협 골짜기에서 서로 헤어지던 날

소혼교 다리에서 혼이 끊어지려는 때
험하디 험한 고갯길 무탈하게 오르시고
내년 다시 오실 기약 저버리지 마소서
雁影峽中分影日　　消魂橋上斷魂時
好登嶺路千盤險　　莫負明年再到期

이에 형 온계는 동생의 그 같은 마음 씀씀이에 감동해서 시를 짓는다.

온계의 시

귀신이 한 일인 듯 층대 우뚝하니
하룻밤 사이 날 기다려 쌓은 것이라네
안계 정히 하늘 끝까지 열리겠기에
잠시 쾡한 흰 구름 비탈길 올라가 보네
神輸鬼役築層臺　　一夜能成待我來
眼力定應天奧覘　　暫時驅跛白雲堆

어느덧 서산에 해는 지는데
술자리 파하고도 다리 가에서 서성거리네
구름 낀 산도 분명 내 말 들었으려니
명년에 다시 오리니 기다리게나
西日奄奄若不遲　　躑躅橋上酒闌時
雲山聽我丁寧說　　好待明年來有期

촉령대(矗泠臺)에 이르러 작별하게 되었다. 앞서 풍기 관아에서 퇴계가 벼슬 때문에 형제가 이별해야 하는 심정을 담은 시를 지었고, 온계도 형제간의 이별 시간이 다가오는 것을 아쉬워했다. 촉령대는 죽령(竹嶺) 요원(腰院) 아래에 있는데, 충청도와 경상도의 경계 지점이다. 퇴계가 온계를 맞이하고 전송하는 행사를 주로 여기서 했다. 촉령대 등은 모두 퇴계가 명명한 이름이다. 작별에 임해서 온계가, "너는 풍기군을 떠나지 말아라. 명년에 내가 마땅히 다시 와서 저 대 위에서 잔을 올리리라."라고 말했다. 형제는 내년에도 서로 다시 만날 것을 굳게 약조한 것이다.

    퇴계 "명년에 다시 오신다는 기약 저버리지 마소서"
    온계 "명년을 잘 기다려 올 기약 있겠지"

퇴계는 온계가 떠나고 나서 또 그리워서 시를 한 수 지었다.

퇴계의 시(이별 후)
은거하려는 계획 서투르나 아직 늙어갈 만하고
벼슬 세계에서 몸은 놀지만 스스로 빠지지 말길
형제가 고개 하나에 가려져 나뉘어 나니
돌아올 때 세 번 거듭하며 길이 읊조린다네
菟裘計拙猶堪老   宦海身游莫自沈
棣萼分輝遮一嶺   來時三復更長吟

퇴계와 온계는 이렇게 촉령대에서 헤어진 것이 마지막 만남이 되었다.

다시 풍파 속으로

　퇴계는 그 해 49세 되던 해 12월 풍기 군수 자리를 사직하였다. 감사의 사직 허가 답변 듣지 않고 고향으로 돌아와서 고향집 서쪽에 한서암(寒棲庵)을 짓고서 독서와 강학에 전념하고 있었다.

　온계도 12월에 감사 자리를 떠나 동지중추부사에 제수되었고 이듬해 봄에 집을 남산 자락에서 서소문 안으로 옮겼다. 온계 연보에서는 당시 남산 일대에 전염병이 돌아 온계가 이를 피해 옮겼다고 전한다. 이 무렵 퇴계가 형님에게 보낸 편지에 형님의 건강에 대해 세세하게 조언을 하고 있어 아마도 온계도 이 당시 몸이 많이 안 좋았던 것 같다.[44]

넷째 형에게 올리는 편지 기유년(1549, 명종4)

　근일에 인편을 통해 두 통의 편지를 부쳤는데 시기에 맞춰 받아 보셨는지 모르겠습니다. 찰방 이사언(李士彦)씨를 일찍이 영천(榮川)에서 만났는데, 그가 형님께서 초정(椒井)에서 목욕을 마치기도 전에 열이 나서 음식을 줄이고 목욕을 멈추고 고을로 돌아와 조섭한 지 며칠 만에 회복되었다고 전해주었습니다. 들어보니 비록 우연히 생긴 병인 듯하여도 또한 심히 근심스럽습니다. 어제 단양(丹陽) 고을에서 베껴 올린 정사(呈辭)의 초고를 보고서 비로소 이전 증세

---

44) 퇴계는 젊을 때 영천에 가서 의원에서 공부를 한 적이 있다. 이때 의학과 건강에 대한 정보와 자료를 많이 입수하고 질병에 대한 상세한 치료법도 습득했을 것으로 권오봉 교수는 분석한다. 권오봉 『가서로 본 퇴계의 삶과 사상』〈중〉 322쪽 참조.

가 아직 완전히 낫지 않았을 뿐만 아니라 몹시 위중한 상태에 이를 수도 있음을 알았으니, 매우 걱정스러운 마음을 견딜 수 없습니다. 사람들이, 초정에서 목욕한 뒤에 이러한 증세가 많은데 제대로 조섭하면 걱정할 것이 없다고는 합니다만, 형님은 연경(燕京)에 다녀온 이후로 몸에 피로가 쌓이고 이어 열기가 쌓였습니다.

지난해 고향에 있을 때 제가 형님을 곁에서 모시다가 밤중에도 매우 번열(煩熱)이 들어 잠을 편안히 자지 못하셨는데, 그 뒤에 또 험한 곳을 달리며 관찰사의 임무를 수행하는 수고로움이 있었는지라 마음에 항상 염려되었습니다. 지금 이러한 증세는 평소에 예사로 일어나는 것에 비할 바가 아니니, 온갖 방법을 써서 치료하지 않으면 안 됩니다.

감사(監司)의 직임에서 해면되기를 청하는 것은 매우 좋은 계책이니, 비록 으레 말미를 주는 명을 받더라도 즉시 다시 아뢰어 속히 한가한 직임에 나아가 조용히 누워서 다스리기를 간절히 바랍니다. 저는 여기에 있으면서 피로가 점점 심해져 날이 갈수록 감당하기 어려움을 느끼니 가까운 시일에 사직하고서 떠나고자 합니다. 그러나 지금은 형님의 일의 형세가 이러하니 형제가 일시에 모두 정사(呈辭)[45]를 올려서는 안 되니, 제가 당연히 괴로움을 참고 정지해야 합니다. 다시 바라건대, 자꾸 정사하는 것을 어려워 마시고 잠시 낫기로 넘기려하지 말고 만사를 제쳐 놓고 반드시 자리를 떠나는 것으로 저의 간절한 마음에 부응해 주신다면, 매우 다행이겠습니다. 나머지 드릴 말씀은 최선을 다해 신중히 약을 드시고 진중히 조섭하시길 바랍니다. 삼가 절하고 문안을 올립니다. 별지(別紙)에 열기(熱氣)를 다스리는 방법을 적었으니[46] 살펴보시

◇◇◇◇◇◇◇◇◇◇◇◇◇◇◇◇

45) 벼슬아치가 벼슬을 그만두거나 휴가 말미를 받기 위하여 청원서를 내는 일.

46) 별지: 용천혈(龍泉穴)은 발바닥 한가운데 있는데 온갖 맥(脈)이 모이는 곳으로 심장을 주관합니다. 무릇 열이 나는 것은 모두 심화(心火)가 위로 타오르고 신수(腎水)가 가라앉기 때문

길 바랍니다.

    퇴계는 집안 대소사를 챙기는 기둥이었다. 퇴계의 형제(사촌을 포함) 7명은 퇴계 30대에 3명, 40대에 1명, 50대에 1명이 사망하고, 퇴계가 죽은 해에는 5번째 형 징(澄, 자 경청)만이 생존하였다. 이는 퇴계의 책임이 얼마나 중하였는지를 명확히 드러낸 것이다. 재산 관리는 물론, 교육, 과업, 혼인 문제, 군 복무(軍番), 병 치료, 후사(後嗣) 등 모든 면이 모두 퇴계의 치가(治家)의 대상이었다.[47]

입니다. 풍열(風熱), 상한열(傷寒熱), 기열(氣熱), 습열(濕熱)은 물론이고 열동(熱動)만 만나더라도 곧바로 손으로 두 발바닥 가운데를 문지르거나 혹 두 발을 서로 비비면 됩니다. 만일 그렇게 하는 것이 피곤하다면 건노(健奴)를 시켜도 됩니다. 모름지기 오랫동안 문지르고 비벼서 반드시 온몸에 흥건히 땀이 날 때까지 하신다면, 들불 같은 형세라도 홀연히 평안해짐을 느낄 것입니다. 이 방법은 여러 처방(處方)에 자세히 실려 있는 것으로 열기를 다스리는 것뿐만 아니라 종기를 치료할 수 있고 온갖 병을 모두 치료할 수 있는데, 다만 사람이 독실하게 믿고 행하는 이가 적을 뿐입니다. 저는 몸에 쌓인 열기가 매번 발병하여 심해질 때면 번번이 이 방법을 사용해 다스리니, 천심을 돌릴만한 힘과 해를 취할만한 공이 있음을 알겠습니다.

47) 권오봉 『가서로 본 퇴계의 삶과 사상』〈중〉 270쪽, 삼보문화재단, 2020.

퇴계도 구설수

곧 7월이 되면서 형님은 이무강 일파에 의해 무고가 시작되었다. 퇴계는 지방에서 그 일이 무슨 일인지 알지 못하고 풍문으로 형님이 죄인이 되었다는 말을 들었다고 했다. 한편 퇴계 자신도 골치 아픈 일에 휘말렸는데, 이에 대해 형님에게 하소연하기도 한다. 문경 가은현의 양산사(陽山寺)에는 고려 태조 왕건의 화상(畫像)이 전해 내려오고 있었는데, 우왕(禑王) 5년(1379)에 왜구들 침입을 피해 풍기 금계리 용천사(龍泉寺)로 옮겨 봉안하였다. 그러다 조선 중종 대에 와서 풍기 군수 임제광(林霽光)이 용천사에 사당을 짓고 영정을 봉안하였는데 얼마 안 가 화재로 사당이 불탔으나 다행히 화상은 구하여 작은 궤에 담아 보관하였다. 퇴계는 풍기 군수로 부임해 용천사에 들렀을 때 스님들이 화상을 담은 궤를 목침으로 사용하는 광경을 보고 사당을 지어 화상을 지키라고 지시했는데, 조정의 대간(臺諫)이 퇴계가 일개 군수로 멋대로 전 왕조의 임금에게 제사를 지냈다고 하면서 퇴계를 탄핵하려 한 것이었다.[48] 이에 편지에서 억울한 사정을 하소연한다.

넷째 형에게 답해 올리는 편지 경술년(1550, 명종5)
근일에 이달 15일에 보내신 편지를 받아 보고서 기거(起居)가 평안하심을

---
48) 《退溪先生文集 卷21 答李剛而》《武陵雜稿 卷7 豊基古跡記》

잘 알았으니 우러러 하례를 드립니다. 함께 보내신 조보(朝報)에서 죄인이라는 이름만 들었을 뿐 무슨 일인지 모르겠습니다. 이어 분천(汾川)에서 얻은 저보(邸報) 1장에서는 그 실상을 생략해 놓았을 뿐 오히려 자세하지 않았습니다. 그 뒤에 논집(論執)하였는지 모르겠습니다. 어떠하신지요? 비록 미천한 제가 관여할 바는 아니지만 그저 들어보고 싶어서 말씀드립니다.

저는 날이 무더워진 이후로 몸이 고달픈 병이 더욱 심하니, 답답한 마음을 어찌하겠습니까.

고려 태조의 화상(畵像)으로 말하자면, 예컨대 묘전(廟殿)을 짓고 제사를 지내는 일은 고을 수령이 감히 마음대로 행할 수 없는데 과연 합당하다고 하시니 이는 그렇지 않습니다. 이전에 화상을 작은 함에 넣어 승방(僧房)에 보관했는데, 미련한 중이 때때로 가져다가 목침으로 베었습니다. 성상의 의표(儀表)가 이러한 모욕을 받도록 차마 내버려 둘 수 없어서 한 칸의 집을 지어 보관하였습니다. 일찍이 한 잔의 술을 올리거나 한 명의 지키는 하인을 두지도 않고서 그저 중을 시켜 관리하도록 했으니, 이것이 망한 나라를 다시 일으켜 주고 끊어진 대를 다시 이어 주는 일과 무슨 관계가 있겠습니까.

그리고서 퇴계는 8월에 형님의 부고를 들었다. 온계가 최하손 사건을 빌미로 이무강 이기의 무고와 모략에 걸려 삼성교좌라는 혹독한 고문을 받다가 결국 운명한 것이다. 부고를 받고 얼마나 상심을 했으며 형님이 걸어간 길에 대한 탄식도 컸을 것으로 짐작되지만 퇴계는 직접 그러한 감정을 드러내지는 않았다. 그렇게 온계가 역적 비호의 혐의로 생을 마치고 그의 명예와 신원이 금방 이루어지지 않음으로써, 온계의 많은 일화와 역사는 먼지로 날아가고 형님을 매사 믿고 의지하던 역사도 먼지로 흩어져버렸다. 두 형제의 지극한 우애와 배려도 상당 부분 잊혀질 수 밖에 없었다.

6장
별 다시 빛나다

초라한 임시 장례 / 사람을 평가하는 법 / 17년이 걸리다
새 왕의 시대 / 마침내 장례식 / 동생이 짓다 / 이기의 최후
화려한 부활 / 시호 정민(貞愍) 내려지다 / 후세의 평가
온계의 생각 모아지다 / 온계의 체온

초라한 임시 장례

경기도 양주 땅에서 결국 세상을 떠난 이해는 당시 죄인의 신분이었기 때문에 마음 놓고 예를 갖춰 장례를 지낼 수가 없었다. 그때의 어려운 상황 속에서 시신을 고향으로 운구해서 임시 장례를 치른 과정은 이해의 셋째 아들이 쓴 『경술일기』를 통해 알 수가 있다.

경술일기 발췌

十五日 (8월 15일) (이해가 1550년 8월 14일에 운명한 다음날), 한성부에서 관련 공무원들이 나와서 시신의 상처 부위를 관찰하고 돌아갔다. 시신을 동대문(東大門) 밖 첨사댁(僉使宅)으로 되돌아오게 했다. 관을 짜기 위해 널빤지를 구하는데 이해의 집에 있다고 해서 가보니 모두 썩고 낡아서 쓰기 어렵다고 하여 종을 시켜 다른 데서 구하게 하였으나 구하지 못하고 돌아왔다.

十六日 (8월 16일) 여러 군데에 관을 구했으나 역시 마땅한 것이 없었다. 그때 고향에서 집안의 노복 둘(억척과 성무)이 올라와 이해의 동생들인 이징(李澄, 온계)과 이황(李滉, 퇴계) 두 분이 『큰일이 반드시 날 것인데 만약 이를 피하지 않으면 상행(喪行)을 관가(官家)에 의뢰할 곳이 없게 되어 성례(成禮)할 수도 없는 형편이 될 것이니 용권(用權), 즉 임시로 간략하게 일을 치르는 것이 좋겠다』라고 말했다는 소식을 전한다. 이해의 두 아들은 이 말을 굳이 입관해서 운구할 형편이 되지 못한다면 간략하게(천으로 시신을 싼 상태로 운구하는 것) 운구해

도 좋다는 뜻으로 해석하고 주위 사람들에게도 의견을 구해보니, 퇴계가 어찌 아무 생각 없이 그런 말을 했겠느냐며 지금 죄인의 상태에서 예를 다 차리기가 어려우니 그렇게 하자고 해서 관을 억지로 구하지 않고 천으로 말아서 운구한다.

二十日 (8월 20일) 발인(發靷)하여 서울시 성동구 옥수동 동호대교 북단에 있었던 조선시대 한강을 연결하는 중요한 포구인 두모포(豆毛浦)에서 배에 탔다.

二十七日 (8월 27일) 육지(陸地)에 내렸다.

二十八日 (8월 28일) 저녁때 단양군의 장림(長林)[1]에 도착하였다. 단양 군수가 장막을 쳐놓고 노제(路祭)를 지내고자 하였으나 미안하다고 사양하고 곧 장막을 철거하도록 하였다.

二十九日 (8월 29일) 죽령(竹嶺)을 넘었다. 이에 앞서 요원(腰院)에서 성례(成禮)코자 하였으나 모든 것이 갖추어지지 않아서 끝내 성례하지 못하였다. 상행렬이 창락역(昌樂驛)에 도착해서 조모 댁에서 마침내 노전(路奠: 발인할 때에 문 앞에서 지내는 제사)을 지냈다.

九月初一日 (9월 1일) 풍기의 숙부(퇴계(退溪))가 석현(石峴)에 와서 조곡(吊哭)하였다. 넷째 아들 치(寘)가 기현(丌峴)에 달려와 상(喪)을 입었다. 이때 치는 개질창(疥疾瘡)이 온몸에 번져 한 발자국도 갈 수가 없었기 때문에 멀리 오지 못

◇◇◇◇◇◇◇◇◇◇◇◇◇◇
1) 오늘의 단양군 대강면 소재지이다. 장림역이 있던 죽령 북쪽의 역촌이다.

초라한 임시 장례 **247**

했으나 여기에 도착하니 병을 무릅쓰고 와서 곡을 하였다. 오후에 고향인 온혜(溫惠)에 도착하였다.

初二日 (9월 2일) 입관(入棺)하고 빈소를 차렸다.

初三日 (9월 3일) 성복(成服)하였다. 시신을 옮길 때 임시로 용권(用權)하라는 말은 숙부의 가르침이 아니고 그 당시 창황한 가운데 노복 성무가 잘못 듣고 경망하게 전한 말임이 드러나자 가족들은 후회를 했다. 급란(急亂)이 있던 날 불효자식(不肖子)들이 망녕되게 이 말을 믿고 행동하여 종천망극(終天罔極)한 슬픔을 남기게 되었으니 죄는 실로 아들들(子等)에게 있기에 만 번 죽어도 갚기 어렵다고 후회했다.

온계의 묘소

十二月十一日 (12월 11일) 연곡(燕谷) 건(乾)으로 뻗은 줄기 경좌(庚座), 거북 모양의 산에 장사를 지냈다.

9월에 고향으로 돌아왔지만 임시로 매장한 것도 12월이나 되어서였다. 임시 매장이므로 비석이나 묘지석, 문관석 등을 설치할 수가 없는, 일종의 가묘 형식이었다. 그렇지만 아들들은 어려운 가운데 시묘를 했다.

온계묘소 앞에서 필자

사람을 평가하는 법

온계(溫溪) 이해(李瀣)는 이렇게 55살의 나이에 세상을 떠났다. 연산군 2년인 1496년에 태어나 명종 5년인 1550년에 운명하였으니 만 54살, 우리 나이로는 55살에 사망한 것이고 요즈음으로 치면 한창 일할 나이에 운명한 것이 된다. 그의 마지막 관직은 한성부 우윤, 곧 서울시 부시장이다. 그런 분이 돈을 먹은 것도 아니고 관내에서 일어난 일에 대한 사건처리를 지시한 것밖에 없는데 그것을 역심(逆心)이 있는 것으로 몰아 호되게 고문을 받고는 결국엔 귀양가다가 사망하였다.

조선시대 선비들 가운데 이런 정도로 억울하게 운명한 사람들이 몇 명이나 될까? 정말로 조선시대는 온계가 마지막 숨을 거두면서 읊은 것으로 전해지는 고려시대 정지상의 '송인(送人)'이라는 시처럼 눈물이 대동강처럼 흘러내려 마를 날이 없었던 시절이었다. 정지상의 시 '송인(送人)'은 이별하는 연인의 눈물이었지만 조선시대 글을 읽고 선비를 지향하던 많은 사람들은 수많은 사화(士禍), 환국(換局), 반정 속에서 목숨을 잃거나 귀양을 가면서 회한의 눈물을 흘렸음을 우리는 역사에서 배웠다.

그렇게 조선시대에는 영의정 좌의정 판서 등 고관을 하다가 몰려서 죽은 사람들이 얼마나 많은데 이해라는, 어떻게 보면 최고위층도 아니요, 요즈음으로 치면 차관급의 한 공무원이 귀양을 가다 죽은 사건을 다시 들춰보는 것은 가치가 과연 있는 것인가?

한 사람에 대한 평가를 하려면 그가 세상을 떠난 다음에 어느 정도 시간이 지나야 가능하다고 보아야 한다. 왕에 대한 평가도 다음 왕이 되어서야 나온다. 조선시대 왕에 대한 왕조실록의 기록도 왕이 죽고 나서 후임 왕이 실록을 편찬할 사람을 지정한 다음에 나온다. 한 나라에 대한 평가도 마찬가지로 다른 나라로 바뀌고 난 다음에 나온다. 역사에서 이른바 정사(正史)라는 것은 이처럼 당대가 아닌 그 다음 대 이후에 나오는 것이다. 그래야 조금이라도 객관적인 시각을 담을 수 있다는 뜻이다.[2]

그런 의미에서 차관급의 공무원이었던 온계 이해에 대한 객관적인 평가를 얻으려면 우선은 후대의 평가를 참고하지 않을 수 없다. 후대의 평가는 두 가지이다. 하나는 나라에서 그에 대해 어떤 평가를 하느냐이고 다른 하나는 역사, 정사나 야사(野史), 혹은 개인이 쓴 역사인 사찬(私纂) 역사에 어떻게 나오느냐이다.

---

2) 최근에 한국사 교과서의 이념 편향 논란이 끊임없이 제기된다. 편찬자들이 자신들의 판단 기준에 따라 근현대사 비중을 지나치게 높게 잡아서 생기는 현상이라는 지적이 나왔다. 교과서에서 현 정부와 최근 정부의 정책에 대한 평가를 덧붙여 기술하는 게 많고 이는 '역사의 정치화'를 불러올 우려가 크다는 지적이다. 현대사는 역사와 시사(時事)의 경계부터 모호하기 때문에 학계에서도 합의가 안 된 부분이 적지 않으며 그러기에 최소 한 세대 전인 '30년 이전'을 기술 대상으로 삼는 등 학계의 합의된 기준이 필요하다는 것이다. 「역사교과서 편향논란」, 조선일보 2019.12.17.

17년이 걸리다

이해가 죽은 다음 그에 대한 나라의 평가는 어떻게 달라졌는가? 그가 죽은 지 17년이 지나 명종이 죽고 선조가 즉위하자 변화가 생겼다. 실록을 우선 보자.

선조 즉위년(1567) 10월 15일
을사년 이후에 죄를 받고 적몰당한 사람들을 신원하라는 전교

전교하였다.

"을사년 이후에 죄를 받은 사람들은 뜻밖에 허물이 없는데도 죄에 걸려 대악의 이름에 빠진 자들이 매우 많다. 당시 조정의 선비들 중에 어찌 거개가 반역의 무리들이었겠는가. 모두들 그 당시의 공신인 이기(李芑)와 윤원형(尹元衡)의 무리들이 오랫동안 분심(憤心)을 품고 있다가 선왕(先王)께서 어리신 것을 틈타 아주 작은 원망이나 터럭만한 혐의만 있어도 반드시 그 기회에 터뜨린 데 연유했던 것이다. 이에 당대의 단정한 선비로서 조금이라도 지식이 있는 사람에게는 반역자란 이름을 가하여 없는 죄를 얽어 잡아 가두어 사람들의 사기(士氣)가 깎이고 낮아져 머리를 떨구고 감히 입을 열지 못하게 함으로써 사기가 꺾이고 국세가 시들게 하였으니 이 일을 말하려고 하면 슬퍼서 기가 막힌다. 인심과 천리(天理)의 공정함은 오래 될수록 민멸되지 아니하여 지금까지 사대부들 간에는 울분이 끊일 사이가 없으니, 공론이 격분한 것도 실은 원인이 여기에 있는 것이다.

그 당시에 비록 명목상 사실을 조사하여 승복받았다고 하는 자도 실로 원통함이 많이 쌓였을 것인데, 하물며 이 사람들은 한 가지 사실도 서로 연관된 단서가 없는데, 거짓으로 꾸며 죄명을 만들기 위해 자기들의 이목(耳目)이나 응견(鷹犬: 매나 개) 같은 무리들을 사주하기도 하고, 혹은 익명서로 모함하여 죄를 날조한 것이 아니겠는가. 무고하게 억울함을 당한 것임을 이에 의거해서도 알 수 있다. 그중에서 반역죄에 관련되지 않은 사람들도 모두 적몰(籍沒)당하는 죄를 입었으니, 너무나도 어이없이 억울하게 당한 것이다. 이렇게 정죄(定罪)한 일에 대하여 선왕께서 어리셨을 때에는 자세히 모르셨지만 장성하신 뒤에는 전교하시기를 '윤임(尹任) 등의 모반이야 논할 것이 없지만 추후로 죄를 받은 사람은 애매함이 없지 않다. 모반(謀反)은 부자 사이에도 숨기는 일인데 어찌 관련된 사람들이 그렇게 많은가?'라고 하셨다. 선왕께서 이러한 뜻이 계셨기 때문에 내가 지금 유지를 봉행하여 이 사람들에게 은전을 베푼다. … (중략)

고(故) 급제 이해(李瀣)는 전에 대사헌으로 있을 때 이기(李芑)를 논박했는데 이 때문에 원한을 사서 이기(李芑)가 사람을 시켜 무고했고, 고 급제 구수담(具壽聃)은 일찍이 이기를 논박했다가 재상에서 파직되기까지 했다. … 아울러 직첩을 되돌려주라."

선조의 이 같은 조치는 을사사화와 그 뒤에 윤원형과 이기 등이 아무 혐의도 없는 관리들을 개인 원한에 따라 마구잡이로 몰아서 죽이거나 유배시킨 것에 대해 정치적으로 재심(再審)을 해서 무죄라는 결론을 내린 것이고 이에 따라 그 피해자들이 직첩을 돌려받게 된 것이다. 즉 이해도 유배의 형을 언도받은 상태에서 그 처벌이 무효가 되었다는 뜻이다.

이 같은 사정의 변화는 어떻게 생긴 것일까?

새 왕의 시대

 중종의 뒤를 이어 왕위에 오른 인종은 재위 1년 만에 사망하고 왕위는 인종의 배다른 동생 명종이 이어받았다. 명종은 당시 12살의 어린 나이였던 터라 관례에 따라 생모 문정왕후가 수렴청정을 하게 됐다. 중종대 후반부터 세자인 인종을 견제하고 결국 자기 소생인 명종의 즉위를 이끌어 낸 문정왕후. 그녀는 아들을 대신해 수렴청정의 방식으로 국정의 최고 위치에 섰다. 문정왕후의 남동생 윤원형은 누나의 권력을 이용해 1545년 을사사화에 이어 1547년의 양재역 벽서(壁書) 조작 사건으로 사림들을 대거 제거하고 20년 장기 집권에 들어갔다. 이윽고 20년이 지난 1565년 4월 창덕궁 소덕당에서 65세를 일기로 문정왕후가 사망하면서 윤원형의 외척 정치는 종말을 고한다. 날개를 잃은 윤원형과 그의 첩 정난정은 사림파의 탄핵을 받고 황해도 강음으로 유배된 후 최후를 맞았다.[3] 사람들은 그의 죽음에 환호를 질렀다.[4] 이 무렵 명종은 인재를 고르게 등용해 선정을

---

[3] 윤원형이 강음(江陰)에서 죽었다. 처음 윤원형은 재상에서 파면되었는데도 며칠을 지체하며 머물러 있다가 동문 교외로 나갔다. 많은 사람들의 분노가 그치지 않고 공론이 더욱 격렬함을 듣고 끝내 면하기 어려움을 알았으나, 또 가산이 흩어질 것을 염려해 어둠을 틈타 부인의 행색처럼 밤에 교자를 타고 도성에 들어와 집으로 돌아왔다. 이어 그의 첩 정난정과 더불어 강음 전사(田舍)에 가서 거처하였는데, 정난정의 죽음을 보고 이윽고 분해하다가 또 한 죽었다.
명종실록 20년 을축(1565) 11월 18일. 「윤원형의 졸기」.

[4] 윤원형이 사림들을 풀 베듯 죽이며 흉악한 짓을 있는 대로 다했는데, 오래도록 천벌을 면하더니 금일에 이르러 마침내 핍박으로 죽으니, 조야가 모두 쾌하게 여겼다. 윤원형이 일단

254 조선 천재 형제의 엇갈린 운명

펴보려고 노력했으나 실패하고 모친이 사망한 지 불과 2년 후인 1567년에 34세의 젊은 나이로 죽었다. 명종은 후사가 없어, 왕위는 중종의 서자인 덕흥군(德興君)의 셋째 아들이 계승했으니, 이가 곧 선조이다.

중종 3왕후 문정왕후 태릉

즉위 후 나이가 어려서 인순왕후가 수렴청정을 실시하였지만 수렴은 단 1년으로 그쳤다. 새 정권의 출범 과정에서 큰 역할을 한 사람이 문정왕후가 사망한 해에 영의정이 된 이준경(李

창덕궁 용상과 어좌

浚慶, 1499~1572)이다. 그는 선조를 즉위시키고 영상으로서 국정을 보좌하면서 기묘사화로 죄를 받은 조광조(趙光祖)의 억울함을 풀어주고, 을사사화로 죄를 받은 사람들을 신원하는 동시에 억울하게 수십 년간 유배 생활

◇◇◇◇◇◇◇◇◇◇◇◇◇◇◇◇

패하고 나니 원수졌던 집에서 떼를 지어 빼앗겼던 재물에 대한 송사를 다투어 일으켰다. 조정에서도 그러한 사실을 알고 바로 각도에 이문(移文)하여 관원을 차출해 재물들을 본 주인에게 돌려주게 하니 그 집안에서도 온갖 고통을 견딜 수 없게 되었다.
명종실록 20년 을축(1565) 11월 18일. 「윤원형의 졸기」.

을 한 노수신(盧守愼)·유희춘(柳希春) 등을 석방해 등용하였다. 이해가 직첩을 돌려받은 것도 이런 분위기를 탄 결과이다.

실제로 선조가 즉위한 이후의 기록을 보면 6월 28일 명종이 승하하

중종 문정왕후 태릉

고 왕위를 받은 선조는 조정에서 명망이 높은 학자인 퇴계 이황에게 승하한 명종의 행장을 짓도록 명하고 이어 이틀 후에는 예조 판서(禮曹判書) 겸 동지경연 춘추관사(兼同知經筵春秋館事)로 삼았다. 당시 퇴계는 이미 67세의 고령이었고 늘 건강 문제로 힘들어해서 나라에서 벼슬을 내리면 곧바로 사표를 내곤 했지만 선조는 퇴계를 정신적인 스승으로 삼고 곁에서 조정의 기강을 바로잡아 줄 것을 자주 요청하는 상황이었다.

이해에 대한 조처는 이런 분위기에서 나왔다. 이해는 이황의 형이다. 그렇다고 이황이 형의 신원(伸寃)을 요청했다는 기록은 없다. 이황이 개인적인, 집안에 관련된 일로 왕에게 건의할 사람이 아님은 우리가 잘 안다. 그래서 앞에 을사사화 이후 윤원형의 행패로 피해를 본 사람들에 대한 구제 차원에서 이해는 우선 직첩은 돌려받았다. 그렇지만 그것은 죄인의 신분을 면한 것뿐이었다.

마침내 장례식

1567년 10월, 그가 죽은 지 17년이 지나서 비로소 죄인의 신분을 벗어나자 그때서야 장례 절차가 정식으로 시작되었다. 무려 17년 만의 일이었다.

온계 이해가 설원(雪寃: 원통함을 씻음)될 때 퇴계는 서울에 출사 중이었다. 퇴계는 억울하게 화를 당한 형님을 위해 장례 절차를 지휘한다. 설원 소식을 고향에 전하고 묘지를 지어 보내며 각 관아의 부의를 받아 전하는 등 초종 범절 전반을 퇴계가 서울에서 지도했다.

초상은 마쳤으나 장례는 마을의 전염병 때문에 이듬해로 연기됐다.[5] 장례 인부와 석회, 널나무는 최도사(崔都事: 온계의 사위인 최덕수(崔德秀)의 부친)에게 퇴계가 부탁해 두고, 감사에게는 연락하지 않기로 했다. 묘지문(墓誌文)은 초했다가 수정해서 나중에 보내기로 했다. 신주를 만드는 나무는 퇴계가 구해 놓고 신주독(神主櫝: 신주를 모시는 궤)을 만들 나무는 온계의 처가 쪽인 영주에서 구하라고 시켰다. 여막(廬幕: 시묘를 할 때 머무는 가건물)을 만들 때는 방에 습기가 차지 않게 조심하라고 일렀다. 상주가 시묘

---

5) 장례가 치러진 해에 대해서는 혼란이 있다. 권오봉 선생은 이듬해라고 하고서 뒤에 기사년이라고 해서 1569년을 지칭했으나 1570년 11월 6일에 퇴계의 제자인 송암 권호문이 〈유청량산록(遊淸凉山錄)〉이란 글에서 도산서원에 가는 길에 온계에 있는 옛 선인의 집에 들렀더니 부묘가 막 끝났다고 기록하고 있어 1568년에 장례를 하고 3년 시묘를 1570년에 끝낸 것이 아닌가 보인다. 그러므로 장례를 1568년으로 보는 것이 합리적이라고 생각된다.

할 때 몸을 다친다고 우려하고 주의했다.

각 관아의 부의를 받아 보냈다. 사복시의 무명 5필, 병조의 무명 10필, 사인사, 이조, 예조 등이다. 부의를 보낼 때 지문을 같이 보냈다. 다섯째 형 경청의 편지로

온계 묘소에서의 시제 제향

장의 준비가 끝난 것을 알았다. 퇴계는 1569년 연초에 귀향하려 했으나 여섯 번의 사직이 받아들여지지 않고, 일곱 번 만에 허락을 받아 3월 4일에 출발했다.

정확한 장례는 언제였는지 알 수 없다.[6] 기사년(1569년) 2월이 좋다고 퇴계가 지시해 두었다가 3월 17일 도착하였기 때문에 3월로 추정하는 것이 가장 합리적이다.[7]

---

6) 퇴계가 쓴 대사헌 온계의 묘지명에 "그 해 섣달 열하룻날, 예안현 북쪽 연곡(燕谷) 동향판에다 장사하면서 지석(誌石)도 묘표(墓表)도 하지 않고 만행(萬幸)있기를 바랐더니 十八년을 지나 오늘의 은명(恩命)이 있었다."고 해서 1568년에 복권이 된 것으로 기록해 놓았다.
7) 권오봉 『퇴계선생 일대기』 148쪽, 교육과학사, 1997.

동생이 짓다

이어 퇴계는 묘지(墓誌)와 묘갈(墓碣)을 찬(撰)하여 묘지는 땅에다 묻고 묘갈은 돌에다 새겨 세웠다. 평소에 가장 가까이에서 형님을 본 퇴계는 형님의 성품과 행동에 대해 자세히 기록해 놓고 피 끓는 마음으로 형님을 애도한다.

묘지(墓誌)

(도입 부분은 생략)

공은 성품이 너그럽고 도량이 넓었다. 형제간에 우애하여, 집에 있으면 화락(和樂)하였고 자제(子弟)나 비복(婢僕)이 허물 있어도 일찍이 노여움을 나타내지 않았다. 중형 의(漪)가 일찍 별세했는데 조카 재(宰)를 데려다가 키우고(撫育) 가르쳐(教訓) 성취(成就)가 있도록 하였다. 남과 함께 있으면 훈훈한 덕기(德氣)로 저절로 친해지도록 하였다. 친구의 급함을 반드

퇴계가 찬한 온계의 묘갈문

시 힘껏 구제하였고, 평생에 남을 해치려는 마음이 없으니, 사람들이 바라보기만 해도 군자[吉人君子]임을 알았다. 저 하손이란 자는 한 고을 생명(生命)으로써 큰 이익을 탐내고자 하였다. 그를 신문한 것은 그 실정(實情)을 캐내어서, 조정에 보고하려 했던 것인데 한차례 신문에 갑자기 죽을 줄을 어찌 요량이나 했겠는가. 옛적 당(唐)나라 최인사(崔仁師)가 청주(青州)의 반역 옥사(反逆獄事)를 다스리면서 평번(平反)[8]한 바가 많았다. "만에 하나 잘못 놓아 보냈다 하더라도, 내 한몸으로써 열 죄수(罪囚)의 죽음과 바꾸기를 원한다"하였다. 공의 마음 씀도 또한 이와 같은 것이었다. 그 처리한 바가 비록 조금은 소루(疏漏)한 듯했으나 이것은 바로 「그 사람의 허물을 보고서 그 사람의 인(仁)을 안다」라는 것이었다. 또 공은 평소에도 서로 부르고 좇고 하는 것을 좋아하지 않았다. 비록 수담(壽聃)과 동년(同年: 같은 해에 문과 급제함)이었으나 서로 왕래하지 않았다. 수담이 일찍이 대사간이 되었을 때, 기를 공격해 없애고자 했으나 실행하지는 못했는데 이 해 여름에 말하는 자가 기의 부추김을 받고 수담을 논죄(論罪)해서 죽여 버렸다. 무강의 생각에는 수담이 죄를 당한 것은 임금을 범한 말이 있었기 때문이니, 오직 이것이면 임금의 노여움을 격발(激發)시킬 수 있다 하였다. 드디어 공을 그의 당패로 지목(指目)하여 기화(奇禍: 뜻밖에 당하는 화)를 당할 곳에 밀어 넣었다. 그 악랄한 흉기(凶氣)는 반드시 남을 가루로 만든 다음에야 제 마음을 쾌하게 하는 것이었다. 아아, 공의 충후(忠厚)한 덕으로써, 성조(聖朝)를 만났건만 이 무리의 무함을 당해서 이 지경에 이르렀음은 어찌 천운(天運)이 아니겠는가. … (중략)

그 해 섣달 열하룻날, 예안현 북쪽 연곡(燕谷) 동향 판에다 장사하면서

---

8) 평번(平反): 죄인을 반복(反復) 조사해서 죄를 되도록 가볍게 해주는 것.

지석(誌石)도 묘표(묘표)도 하지 않고 만행(萬幸)있기를 바랐더니 십팔 년을 지나 오늘의 은명(恩命)이 있었다. 병제(病弟) 황(滉)이 슬프고도 또 감격하여 이에 피눈물을 흘리면서 명(銘)하기를,

아아, 우리 중씨(仲氏)께서는, 예삿 무리에 뛰어났다. 의표(儀表)가 번쩍이는 듯하고, 내심은 봄날같이 온화하였다. 아름다운 재주가 숙성(夙成)하여서, 소문이 날마다 새로워졌다. 과거에 이름을 걸어, 청운(靑雲)의 길이 피곤하지 않았다. 요직을 두루 거치며, 충성스런 왕신(王臣)이었다. 도량(度量)은 포용(抱容)함이 있었고, 몸가짐(操守)은 더욱 진중(珍重)하였다. 사사로이 당패를 심음이 없었고, 권요(權要)에 아부하지 않았다. 큰 환란이 나라에 다가오는데, 감히 미리 아뢰지 않을 것이랴.

저들은 분한(忿恨)을 가득 머금고, 입술을 불룩이며 때를 엿보았다. 그 무리가 진실로 번성하여서, 도깨비가 이리 뛰고 저리 달렸다. 남을 무함하고 제 편 치켜 올려서, 오직 제 마음대로 하였다. 없는 것을 있다고 만들어 내고, 티끌을 가리켜서 산[嶽]이라 하였다. 구중궁궐이 망망(茫茫)하여도, 벼락은 빛이 무섭다. 마음 쪼개 보일 길이 없어서, 정확(鼎鑊)도 분수(分數)로 달게 여겼다.9) 일월(日月)이 빛을 돌려 비춰서, 다행히 귀양을 가게 되었다. 어찌 뜻했으랴, 황천 황천아, 나의 명이 연장되지 않았다. 들풀이 처량도 해라. 정혼(精魂)이 정처 없었다. 하늘의 살핌이 매우 밝은데, 끝내 숨겨짐이 어찌 있으랴. 이에 안정(眼丁)을 뽑아내었고, 황능(黃能)이 우굴(羽窟)에 들게 되었다.10) 너한테서 나온 이 네게 되 가서, 하늘의 베

---

9) 정확(鼎鑊)은 큰 솥. 처음에는 고기를 삶는 그릇을 뜻하다가, 후일 죄인을 삶아 죽이는 형구(刑具)를 의미함. 혹독한 고문도 운명이라고 달게 감수하였다는 뜻.

10) 안정(眼丁)의 정(丁)은 정(釘). 즉 눈에 박힌 가시 따위를 일컫는 말임. 황능의 능은 웅(熊)과 같으니, 즉 누런 곰. 옛적에 곤(鯀)이 임금의 명을 어기었으므로 우산(羽山)에서 죽더니 황웅

임이 거의 끝났다.

　오직 우리의 깊은 원한은, 씻음이 늦어져서 답답하였다. 선왕(先王)의 말년(末年)에 임금이 신하를 근심하는 마음[軫念]이 점점 커졌다. 새 왕(新王)께서 그 뒤를 좇아 이어서, 해빙(解氷)하는 비가 크게 내렸

온계 묘소의 제향

다. 분침(氛祲: 요사스럽고 간악한 기운) 녹이는 칼을 뽑아서, 은택(恩澤)이 구천(九泉)에도 사무쳤다. 앙화(殃禍)와 경사(慶事)가 (구분이) 애매(曖昧)하더니, 이제는 과연 어김없어라, 저 악취(惡臭)는 어찌 다함 있으랴, 이 충성이 어찌 부끄러우리, 깊숙하다 저 온계, 서쪽에 연곡이 있다. 분을 풀고 지석 새기니, 만고에 참 유택(幽宅)이로다.

동생 황(滉) 찬(撰)

으로 화해서 우연(羽淵)에 들어가 버렸다 한다. 우굴(羽窟)은 곧 우연(羽淵)이다. 〈國語晉語, 昔者, 鯀違帝命, 殛之於羽山, 化爲黃能, 以入於羽淵〉. 설치던 악의 무리들이 저지른 죄에 상당하는 벌을 받게 되었다는 뜻.

이기의 최후

 윤원형은 20년 가까이 권력을 누리다가 1565년 문정왕후가 죽은 후에 탄핵을 받고 유배를 당해 죽었지만 이해를 죽음으로 몰고 간 직접적인 원흉이라 할 영의정 이기는 얼마나 더 잘 살았을까?
 이기는 사사로운 원한이라도 있으면 바로 앙갚음을 하였으므로 조정의 대소 관료들도 그를 두려워하여 함부로 공격하지 못했다. 그러나 그 횡포와 영화는 오래 가지 않았다. 이해가 죽은 다음 해에 조정의 대신들이 들고일어났다. 1551년 10월 24일 홍문관 부제학 조사수(趙士秀), 직제학 이탁(李鐸) 등으로부터 재변과 국정 운영 엉망을 이유로 탄핵을 당했다. 이후 매일 양사에서 그를 처벌하라고 상소하였다. 11월 2일부터는 아예 쫓아내라고 상소하였다. 11월 10일 참찬관 권철(權轍)이 이기가 방납미(防納米) 3백여 섬을 빼돌리고, 공납(貢納)할 물건을 기한 내에 관사(官司)에 납부하지 않았으며, 흉년기 때 곡식을 내주는 것을 거부했음을 폭로하였고 같은 날 대간이 두 차례 그를 다시 탄핵하자 드디어는 파직을 당하였다. 그러나 한 달 반 후 그가 공이 있다는 이유로 다시 영중추부사로 복직되었다.
 이듬해인 1552년(명종 7년) 새해 벽두부터 이기에 대한 탄핵이 다시 시작되었다. 이후 석 달 동안 사간원, 사헌부, 홍문관으로부터 매일 그를 탄핵하는 상소가 올라왔으나 왕이 듣지 않았다(그때는 아직 명종이 친정을 하기 전이어서 문정 대비의 힘이 살아있을 때였다). 4월 들어 그의 병세가 위중해지자 명종은 승지를 보내어 문병하였으나 4월 28일 병세가 갑자기 위중해지더니 결국 사망하였다. 그가 죽자 왕은 3일간 정사를 파하고 애도하였고 왕명으로 예장(禮葬)까지 해주었다. 향년 76세, 죽을 때까지 호사를 누린 셈이다.

온계 묘소 문관석

당시의 사관은 시중의 여론을 인용하면서 그를 제대로 응징하지 못한 한을 적어놓았다.[11] 그에게는 사후에 문경공(文敬公)이란 시호가 내려졌으나 1567년 선조가 즉위하고 을사사화가 날조로 밝혀지는 등 분위기가 일변하면서 영의정 이준경이 그의 묘비를 넘어뜨리고 삭탈관직과 삭훈을 청하는 상소를 올렸다. 이후 그는 윤원형 등과 함께 을사사화의 원흉(元兇)으로 지목되고, 사림에게 해를 가했다 하여 선조 초년 언관들의 맹비난을 받고 묘비(墓碑)도 제거되고 시호도 회수되었다. 그에게 원한을 품은

◇◇◇◇◇◇◇◇◇◇◇◇◇◇

11) 기는 인품이 흉패하고 모습은 늙은 호랑이와 같아 그의 외모만 봐도 속 마음을 알 수 있었다. (이하 중략) 윤임이 숙청되자 이를 자기의 공으로 삼아 드디어 재상의 지위를 점거하고 권력을 장악하였다. 그리하여 모든 정사가 그에게서 나왔고, 권세는 임금을 능가하였다. 기세가 불길 같아 죽이고 빼앗는 것을 마음대로 하였으므로 조정의 벼슬아치들이 모두 그의 명령에 움직였다. 모든 화복은 그의 기분에 좌우되고 은혜와 원수 갚는 일에 사소한 것도 빼지 않았다. 안 그런 체 하면서 철저히 보복하여 살해당한 사람이 매우 많았다. (이하 중략) 사방에서 실어오는 물건이 임금에게 들어오는 공물보다 많았다. 기는 끝내 흉측한 몸을 보전하다가 편히 제집에서 죽으니 사람들이 모두 분개하여 그의 고기를 먹고 가죽을 깔고 자지 못하는 것을 통탄히 하였다.
명종실록 7년(1552) 4월 28일 「영부사 이기의 졸기」.

누군가가 아들 이원우와 구엄 집안의 결혼식 날 사람의 목을 벤 인형을 만들어 세우고는 종이에 이기(李芑)라는 글자를 써서 붙였으므로 이원우 집의 가인들이 이를 보고 놀라서 기절했다는 일화도 전해오고 있다.[12]

이기가 죽은 해인 1552년, 퇴계는 서울에서 벼슬하면서 여묘(廬墓)하고 있는 이해의 세 아들 이녕, 이교, 이치(李寊)에게 편지를 보내어, 이기(李芑)의 죽음으로 인해 바뀐 세상 분위기를 전하고 온계의 억울한 별세를 애석해 했다.

"하늘이 눈 속의 못을 제거하여 나머지 못된 것들도 멀어져 가, 인심이 조금 화합되었고, 기상도 전과는 완전히 같지 않다. 우리 집안의 재앙은 모두가 원통하다는 것을 알기에 간혹 공공연하게 측은하고 애통하다는 말을 하기도 한다. 그러나 지하에 계신 혼백에게 무슨 도움이 되겠는가? 이미 지나간 일에 무슨 도움이 되겠는가? 괴로워서 죽을 지경이다. 괴로워서 죽을 지경이다."[13]

이기가 죽고 그 무리들이 쫓겨난 뒤 온계의 억울함을 말하는 사람이 많아졌지만, 퇴계는 이미 세상을 떠난 형님께 이러한 변화가 무슨 의미가 있겠느냐고 탄식하며, 자신의 괴로운 심정을 조카들에게 전하고 있다.

---

12) 이기의 생애. 위키백과.
13) 도산전서 권56, 「與寗等」.

화려한 부활

온계의 누명이 벗겨지고 동생 퇴계가 형님의 유덕을 기린 이후 비로소 사람들은 마음 놓고 온계의 충절과 학문과 덕을 기리게 되었다. 그 첫 번째가 이해가 세상을 뜬 지 100년이

삼봉서원 편액

조금 지난 효종 5년(1654년)에 영주에 세워진 삼봉서원이다. 지금의 영주군 이산면 신암1리 삼봉골에 세워진 삼봉서원에서 처음으로 온계를 위령하고 그의 학문을 기리기 시작했다. 이곳은 온계의 처향(妻鄕)으로서 온계는 19세 되던 해(1514년) 영주군 삼봉면 말바우(斗巖)에 사는 연안김씨 문중의 통례원가인의(通禮院假引儀) 김복흥(金復興, 1482~1537)의 딸에게 장가들어 처가에서 잠시 공부를 하였다.[14]

---

14) 1650년(효종1) 이곳에 세거하던 함창김씨·진성이씨·연안김씨 세 문중이 먼저 삼봉서당을 세웠다가 4년 후 서당에 묘우(廟宇) 3칸을 세우고 삼로(三路) 김이음(金爾音, 咸昌, ?~1409), 온계(溫溪) 이해(李瀣), 만취당(晩翠堂) 김개국(金蓋國, 延安, 1548~1603), 물암(勿巖) 김융(金隆, 咸昌, 1549~1593) 선생을 배향하고 삼봉서원(三峰書院)이라 했다.
이곳에는 온계의 증손자 명(峸, 1587~1663, 護軍지냄)이 자리를 잡은 후 아들 찬한(燦漢, 1610~1680)이 진사-문과로 부사에 올랐고, 후손 기동(基東, 1798~1863)이 문과에 급제하여 사복시정을 역임하는 등 머슴에서 과환(科宦)과 문한(文翰)이 대를 이어 나왔다.

그로부터 13년 후인 현종 8년(1667년)에 선생이 태어나고 자란 안동시 도산면 온혜리에 청계서원淸溪書院이 세워져 지방 유림들에 의해 선생의 제향이 시작되었다. 여기에는 선생의 부

삼봉서원. 영주시 이산면 삼봉골

친인 이식(李埴)과 숙부 송재(松齋) 이우(李堣)도 함께 모셔졌다.

숙종 17년(1691년) 8월에는 특별 증직(贈職)이 내려졌다. 실록을 보면 숙종 17년 신미(1691) 8월 23일에 임금이 대신들을 접견하는 자리에서였다. "고(故) 대사헌(大司憲) 이해(李瀣)에게 특별히 증직(贈職)하였다. 이해는 문순공(文純公) 이황의 형인데, 간신에게 무함당하여 죽었으므로, 나라 사람이 원통하게 여겼다. 이제 와서 목내선(睦來善)의 말에 따라 이 명이 있었다."고 하였다. 이때에 이조 판서로 증직되었다. 정확한 관작은 이랬다.

증 자헌대부 이조판서 겸 지경연 의금부사 홍문관 대제학 예문관 대제학 지춘추관 성균관사 세자좌빈객 오위도총부 도총관(贈自獻大夫吏曹判書兼知經筵義禁府事弘文館大提學藝文館大提學知春秋館成均館事世子左賓客五衛都摠府都摠管)

이때에 영의정은 권대운(權大運)이요, 좌의정은 목내선(睦來善)으로 좌의정이 임금에게 요청해서 이루어진 일이었다. 이때 올린 글은 다음과 같다.

『고 대사헌 이해는 선정신(先正臣) 이황의 형으로 중종 인종 양조의 명신입니다. 헌납 이치와 같이 이기의 정승 됨을 반론했습니다. 이기가 정승이 되자 기유년 명종 4년에 선생을 무고하여 마침내 화를 입었습니다. 이러한 사실은 퇴계선생의 묘지에 기록되어 있습니다. 지금 이치는 포상되어 증직이 내려졌는데 홀로 선생만이 아직 그대로 있습니다.』

정조대왕 때에는 영남 유생 221명이 이해에게 시호(諡號)를 내려줄 것을 나라에 청했고, 이에 따라 왕이 시호를 내리도록 허락했다.

정조 7년 계묘(1783) 11월 17일
영남 유생 조의양 등이 고 대사헌 증 이조 판서 이해의 은전을 아뢰니 윤허하다

영남(嶺南) 유생(儒生) 조의양(趙宜陽) 등이 상소하기를,

"고(故) 대사헌 증(贈) 이조판서 이해(李瀣)는 곧 선정(先正) 문순공(文純公) 이황의 형입니다. 청현(淸顯)한 직을 역임하면서 극력 풍재(風裁)를 유지하였고 충성스러운 말과 정직한 지조를 지킨 것이 국가의 사책(史冊)에 분명하게 실려있기에 신(臣)들이 자세한 말을 할 것이 없습니다. 그런데 그의 몸이 사화에 죽었음은 진실로 을사년 이후의 일입니다.[15] (중략) 공론의 결정은 백년을 기다리지 않게 되는 법이기에, 우리 선조 대왕께서 그의 원통과 억울함을 씻어주고 그의 직첩을 되돌려 주게 되었고, 또한 우리 숙종 대왕께서는 정직한 신하임을 추상(追想)하여 정경(正卿)[16]으로 증직(贈職)하였고, 우리 영종 대왕(英宗大王: 영조) 6년에는 대신이 연석(筵席)에서 주달(奏達)하여 장차 역명(易名)의 은전(恩

◇◇◇◇◇◇◇◇◇◇◇◇◇◇◇
15) 이해가 죽은 해는 1550년이니 이미 233년이란 시간이 지났다.
16) 판서 이상의 직위. 육조의 판서는 의정부의 참찬(參贊: 정二품), 한성부의 판윤(判尹: 정二품), 홍문관(弘文館)의 대제학(大提學: 정二품)과 더불어 정경(正卿)이라 일컬었다.

典)¹⁷⁾을 거행하게 되었었는데, 조정에 일이 많아짐으로 인하여 중간에 정지됨을 면하지 못하게 되었습니다. 대저 전대(前代)의 성왕(聖王)들이 뛰어난 절의(名節)를 높이고(崇獎) 충직(忠直)함을 표창(旌顯)하였음은 곧장 그의 한 몸을 영광스럽게(榮寵) 하기 위한 것만이 아니라, 장차 천하 만세에 신하된 사람들이 권장(勸獎)받게 한 것입니다. 하물며 증직이 정경(正卿)에 이르게 되면 응당 시호(諡號)를 받게 되는 법이니, 삼가 바라건대 신들의 종적(踪跡)이 허술하고 말이 미미하다 여기지 마시고 위곡(委曲)하게 살펴보시어, 백 년 동안 거두어 두었던 은택을 입게 하시고 일로(一路)의 장보(章甫)들 소망에 부응(副應)토록 하소서."

하니, 비답하기를,

"아직까지 역명(易名)하는 은전이 지체되었음은 어찌 흠(欠事)이 아니겠는가? 소청을 특별히 시행하도록 윤허한다." 하였다.

---

17) 역명 (易名): 이름을 바꾼다는 뜻으로, 시호를 내려주는 일을 이르는 말이다.

시호 정민(貞愍) 내려지다

이해의 시호를 내리는 날에 정조는 치제(致祭), 즉 예관(禮官)이 나라에서 보내는 물품을 갖고 내려가도록 조치했다. 이는 최대의 경의를 표하는 조치였다. 시호는 그로부터 넉 달 뒤인 이듬해 정조 8년(1784년) 3월 11일, '정민(貞愍)'이라고 내려졌다.

정조 8년 갑진(1784) 3월 11일(병신)
이갑·이재협·심풍지 등에게 관직을 제수하고 정홍순·성담수·이해·김시습·남효온·박의장·원호·권적 등에게 시호를 내리다

이갑(李坤)을 병조 판서로, 윤사국(尹師國)을 사헌부 대사헌으로 삼았다가 곧바로 체임하고 이재협(李在協)으로 대신하게 하였으며, 심풍지(沈豊之)를 사간원 대사간으로 삼았다. 그리고 우의정 정홍순(鄭弘淳)에게 정민(靖敏)이란 시호(諡號)를, 이조 판서에 추증(追贈)된 성담수(成聃壽)에게는 정숙(靖肅)을, 이조 판서에 추증된 이해(李瀣)에게는 정민(貞愍)을, 이조 판서에 추증된 김시습(金時習)에게는 청간(淸簡)을, 이조 판서에 추증된 남효온(南孝溫)에게는 문정(文貞)을, 호조 판서에 추증된 박의장(朴毅長)에게는 무의(武毅)를, 직제학 원호(元昊)에게는 정간(貞簡)을, 지중추부사 권적(權樀)에게는 효정(孝貞)이란 시호를 내렸다.

이때에 생육신으로 알려진 김시습과 남효온도 시호를 함께 받았다. 세

신도비(좌) 건립 당시 (우) 2022년 중수 후

명 다 너무 늦은 것이다. 정민(貞愍)이라는 시호의 의미가 각별하다. "절조(節操)를 지켜 청백(淸白)하니 정(貞)이요, 백성들이 슬퍼하게 되었으니 민(愍)이라(守節淸白曰貞 使民悲傷曰愍)"는 뜻을 내린 것이다.

나라에서 온계 이해의 절조, 즉 어느 때나 자신이 갖는 생각과 태도와 가치를 버리지 않고 지켰으니 곧은 그것이 곧 정(貞)이고, 그런데도 갑자기 흉악한 손에 의해 목숨을 잃으니 그로 인해 백성들의 마음을 아프게 했으므로 민(愍)이라는 것이다.

정조대왕은 시호를 내리면서 우의정인 번암 채제공(蔡齋恭)에게 신도비명(神道碑銘)을 지으라고 명을 내렸다. 이에 번암은 온계선생 신도비(溫溪先生 神道碑)의 비문(碑文)을 지어 연곡(燕谷)에 있는 이해의 묘지 바로 밑에 세웠다. 정조 26년에 묘지 밑에 세웠던 신도비를 지금의 정자(취미헌, 운암석실) 옆으로 옮겼다. 당시 신도비(神道碑) 상량(上梁) 때는 전국 각지에서 모인 유림(儒林)들의 줄이 송티재까지 이어졌다고 전해지고 있다.

후세의 평가

왕조실록이 정부의 관찬 역사라면 민간에서는 이해의 죽음에 대해 어떻게 보고 있을까?

이해가 죽은 후 약 220년이 지난 영조 때에 이긍익(李肯翊, 1736~1806)이 당시까지 있던 각종 역사 기록들을 모아놓은 『연려실기술』에 이렇게 정리가 되어 있다.

연려실기술 제10권 명종조 고사본말(明宗朝故事本末)
을사사화(乙巳士禍)
붙임 경술년 이해(李瀣)의 옥사

○ 경술년 8월에 충청 감사 이해와 유신(維新) 현감 이치(李致)를 문초하였다. 일찍이 이홍남이 고변한 이후 충주에 이사 가서 사는 최하손(崔賀孫)이란 백성이 기회를 이용하여 재주를 부려서 죄를 모면하고, 공을 세워 볼 야심으로 몰래 지방 벼슬아치들의 향회(鄕會) 문서를 훔쳐 가지고 서울에 올라가서 고변하려 하였다. 이것을 어떤 사람이 알고 잡아서 관에 보고하였더니, 현감 이치가 감사 이해(李瀣)에게 보고하여 심문하고 치죄하게 하였다. 이해는 다만 보고에 의하여 형장을 베풀고 취조하였었는데 하손은 곤장을 맞아 죽었다. 일찍이 홍남(洪男)이 자기의 아우를 죽인 뒤에, 그 아버지의 몰수당했던 재산을 찾기 위하여 상복을 입고 관가에 들어와 다투었다. 이를 보고 이치가 그를 천하게 여겨서 준엄한 말로 물리쳤었다. 홍남이 크게 감정을 품고 있었고, 사간

이무강(李無彊)은 이기의 앞잡이로서 일찍이 이해와 사이가 나빴었다. 이해가 대사헌으로 있을 때에 이기를 우의정에 탁용(擢用)하지 못하도록 반대한 일이 있었는데, 이때에 홍남이 무강(無彊)과 그의 처족인 원계검(元繼儉)을 사주하여 이해와 이치를 얽어 넣고서, "그들이 하손을 죽여 입을 막음으로써 역적을 옹호하였다." 하였다.

이에 이해와 이치를 잡아들여 매우 모진 고문을 하는데, 어떤 이가 이해에게, "허위로 자백하면 죄를 면할 수 있다."고 권하니 해가 탄식하며, "내가 어찌 지은 죄도 없이 허위로 자백하여 살기를 도모하겠느냐." 하고, 스스로 상소문을 초하여 그의 원통함을 호소하려 하였는데, 취조관이 이기를 두려워하여 들어 주지 아니하였다.

이치는 곤장을 맞다가 죽고, 이해는 장형을 받고 갑산(甲山)에 유배되었는데, 양사에서 6, 7번이나 법으로 다스리기를 청하는 글월을 올렸으나 허락하지 않았다. 이해는 8월 14일 양주(楊州)에 이르러 죽었는데, 이때는 마침 한창 더웠으므로 시신이 금방 훼손되었다. 이 사건을 급히 서두른 것은, 실상은 이기가 주장한 것이다. 《동각잡기》·《유분록》

이때에 대간이 아뢰기를, "이해(李瀣)가 충청 감사로 있을 적에 제 마음대로 문서를 꾸미어 유신(維新) 지방의 역적들의 토지와 노예와 재산 등 여러 가지 물건을 본임자에게 돌려주었다." 하고 또, "이해가 구수담(具壽聃)과 서로 한패가 되었다."고 무고하였다. 《유분록》

○ 이해(李瀣)는, 자는 경명(景明)이며, 본관은 진보(眞寶)이다. 이황(李滉)의 형으로서, 중종 무자년에 문과에 급제하였다. 성격은 일하는데 과감하여, 언제나 공명을 세우겠다고 자부하였고, 이기가 대신이 되었을 때에도 탄핵하여

그를 해임시켰다. 하루는 아우 이황에게 편지를 보내어, "한결같이 담담하게 물러서기만 하면, 공부한 것은 언제 다 펼 것이냐." 하고 책망하니, 이황은 권하기를, "시골에 돌아와서 본분을 지키고 있으십시오." 하였다. 《기재잡기》

○ 이해가 당시에 명망이 있었으므로, 모든 사람이 죽은 것을 애석히 여겼다. 선조 초년에 이치와 아울러 직첩(職牒)을 주었고, 뒤에 또 이조 판서를 추증하였으며, 정조 갑진년에 '정민(貞愍)'이라는 시호를 추증하였다.

다른 기록들도 대동소이한데 일부 진상을 정확히 알지 못한 채로 적은 것도 있지만 연려실기술에 모아진 민간의 역사 기록들은 대체로 곧은 성격의 이해가 옳지 않은 일에는 목숨을 걸고 시정을 요구하다가 원한을 사서 억울하게 죽게 되었으며 나중에 신원(伸冤)이 되었음을 밝히고 있다. 사후 200년이 지나서야 비로소 그 사람에 대한 평가가 제대로 돌아오는 것 같다.

온계의 생각 모아지다

이해가 세상을 떠난 후 사람들은 그를 어떻게 기억할 수 있을까? 다른 사람들이 말하고 써놓은 글로서 기억하는 방법이 있지만 그를 잘 이해하고 기억하려면 본인의 글이 있어야 한다. 그러나 생각보다 그의 글은 남아있는 것이 별반 없다고 해도 과언이 아니다.

이해의 중앙에서의 관료 이력이나 사회적 명망을 감안한다면 동시대 문인들의 문고 규모에 손색이 없는 초고가 충분히 엮어져야 마땅하다. 이해의 문집은 유감스럽게도 '일고(逸稿)'라는 형태로 전해온다. '일고'란 산일(散逸)된, 흩어져 잃어버려 일부만 전하는 문고라는 뜻이다. 18세기 영남학파의 중심인물로 『온계일고』의 서문을 쓴 대산(大山) 이상정(李象靖, 1711~1781)[18]은 서문에서 다음과 같이 탄식했다.

"지금 앞 사람들의 전해오는 말에 '선생은 학행(學行: 학문과 행검)으로써 세상에 이름이 있었다' '퇴도(退陶: 이황)의 정학(正學: 바른 학문)을 계발했다'라고

---

18) 이상정(1711~1781)의 호는 대산, 시호는 문경(文敬), 본관은 한산이다. 1711년(숙종37) 안동 일직현 소호리 가정촌에서 태어났다. 고려 말의 가정(稼亭) 이곡(李穀, 1298~1351)이 그의 선대이다. 5세 때에는 글자를 배워 이해할 수 있었고, 6세 때에 모친상을 당했으며, 7세 때에 십구사(十九史)를 읽었고, 12, 3세 때에는 사서(四書)를 섭렵하였다. 25세에 문과에 급제하여 승문원 정자, 예조 및 병조 좌랑, 예조 정랑, 사헌부 감찰 등을 제수받았지만 신병(身病)을 이유로 사양하고, 학문 연구와 후학 양성에 전념하면서 여생을 보냈다. 학문적으로는 퇴계에서 학봉 김성일, 갈암 이현일로 이어지는 법통을 이어받은 것으로 평가된다.

하는데, 이것인 즉 반드시 의거한 데가 있어서 한 말이겠으나 유문(遺文)이 흩어지고 세대가 점점 멀어져서 그 조예(造詣)한 공부의 실상을 상고할 수 없음은 어찌 후학의 끝없는 한스러움이 아니겠는가!"

앞에서도 지적했지만 지인에게 건넨 한 편의 서간문이나 서문, 기문, 발문 등의 산문도 없다. 서간문이 없다는 것은 옥사에 연루되거나 옥사를 조장할 만한 단서를 철저히 지워버리고자 했던 의도의 소산이 아닌가 싶다. 옥사에 희생된 온계의 유묵을 수습하는 일 자체가 어려웠을

『온계일고』의 초고들

수도 있다. 여전히 문정왕후의 비호를 받은 윤원형과 이기가 권력을 농단하는 상태가 지속되고 있었기 때문이다. 동생인 퇴계 역시 또 다른 옥사에 연루될 수 있으므로 자연스럽게 그렇게 되지 않도록 조심했을 가능성이 있고, 그런 관점에서 본다면, 문집 초고를 엮는 작업을 미룰 수밖에 없었을 것으로 보이기도 한다.

『일고』가 엮어진 것은 18세기 후반에 와서의 일이다. 이해 사후 6~7대만에 비로소 선조(先祖)의 문고를 소략하게나마 엮고자 나선 것이다. 1756년을 전후하여 눌은(訥隱) 이광정(李光庭, 1674~1756)[19]에게 청하여 「행

---

19) 이광정(1674~1756) 영조 때 영남 사림의 종장(宗匠). 어려서부터 총명하고 책 읽기를 좋아했는데, 정통 유학서 뿐만 아니라, 『장자(莊子)』『초사(楚辭)』『사기(史記)』『좌씨춘추(左氏春秋)』와 같은 책을 탐독하여 고문에 능하였으며 훌륭한 문장을 많이 지었다. 1699년(숙종 25)에

장」을 마련한다. 이즈음 『일고』 간행 사업이 추진된 듯하다. 경술년(1550) 피화(被禍)의 슬픔이 유덕(幽德)의 현창(顯彰)으로 바뀌는 데 실로 7대 210여 년이 필요했던 것이다. 아마 18세기 후

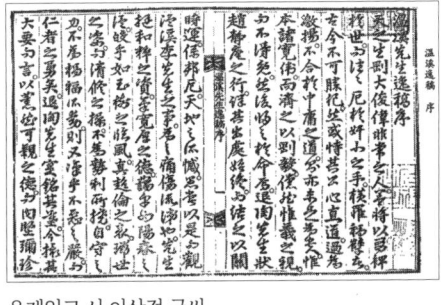

온계일고 서 이상정 글씨

반에 와서 가세가 진작되어 간행할 만한 경제적 여유가 생겼을 것으로 보이는바, 간행 사업을 주도한 인물의 면면이 이러한 추론을 가능케 한다.

『일고』를 수습한 이는 온계의 6대손 읍지헌(挹芝軒) 이현룡(李見龍, 1692~1765, 진사)이다. 그는 경담(鏡潭) 이수정(李守貞, 1709~1795)과 함께 『일고』를 수습하기 전에 이광정에게 「행장」을 청하기 위해 「행록(行錄)」을 먼저 만들었다. 「행록」은 온계가 어사로 있었을 때의 「일록」과 온계의 둘째 아들 만랑(漫浪) 이영(李甯, 1527~1588)과 셋째 아들 원암(遠巖) 이교(李宥, 1531~1595)가 화를 입을 당시의 상황을 손수 기록한 『경술일기』를 중심으로 집안에 내려오는 구문(舊聞)과 선배들 사이에서 구비 전승된 내용 중 문자로 정착된 것을 모은 것이다. 그런 뒤 말년에 이르러 주변 인사와 고가(古家)에 수소문하여 채록한 시 백여 편과 또 증별시편, 창수시편, 묘지, 갈명, 행장 등을 모아 합쳐서 부록을 만든 다음 선사(繕寫: 부족한 점을 보충하여 깨끗이 씀)하여 상자 속에 갈무리해 둔 바 있다. 이에 예안 사림들이 도산서원에서 간행하는 문제를 논의하기 시작했고, 그동안, 7대손 이급

진사가 되었으나, 생부모와 양부모 상(喪)을 연이어 당하자, 과거시험을 포기하고 태백산 자락 소천산(小川山)으로 들어가 젊은이를 가르치면서 문장가로서의 일생을 보냈다.

은 가전하는 고첩(誥牒)
과 「일록」 및 불타고 남
은 문적 등을 참고하여
「연보」 한 권을 엮어낸
다. 그리하여 이현룡이
선사해 둔 원고에 「연
보」를 부록한 뒤 이상정
에게 서문을 받아 1772

도산서원 시사단

년(영조 48년) 『온계선생일고』를 간행하기에 이른다.

 눌은 이광정은 「행장」에서 "선생은 대성(臺省: 사헌부와 사간원)에 출입했고 경악(經幄: 경연)에서 (임금을) 오래 모시었으니, 충성된 이론과 큰 계획으로써 장주(章奏) 사이에 나타난 것이 적지 않았을 것이다. 그리고 퇴계선생과 더불어 시사를 걱정하고 세도를 걱정했으니, 서로 떨어져 있는 동안에 오고 간 서찰 또한 책상에 가득했을 듯하다. 하지만 화변(禍變) 나머지에 씻은 듯 없어져서 무릇 선생 평일에 충성스럽던 일과 간절했던 훈계를 쫓아서 살펴볼 데가 없다"고 한 것과 같다.

 그러나 글이 많지 않다고 그 사람을 완전히 모르지는 않음은 고금의 여러 사례가 증명하는 바이다. 『온계일고』를 통해 선생의 삶은 되살아났다. 대산 이상정의 서문은 선생의 삶이 하늘의 별이 되어 다시 살아났음을 알려주는 신호탄이다.

온계 이 선생의 일고 서문[溫溪李先生逸稿序]

 하늘이 강대(剛大)하고 준위(俊偉)한 특출한 인물을 내는 것은 장차 세상을 위해 크게 쓰려고 해서인데, 왕왕 간사한 소인배의 손에 걸려 생각지도 못한 횡액을 당한 사람들이 고금에 이루 다 기록할 수도 없을 만큼 많다. 그러나 혹 공심(公心)과 직도(直道)를 믿고 지나치게 격양(激揚)하여 중용의 도리에 맞지 않는 것도 귀하다고 할 수 없으니, 오직 너그러움에 바탕을 두고 굳건함으로 다스려서, 어떤 경우라도 오직 의리로 비추어 보아 모면할 수 없게 된 다음에야 운명으로 돌릴 수가 있는 것이다. 퇴계(退溪) 선생이 조정암(趙靜庵 조광조(趙光祖))의 행장을 쓰면서 그 출처의 전말을 상세히 쓰시고는 결론짓기를 "시운에 막히고 방액에 걸렸으니 천지에 사무치는 유감이다.[關時運 係邦厄 天地之所憾]" 하셨다. 나는 일찍이 이러한 관점으로 온계(溫溪) 이 선생(李先生)의 행적을 살펴보고는 애통하고 가슴 아파 눈물을 흘렸었다.

선생은 온화하고 순수한 자질이 빼어나고 관후한 덕을 타고났으니, 아련히 양춘(陽春)의 따스함과 같고 교교히 옥수(玉樹)가 바람 앞에 흔들리는 것 같으셨다. 빼어난 의표(儀表)와 기린이나 봉황 같은 자태로 맑고 훤칠한 지조는 권세와 이익에 굽히지 않았고 자신을 지키는 힘은 화복(禍福)에 흔들리지 않았으니, 늠름히 남의 잘못을 미워하지 않으면서도 엄격하여 참으로 인자(仁者)의 용(勇)이었다. 퇴계 선생이 그 묘지명(墓誌銘)을 썼는데, 이제 그 요지만을 모아서 말해 본다면, "훈훈하게 친근한 덕으로써 더욱 보배로운 내면의 절조를 지켰고, 남을 해치지 않으려는 마음을 가지고도 권세에 아부하지 않는 바름을 마음속에 유지하였으니, 덕(德)은 강건함과 부드러움에 합치하고 행(行)은 너그러움과 굳건함을 온전히 하셨다."라고 하였으니, 조정에 서서 국사를 의논할 때에, 어찌 한편으로 치우쳐서 지나치게 격발(激發)하는 의론이 있었겠는가.

인묘(仁廟: 인종)께서 처음 등극하셨을 때 안위와 치란의 기미에 관계된 일이 있었으니, 을사년(1545, 인종1)의 합계(合啓)는 진실로 미약할 때 방지하고 재앙의 싹을 잘라 버리려는 선견지명에서 나온 것이었다. 그러나 시사(時事)가

일변하여 저들이 오히려 득세함으로써 그 음흉한 속셈을 다 부릴 수 있게 되었으니, 선생은 이에 화를 모면하기 어려웠다. 간신을 탄핵하는 것으로 시작하여 의리를 세우는 데 이르기까지 진실로 의연하여 불굴의 의지를 지니셨으니, 간절한 우국의 정성과 선류(善類)들을 보호하려는 의지는 흥건히 시대를 애달파하는 인애(仁愛)의 발로였다. 이미 내가 마땅히 해야 할 일을 다하였으니, 그러고도 재앙이 오는 것은 어쩔 수 없는 운명일 뿐이다. 어찌 지혜의 힘이 그 사이에 끼어들 수 있겠는가.

아마도 선생은 세상의 되어 가는 형편을 살펴보고는 벼슬길에 나서는 것을 달가워하지 않으셨던 것 같다. 가득 차면 엎어진다고 하는 경계(警戒)와 외로이 홀로 간다는 탄식을 여러 번 일상적으로 주고받는 말 속에 표현하였으니, 급류에서 과감히 물러나려는 의지를 이미 평소 마음속에 정해 두셨다. 그러나 사직하려는 요청은 걸핏하면 저지당하였고, 여러 번 지방관을 자청하여 스스로 한직에 있으려고 하였으나, 경악할 사태가 너무 빨리 터졌다. 이것은 시운(時運)과 방액(邦厄)에 관계된 것이지만, 사람이 어찌 천지에 유감이 없을 것인가. (중략)

선생이 퇴계 선생과는 금옥(金玉) 같은 형제로 지기(志氣)가 투합하고 도가 같았다. 일찍이 전원으로 함께 돌아가자는 약속을 하였는데, 한가로이 벼슬에서 물러나 지내며 침잠하여 갈고닦아서 쌓아나가는 수양 공부를 충분히 이루었더라면, 그 고명(高明)하고 광대(廣大)함이 장차 하남(河南)의 백숙(伯叔)과 더불어 천재(千載)에 아름다움을 나란히 했을 것이다. 그러나 벼슬길에 일찍 나갔고 사직(辭職)을 얻기는 어려웠으며 귀양 가던 날에 생을 마친 것은 또한 그 불행이 정암과 같았다. 이제 선배들로부터 전해오는 말을 들으니, "선생이 학행(學行)으로 세상에 이름을 떨쳤다."라고 하고, 또 "퇴계의 정학(正學)을 계발했다."라고도 하는데, 이것은 반드시 근거가 있는 말일 것이다.

그러나 유문(遺文)은 흩어지고 세대는 점점 멀어져서 도달한 조예가 어떠하였는지 알 수 없으니, 어찌 후학의 한이 끝이 있겠는가. 지금 그 저술이 겨우 수십 수의 시만 쓸쓸히 남아 있을 뿐이다. 그러나 격조가 고고(高古)하고 운치가 청원(淸遠)하니, 붓을 휘둘러 표현해낸 것이 대개는 나라를 걱정하고 전원을 그리는 마음과 형제를 사랑하고 격려하는 마음이다. 읽으면서 음미하면 만에 하나라도 선생의 마음을 이해할 것이니, 어찌 많을 필요가 있겠는가.

후손인 상사(上舍) 이현룡(李見龍)이 몇 수의 시를 수집(搜輯)했고, 사헌부 지평 이급(李級)이 연보(年譜)를 만들었으니 대략 앞뒤는 갖춘 셈이다. 이제 판각하려고 하면서 나에게 서문을 써 달라고 부탁하였다. 까마득한 후생이 아는 바가 없으니 어찌 감히 아름다운 덕을 대충 그려내어 왜곡하는 죄를 범할 것인가. 가만히 묘지명에서 알아낸 것으로 말을 만들어 효성스러운 후손의 요청에 답하고, 나의 우러러 사모하는 마음을 붙인다.

온계의 체온

앞에서도 지적했지만 온계에 대해 남아있는 그의 글들이 다른 조선시대의 문인, 학자에 비해서는 너무나 적다.

『온계일고』에서 온계의 체취를 맡을 수 있는 글은 시 백여 편과 부 세 편에 불과하다. 그런데 온계의 7대손 조은(釣隱) 이세택(李世澤, 1716~1777)은 『온계일고』 발문에서 "이것은 진실로 사문의 불행이지만 그렇다고 후세에 전하는 데에야 무엇이 적겠는가"라고 말한다. 이는 '불행 중 다행'을 강조하는 발언이다. 또한 "혹자는 그 문자가 쓸쓸하고 기적이 소략하여 선생의 훌륭한 덕과 큰 절조를 보기에 부족할까 의심한다. 아아, 예부터 명현의 사행은 진실로 우주 간에 밝게 드러나서 남겨진 글의 많고 적음에 매이지 않았다. 비록 당시에 화를 당한 여러 선생의 문고를 말하더라도 정암(靜庵 趙光祖, 1482~1519), 충재(冲齋 권벌, 1478~1548) 두 분의 유고도 한두 편에 지나지 않는다. 그 밖에 충암(冲庵 金淨, 1486~1521) 자암(自庵 金絿, 1488~1534)의 유고도 매우 초략(草略)하다"고 하여, 『일고』를 잘 살펴보면 온계의 성덕(盛德)과 대절(大節)을 알 수 있을 것이라고 한다. 심지어 이세택은 "깃 하나를 보고 봉황을 알며(見一羽而識鳳凰), 고기 한 점을 맛보고 큰 솥 음식을 알거늘(嘗一臠而知大鼎), 어찌 많아야만 할 것이랴"고 한다.[20]

온계와 퇴계는 형제이면서 지동도합(志同道合)한 학자이면서 같은 시

---
20) 이종호 「온계 이해의 문학과 정신세계」 『온계가의 학문세계와 현실대응』 23쪽.

대의 문신이었다. 형제는 모두 배운 대로 실천하는 바른 선비의 대표적 존재였다. 숙부 송재(松齋) 문하에서 학문을 익혀 6년 시간차를 두고 과거를 통해 관직에 나가, 온계가 유배 도중 숨

온계 신도비 정면

을 거둔 1550년까지 16년 동안 같은 조정에서 벼슬하며 형제이면서, 때로는 동료로, 시의 창수자로 학문의 토론자로 어떤 사안의 의논자로 잘 지냈다. 온계가 남긴 시문이 많이 없어져, 형제 사이의 관계를 더 자세히 밝히지 못하는 아쉬움이 있다. 그러나 온계가 이기(李芑) 간당에게 몰려 억울한 죽음을 당하자, 퇴계는 그 뒷수습을 하고 묘지명과 묘갈명을 지어 형님 온계의 일생을 잘 정리했고, 특히 간당들에게 억울하게 몰려 죽음에까지 이르는 과정을 상세히 묘사했다.

정조시대의 명신 번암(樊巖) 채제공(蔡濟恭)[21]은 온계의 신도비명을 쓰면서 이렇게 한탄했다.

"명종이 나이가 어렸을 때인데 역적 신 기(芑)와 원형(元衡)이 얽어서 선동(煽動)하고 옭아 짜 넣어서, 단아(端雅)한 사람과 정직한 선비로서 그 그물에 옭

---

21) 채제공(1720~1799): 1743년 문과에 급제한 후 승문원(承文院) 부정자(副正字)를 거쳐 후에는 벼슬이 영의정에 이르렀다. 정조의 명으로 사원노비의 폐단을 교정하는 방책을 마련하여 1801년 사원노비를 혁파할 수 있는 기반을 마련했다. 그는 영조와 정조라는 뛰어난 두 국왕이 이끈 국정의 중심에서 의미 있는 여러 개혁을 주도했다.

채제공이 쓴 온계이선생 신도비

채제공 진영

아 들지 않은 자가 드물었다. 이러한 데에도 나라[宗社]가 망하지 않은 것은 천운(天運)이었다. 국시(國是)가 이미 확정된 후에 누구인들 간인(奸人)에 대한 울분(鬱憤)에 주먹을 불끈 쥐고 눈초리가 찢어지지 않았으랴. 그 중에도 온계 이공을 애석하게 여김이 더욱 심했다. 대개 공은 퇴도 선생의 형이다. 소년 적부터 뜻이 같고 도(道)도 같아서 당세(當世)에 금옥(金玉) 같은 형제라는 일컬음이 있었다. (중략) 만약 임금을 섬기면서 충절(忠節)을 다하고, 다시 처음 옷(衣服: 벼슬하기 전에 입던 옷)을 찾아서 주정(主靜)하는 공부를 궁구(窮究)토록 했더라면 하남 양정씨(河南兩程氏)라는 아름다운 일

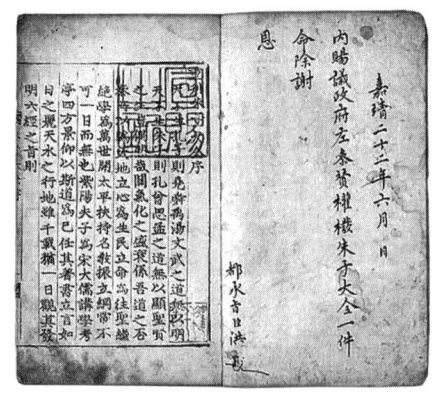
주자대전 충재종택 소장

컬음이[22] 반드시 옛적에만 오로지 하지 못했을 것이다. 하지만 흉한 불꽃이 타는 곳에 곤륜산(崑崙山) 옥이 섞여 들었으니 후학들이 슬픔을 안고 한을 억누름이 어찌 바로 나라를 위해 병들었던 것뿐이겠는가."[23]

퇴계가 관직에서 애써 물러나려 한 원인 가운데 하나로, 온계의 억울한 죽음을 들 수 있다. 온계가 천수를 누려 퇴계와 함께 학문에 정진했더라면, 형제가 절차탁마하여 송나라 정자(程子) 형제처럼 형제의 학문이 한국 학문사(韓國學問史)에서 더욱 우뚝한 업적을 남겼을 것이다.[24]

눌은(訥隱) 이광정(李光庭)[25]은 온계의 「행장」에서 다음과 같이 말한다.

"한스러운 것은 선생이 퇴도 선생과 함께 늘 물러나 수양하려는 뜻이 있었다. 퇴도 선생이 함께 '청산을 약속한다'라는 시가 있었는데, 선생은 '돌아가서 휴양하기를 서로 기대한다'는 것으로써 화답했다. 그 풍진(風塵)에 오래 머물음은 그의 본디 마음이 아니었건만 그때 사정에 엇갈려서 자신의 뜻대로 이루지 못했다. 매양 이 농암(聾巖) 이현보(李賢輔, 1467~1555) 선생의 멀리 물러남을 흠탄하여 자주 언급해마지 않으면서 늘 말하기를 '사환해서 2품에 이르렀으

---

22) 송나라때 정호·정이 두 형제처럼 이름이 났을 것이라는 뜻.
23) 번암집 제45권 / 신도비
24) 허권수「형제지기 온계선생과 퇴계선생」『450주년 퇴계의 귀향길』순례 강연.
25) 이광정(1674~1756) 영조 때 영남 사림의 종장(宗匠). 어려서부터 총명하고 책 읽기를 좋아했는데, 정통 유학서 뿐만 아니라, 『장자(莊子)』『초사(楚辭)』『사기(史記)』『좌씨춘추(左氏春秋)』와 같은 책을 탐독하여 고문에 능하였으며 훌륭한 문장을 많이 지었다. 1699년(숙종 25)에 진사가 되었으나, 생부모와 양부모 상(喪)을 연이어 당하자, 과거시험을 포기하고 태백산 자락 소천산(小川山)으로 들어가 젊은이를 가르치면서 문장가로서의 일생을 보냈다.

니 포의로서 영화이겠으나, 나는 이것이 즐겁지 않다'고 했다."

늦도록 벼슬하고 만인의 축복 속에 귀거래하는 농암이 어찌 부럽지 않았으랴. 그러나 온계는 농암과 달랐다. 농암이 부럽기는 했으나 그가 살았던 시대가 그를 제2의 농암으로 만들어 주지 못했다. 불의 앞에 자신과 약속한 원칙을 어길 수 없었던 온계였다. 그것이 비록 개인의 죽음이라는 불행을 가져왔지만 성명을 보전하기 위해 불의한 권력과 타협하지 않은 것은 후손에게 떳떳한 일이었다. 불의와의 동거 속에 늙도록 벼슬 끈을 놓지 않으려 애쓰는 인간이 오히려 후인들을 애처롭게 만드는 것이 아닐까.

7장
퇴계의 길

퇴계, 양진암에서 '양진'의 뜻을 되새기다

퇴계, 새로운 강학의 터를 찾다: 도산서당 건축 이야기

서당을 다 짓다 / 완락(玩樂)을 하는 집 / 경(敬)과 의(義)를 얻다

도산서당 이름에 담긴 깊은 학문의 길: 완락재와 암서헌

자연에서 배우리라 / 물러나는 길 / 긴 즐거움

물러남의 진정한 의미

퇴계, 양진암에서 '양진'의 뜻을 되새기다

조선의 왕 인종이 재위 1년 만에 승하하고 명종이 즉위한 첫 해인 1546년은 퇴계에게 무척 힘든 한 해였다. 퇴계는 1545년 장인이 돌아가셨으나 바로 초상을 돌보지 못하다가 이듬해인 1546년 2월에야 휴가를 얻어 장인 집에 들러 조문했다. 그 후 봄에 몸이 좋지 않아 한양으로 가지 못하고 안동 도산 영지산 기슭에 지은 지산와사(芝山蝸舍)에서 몸을 조리하고 있었다. 부인 권씨는 한양에 있었다. 시골에서 몸을 조리하던 중 퇴계는 뜻밖에 온계 형님으로부터 편지를 받고 부인이 세상을 뜬 것을 비로소 알게 되었다. 망중(罔中)에 형님의 도움으로 부인의 시신을 고향으로 옮겨와 매장을 하는 데도 시간이 걸렸다. 퇴계로서는 무슨 벼슬을 준다고 해도 몸이 성하지 않고 또 부인도 잃어 영 한양에 올라갈 마음이 나지 않았다. 그래서 자신의 집에서 동쪽으로 한 십 리 떨어진 토계(兎溪)라는 곳의 하천변에 자그마한 암자를 지었다. 그러다가 멀리 대전 근처 전의현(全義縣) 현감으로 있는 친구(故人)[1] 오언의(吳彦毅)로부터 편지를 한 통 받았는데 그 편지에서 문득 멋진 것을 하나 발견했다. 그때의 기쁨을 시로 기록한다.

---

1) 원래 故人은 죽은 사람을 의미하지만 다른 뜻으로 오래 사귀어 온 친구라는 뜻도 있다. 《莊子·山木》: "夫子出於山, 舍於故人之家. 공자가 산에서 나와 옛 친구의 집에서 묵게 되었다."

양진암(養眞庵)

대강대강 암자를 열어서 이름을 양진(養眞)이라고 했네
산에 의지하고 물을 임하고 있으니 정신을 기르기에 족하구나
천 리 밖의 친구가 마치 알고 있는 것처럼
그가 보낸 편지에 쓴 두 글자가 새롭구나

草草開庵號養眞　　依山臨水足頤神
故人千里如相識　　書面先題兩字新[2]

왜 이 글자가 퇴계의 눈에 확 띄어 '이것이다'라는 생각을 했을까? 양진(養眞)이란 말은 참(眞)을 기른다(養)는 뜻이다. 아주 간단한 말인데 사실 이 말은 세상의 이치를 추구하는 유학자들에게는 금쪽같은 말이다.

조금 어려운 말이지만 고려 말의 대학자인 목은(牧隱) 이색(李穡, 1328~1396)이 쓴 글을 하나 읽어보자. 양진재(養眞齋)라는 집을 하나 만든 친구에게 써준 글이다.

양진재기(養眞齋記)

목은 이색

양진재(養眞齋)는 전(前) 안동 대도호부사(安東大都護府使) 강공(姜公)이 거처하는 곳이다. 공이 병석에 오래도록 누워 있다가 그의 외제(外弟)인 장원(壯元) 김순중(金純仲)에게 부탁해서 나에게 기문을 요청해 왔다. (중략)

대저 사람은 이 기운[氣]이라고 하는 것을 받아서 생명을 영위하는데, 그것

---

2) 退溪先生續集卷之一 / 詩
　　養眞庵. 得吳仁遠書. 有養眞字. 因寄一絶.

은 바로 강건(剛健)한 건(乾) 즉 양(陽)의 기운과 유순(柔順)한 곤(坤) 즉 음(陰)의 기운이요, 이것을 다시 구체적으로 나누어서 말한다면 수(水)·화(火)·목(木)·금(金)·토(土) 즉 오행(五行)의 기운이 바로 그것이다. 그리고 양기음우(陽奇陰耦)와 양변음화(陽變陰化)의 근원을 찾아본다면 무극(無極)의 진(眞)으로 귀결된다고 하겠는데, 이 무극의 진에 대해서는 언어와 문자를 가지고 표현하기가 어려우나,

주희상(像) / 중국 복건성 무이산

《시경(詩經)》에서 '상천의 일은 소리도 없고 냄새도 없다.[上天之載 無聲無臭]'라고 한 것이 바로 무극의 소재(所在)를 암시한 것이 아닌가 싶다. 그래서 주자(周子: 주돈이)가 태극도(太極圖)를 지을 때에도 '무극이태극(無極而太極)'이라고 하였으니, 이는 대개 태극이 하나의 무극이라는 것을 찬양하기 위한 것이었다고 하겠다.

그것이 하늘에 있어서는 혼연(渾然)할 따름이니, 이는 바람이 불거나 우레가 치기 전의 그것이요, 사람에 있어서는 적연(寂然)할 따름이니, 이는 사물을 응접하기 이전의 그것이라고 할 것이다. 그런데 비록 바람이 불고 우레가 치더라도 혼연한 그것은 조금도 변함이 없다고 한다면, 비록 사물을 응접한다 할지라도 적연한 그것이야 또 어떻다고 하겠는가. 이를 거울에 비유하자면, 거울에 비치는 대상 자신이 아름답거나 추하게 보일 따름이지 정작 거울 자체는 아무 자취도 남기지 않는 것과 같다 하겠다. 그러니 거울이 어떤 대상을 비춰 준다 해서 그 대상에 영향을 받는 일이 어찌 한 번이라도 있을 수가 있겠

는가.

　이를 통해서 사람이란 존재도 태어나면서부터 이미 무극의 진(眞)을 구비하고 있다는 것을 알 수가 있다. 그런데 오직 대인(大人)의 자격을 갖춘 자만이 그것을 내부에서 잃지 않기 때문에 대인이 될 수가 있는 것이니, 외부로부터 그것을 얻어서 대인이 될 수 있는 것은 아니라고 하겠다. 옛날에 예를 극진히 해서 임금을 섬긴 것은 아첨이 아니요 진(眞)의 발로였으며, 병을 이유로 거절했다가 다시 나가서 조문했던 것도 속임수가 아니요 진의 발로였다. 그런데 지금은 사욕(私欲)만 앞세워 끝없이 치달리고 있는 까닭에, 술수(術數)를 써서 서로 배척하는가 하면 간교한 꾀를 써서 자신의 세력을 확장하고 있는데, 그런 와중에서 완전함을 구하려다가 거꾸로 비난을 초래하는 경우도 비일비재한 실정이다. 이것이야말로 거짓을 행하는 것이니, 날로 졸렬해지는 일이라고 해야 하지 않겠는가.

　강공이 비록 병이 들기는 하였지만, 그래도 자신의 거처에 양진(養眞)이라는 현판을 내걸었고 보면, 그가 외물의 유혹에 넘어가지 않으리라는 것을 분명히 알 수가 있다. 나는 그저 귀로 듣고는 바로 입으로 내놓는 공부 정도일 뿐이라서 마음을 기르는 방법에 대해 모르지는 않으면서도 정작 실천은 제대로 하지 못하고 있다. 《맹자(孟子)》에 "마음을 기르는 방법으로는 욕심을 적게 하는 것보다 좋은 것이 없다."[3]는 내용이 들어 있는데, 이 과욕(寡欲)이라는 말을 가지고 진(眞)을 기르는 제일의(第一義)로 삼는 것이 어떨까 싶다.

　경신년(1380, 우왕6) 7월 초하루에 짓다.

---

[3] 養心 莫善於寡欲 其爲人也寡欲 雖有不存焉者 寡矣 其爲人也多欲 雖有存焉者 寡矣.『맹자』,「진심(盡心)」하권.

즉 그냥 보면 '참을 기른다'라는 단순한 말이지만 이 속에는 이처럼 우주의 근본을 꿰뚫고 그것을 처음부터 배워나가야 한다는 뜻을 담고 있는 것이다. 그러니 퇴계는 친구가 편지에 아마도 무심코 썼을 이 단어를 보고는 참마음을 찾고 기르는 것이 학문과 삶의 큰 뜻임을 문득 깨닫고는 새로 지은 작은 암자에 이 이름을 붙이자고 한 것이다. 어쩌면 서당을 짓고 제자들을 가르치고 한 큰 뜻이 이때에 구체화된 것이라 할 수 있다.

편지를 보낸 오언의(吳彦毅, 1494~1566)는 퇴계의 숙부인 송재 이우의 둘째 사위로, 퇴계에게는 사촌자형이 된다. 그는 도산 마을에서 함께 살았는데, 퇴계보다 7살 위이고 형님 온계보다 2살 위였지만, 옛말에 '열 살 아래 위로는 다 친구'라는 말처럼 함께 성장하며 배운 친구였다.[4] 퇴계가 단양 군수 시절(1548~1549) 너무 힘들어 오언의에게 하소연하는 편지를 보내기도 했다.

퇴계는 1546년 봄 5월에 병으로 부임하지 못해 관직에서 해임되었다가, 다시 7월 부인 권씨의 장례를 치른 뒤 조정에서 교서관 교리, 예빈시정(禮賓寺正) 등의 벼슬을 내렸으나 모두 나가지 않고 양진암(養眞菴)을 지어 몸과 마음을 의지했다. 기존에 머물던 온계리 남쪽 지산(芝山) 북쪽의 집은 너무 좁고 길목이라 시끄러웠다. 양진암이 세워진 곳 근처의 하천 이름은 원래 토계(兎溪)였다. 퇴계는 이곳의 '토(兎)' 자를 '퇴(退)' 자로 바꾸어 '퇴계(退溪)'라고 부르자고 제안하고, 이를 자신의 호로 삼았다.

양진암에 머물던 퇴계는 다시 조정을 부름을 받아 1548년 단양 군수가 되었고, 그해 말 형님 온계가 충청도 감사로 오자 풍기 군수로 옮겼다

---

4) 일찍이 30여 년 전인 1513년 삼촌 송재는 두 사위인 조효연, 오언의와 조카 해를 청량산에 가서 독서하도록 하면서 독서는 산에 올라가는 것과 같다는 시를 지어준 바 있다. 오언의의 손자 죽유(竹牖) 오운(吳澐, 1540~1617)은 퇴계의 제자가 된다.

는 것, 그리고 형님이 1549년 고향으로 오는 길에 죽령에서 감개무량한 해후를 하고 다시 이별한 이야기는 앞에서 알아본 그대로이다. 그리고 그 다음 해인 1550년 8월에 형 온계

퇴계종택 추월한수정

가 고문을 받고 귀양가다가 운명했다. 청천벽력과 같았다. 아버지처럼 의지하던 형이었는데 그렇게 횡액을 당하자 퇴계는 세상에 나가서 벼슬을 한다는 것에 대해 완전히 뜻을 잃었다. 그해 11월, 퇴계는 제자인 월천(月川) 조목(趙穆)에게 은거하여 여생을 학문에 바치겠다는 뜻을 분명히 밝혔다. 형님이 변을 당하기 전부터 퇴계는 학문 연구와 강학을 위한 다른 집터를 물색하고 있었다. 그리하여 1550년 그해 퇴계 서쪽에 세 칸 규모의 집을 짓고 집 이름을 한서암(寒棲庵)이라 했다. 한서암을 짓자 이제 전국 각지에서 제자들이 모여들기 시작했다. 집이 좁아지자 퇴계는 1551년 한서암 동북쪽 계천(溪川) 위에 '계상서당(溪上書堂)'을 짓고 제자들을 가르치기 시작하였다. 이는 기존 집보다 다니기 수월했지만 여전히 제자들을 받기에는 협소했고, 보다 넓고 적절한 강학 공간이 필요했다.

퇴계, 새로운 강학의 터를 찾다: 도산서당 건축 이야기

도산서당

작은 암자들이 협소하고 외부 요인에 취약했기에 퇴계는 학문 연구와 후학 양성을 위한 더 나은 터를 다시 알아보느라 주위를 다녔다. 그러다가 기존 집에서 남쪽으로 산을 넘어 낙동강을 바라보는 비탈이 적당한 곳임을 확인했다. 땅을 발견한 경위를 퇴계는 이렇게 썼다.

"처음에 내가 계상(溪上)에다 몸을 붙이고 살 만한 터를 가려 찾을 적에는 퇴계(退溪)[5]를 가까이 마주하고 몇 칸의 집을 세워 서책(書冊)이나 들여놓고 졸박(拙朴)하나마 타고난 덕성(德性)을 다치잖게 잘 지니어 기르는 곳으로 삼았던 것인데, 이미 세 차례나 그 터를 옮기고도 문득 비바람에 무너지는 바가 되었

---

5) 여기서 퇴계는 작은 강 이름. 원래는 토끼들이 사는 개울이란 뜻의 토계(兎溪)였는데, 퇴계가 50세 되던 1550년 초에 이곳에 정착하기로 하고 물러가는 개울이란 뜻의 퇴계(退溪)로 이름을 바꾸고 이 이름을 자신의 호로 삼았다.

고, 더욱이 계상은 쓸쓸한 데에 치우쳐 있어서 마음을 탁 트이게 하는 데는 마땅하지 않았다. 그래서 다시 옮길 것을 꾀하여, 도산의 남쪽에서 터를 얻으니, 거기에 작은 마을이 있어서 앞으로 강과 들을 굽어보는 눈길이 그윽이 멀고 넓으며, 바위가 들어찬 산기슭은 풀과 나무가 우거져 있으며, 돌 틈으로 흐르는 샘물은 달고도 차가워, 참으로 세속(世俗)을 벗어나 포근히 들어가 지낼 만한 곳으로는 마땅하였다."[6)]

이 터가 얼마나 맘에 들었는지 퇴계는 그 기쁨을 시로 나타내었다.

<blockquote>
계산서당은 비바람 부니 침상조차 가려주지 못하기에
거처 옮기려고 빼어난 곳 찾아 숲과 언덕을 누볐네
어찌 알았으랴 백년토록 마음 두고 학문 닦을 땅이
바로 평소에 나무하고 고기 잡던 곳 곁에 있을 줄이야
風雨溪堂不庇牀　　卜遷求勝徧林岡
那知百歲藏修地　　只在平生採釣傍[7)]
</blockquote>

퇴계가 땅을 구한 것은 57세가 되던 1557년이었다. 이듬해인 1558년에 터를 닦고 집을 짓기 시작했다. 집을 짓는 일은 동네 스님이 맡아주었다. 전체 공사는 약 5년 만에 마무리되었다. 그 과정을 잠시 보자.

서당 터를 확정한 이후 건축을 시작하게 되나, 당장 착수하지는 못하고 이듬해 1558년(무오)으로 넘기게 된다. 1558년 3월에 창랑대(滄浪臺:

---

6) 이황 지음 김태환 역 〈도산기(陶山記)〉
7) 退溪先生文集卷之二 / 詩
　　尋改卜書堂地. 得於陶山之南. 有感而作. 二首

뒤에 천연대라고 개칭함)를 쌓고 4월에 역동서원(易東書院)의 터를 잡는 등 고향의 선비들과 바쁜 나날을 보냈다. 그동안 왕의 부름을 받고 사직서를 올려 응하지 않았으나 끝내 왕의 윤허를 얻지 못하고 7월에 가서 할 수 없이 상경하였다. 10월에 성균관 대사성(成均館大司成)을 임명 받았다가 12월에는 공조 참판(工曹參判)으로 승진 전임되었다. 이때 서울에 머물며 벼슬에 임했는데 이런 가운데서도 아들과 서재 건축에 관한 일을 계속 논의하였다.

손수 서당의 설계도 두 종류를 그려 보내고 용수사(龍壽寺)의 승려 법련(法蓮)과 상의하여 정하라고 지시하기도 했다. 1559년(기미) 봄에 건축 공사가 시작되었다. 그러나 일을 맡은 스님 법련이 갑자기 입적하는 바람에 목수가 없어서 낭패를 겪다가 용수사의 다른 스님 정일(淨一)에게 의뢰해 공사를 계속하였다.[8] 도산서당 본채는 1561년(신유)에 다 지어졌다.

이 서당 짓는 일이 순탄하지만은 않았다. 공사를 하던 1560년에 퇴계는 제자 황준량(黃俊良)에게 이런 편지를 보내 어려움을 토로한다.

"도산서당을 짓는 것은 정말 어쩔 수 없이 지금 막 세 칸을 지었지만 자금을 계속 댈 수가 없어 중간에 중지해야 할 형편입니다. 그러나 지어놓은 건물에는 가을이면 들어가 지낼 수 있을 것입니다."[9]

◇◇◇◇◇◇◇◇◇◇◇◇◇◇
8) 권오봉, 『퇴계의 燕居와 사상형성』 100쪽, 1989, 포항공과대학.
9) 『퇴계 편지 백 편』 이황 지음 이정로 엮음 박상수 번역, 40쪽, 2020, 수류화개.

서당을 다 짓다

퇴계가 이 땅을 구한 것은 57세가 되던 1557년이었다. 이듬해인 1558년에 터를 닦고 집을 짓기 시작했는데, 집 짓는 일은 동네 스님이 맡아주었다. 전체 공사는 약 5년 만에 마무리되었으며, 이 과정에서 두 채의

도산서당 본채

당사(堂舍)가 마련되었다. 도산서당의 본 건물은 세 칸 규모로 지어졌다. 이 세 칸의 건물에 퇴계는 각각 이름을 붙였다.

중간 한 칸은 완락재(玩樂齋)라 하였으니, 이는 주선생(朱先生)의 『명당실기(名堂實記)』에 나오는 "즐기며 완상하니, 족히 여기서 평생토록 지내도 싫지 않겠다."라는 말에서 따온 것이다. 동쪽 한 칸은 암서헌(巖棲軒)이라 하였으니, 이는 주자 운곡(雲谷)의 시 "학문에 대한 자신을 오래도록 가지지 못했으니 바위에 깃들여[巖棲] 작은 효험이라도 바란다."의 내용을 따온 것이다. 건물 전체는 합해서 도산서당(陶山書堂)이라고 현판을 달았다.[10]

---

10) 이황 지음 김태환 역 〈도산기(陶山記)〉.

완락(玩樂)을 하는 집

퇴계가 거주할 가운데 방에 붙인 완락재라는 이름은 퇴계의 스승인 주희(朱熹, 1130~1200), 곧 주자(朱子)가 쓴 『명당실기』라는 글에서 따온 것이다. 『명당실기』는 흔히 생각하듯 풍수지리의 명당(明堂)을 설명한 기록이 아니라, 당실(堂室), 곧 집과 방에 이름을 붙인(名) 사연을 적은 글이다.

퇴계는 자신이 거주할 가운데 방에 완락재라는 이름을 붙였다고 자신이 설명한

주희가 살던 집

다. 즐겁다는 락(樂)과 즐긴다는 완(玩) 두 개념을 취한 것이며, 주희가 말한 "즐기며 완상하니, 족히 여기서 평생토록 지내도 싫지 않겠다(樂而玩之, 固足以終吾身而不厭)"는 문장의 의미를 담았다고 볼 수 있다. 곧 여기서 보고 즐기며 살아가는데, 평생을 보내도 질리지 않을 것이라는 뜻이다. 그런데 보고 즐긴다면 무엇을 보고 즐길 것인가? 주희가 쓴 『명당실기』

에 그 뜻이 조금 더 명확하게 설명되어 있다.

주희의 선조는 대대로 중국 송나라 때 안휘성(安徽省) 휘주 무원(徽州婺源)의 호족으로, 아버지 주송(朱松)은 관직에 있다가 당시의 재상(宰相) 진회(秦檜)[11]와의 의견충돌로 퇴직하고 복건성 우계(尤溪)에 옮겨 살았다. 주희는 1130년에 이곳에서 태어나 14세 때 아버지를 여의었다. 아버지가 돌아가시자 주희는 아버지의 뜻에 따라 유자우(劉子羽)라는 부친의 친구에게 맡겨졌는데, 유자우는 주희를 위해 자양루(紫陽樓)라는 집을 새로 만들고 주희와 모친이 거기서 살도록 했다. 주희는 이곳에서 서당을 열어 학문을 제자들과 함께 연마하면서 공부하여 큰 학자가 되었다.

주희

주희는 자양서당(紫陽書堂)을 만들고 거기에 만든 두 개의 곁방에 이름을 붙인다. 그는 다음과 같이 설명했다.

"나는 (부친과 스승의) 가르침을 실천하고 닦으며 그대로 따라서 행동하지를 못해서 엎어지고 쓰러졌다. 이에 이제서야 그것을 서당의 이름으로 삼아 여러 선생들의 가르침을 잊지 않을 것임을 보여주겠다. 또한 내가 회(晦)하는 것에

---

11) 진회는 북송(北宋)나라 말기에 여진족 금나라가 대거 침입할 때 유명한 장군 악비(岳飛)가 결사항전을 외쳤지만 금나라군과 1142년에 화의를 맺고, 이에 반대하는 악비를 몰아 죽게 만든 것으로 해서 천하의 간신으로 유명해진 인물이다. 이때는 송나라가 남쪽으로 밀려와 남송으로 새로 출발하던 때였다.

뜻을 세우고 이후부터는 이렇게 일을 해나가려고 한다. 서당의 양쪽에 곁방이 있는데 한가한 날엔 잠자코 앉아 책을 읽는다. 왼쪽은 경재(敬齋)라 하고 오른쪽은 의재(義齋)라 한다."[12]

---

12) 熹惟不能踐修服行, 是以顚沛. 今乃以是名堂, 以示不敢忘諸先生之教, 且志吾晦, 而自今以始, 請得復從事於斯焉. 堂旁兩夾室, 暇日默坐, 讀書其間. 名其左曰「敬齋」右曰「義齋」
중종 때 주세붕이 지은《죽계지》의 권2〈존현록〉에 실린 명당실기의 고전번역원 번역본을 인용했다.

경(敬)과 의(義)를 얻다

그리고 이어서 서당의 양 옆 방을 경재(敬齋)와 의재(義齋)라는 이름으로 부르기로 한 이유를 이렇게 설명한다.

"대체로 나 주희는 일찍이 주역(周易)을 읽고 두 마디 말을 얻었으니 '경(敬)으로써 안으로 마음을 바르게 하고 의(義)로써 밖으로 몸을 바르게 한다'는 것이다. 이를 학문하는 요점으로 삼은 것은 이것을 대체할 수 있는 게 없다는 생각에서였다."(蓋熹嘗讀易而得其兩言曰敬以直內義以方外以爲爲學之要無以易此)

『주역(周易)』 곤괘(坤卦)에 보면 "군자는 경(敬)으로 안을 바르게 하고 의(義)로써 밖을 똑바로 한다(君子 敬以直內, 義以方外)"라는 말이 있다. 주희는 이 문장을 읽고 크게 깨달았다고 한다. 이에 중용과 대학을 읽으며 경(敬)과 의(義)라는 두 글자를 생활의 근본 지침으로 삼고 세상과 사람의 이치에 대한 공부를 더욱 천착(穿鑿)한 뒤에 마침내 모든 이치가 하나로 관통하는 것을 알게 되었다고 말한다.

"다만 그 마음이나 힘이 어떻게 쓰이는지는 알지 못했다. 《중용》을 읽게 되었을 때 그 말하는 바가 도를 닦으라는 가르침이란 것을 알게 되어 모든 일에 반드시 경계하여 삼가고, 놀라고 두려워함으로 시작하였다. 그런 다음에 경(敬)을 지켜나가는 근본을 얻게 되었다."

"또 《대학(大學)》에서 명덕(明德)의 순서를 논하는 것을 보고나서 격물(格物)과 치지(致知)의 실마리를 알게 되었다. 그런 다음에 이른바 의(義)를 밝히는 실마리를 알게 되었다."

이 두 가지 격물과 치지의 작용으로 한번 움직이고 한 번 멈추며 그 둘이 서로 작용하는 것이 주돈이(周敦頤)가 말한 태극(太極)의 이론과 하나라는 것을 알게 되었고, 그것으로서 천하의 이치(理致)인 어둠과 밝음, 가늘고 큰 것, 멀고 가까움, 깊음과 얕은 것(幽明鉅細, 遠近淺深)이 모두 하나로 통함을 알게 되었다.[13]

주희는 《중용》과 《대학》 공부를 통해 천하의 이치가 모두 하나로 통한다는 것을 알았다. 그리고 주돈이가 처음 말한 태극도설(太極圖說)을 통해 유학 철학의 세계관이 크게 정리되었다고 보았다. 주희는 주돈이가 말한 '무극(無極)이면서 태극(太極)이다'란 말을 풀이하기를, '하늘이 가지고 있는 것은 소리도 없고 냄새도 없지만, 실은 그것은 조화(造化)의 근본이요, 만물의 뿌리이다.'라고 하였다. 대체로 이(理)는 비록 형상은 없지만, 그 지극히 빈 가운데 지극히 참된 본체(本體)가 있다는 것이다. 주희는 이렇게 천하 또는 우주의 근본 이치가 하나로 통한다는 것을 안 연후에 비로소 그것을 즐기고 즐거워하게 되었다고 말한다. 그리고 그렇게 얻은 즐거움은 평생 싫어하거나 지겨워할 이유가 없다는 것이고 자연히 세상의 것들에 대해 부러워할 여가가 없다는 것이다.

◇◇◇◇◇◇◇◇◇◇◇◇
13) 而未知其所以用力之方也 及讀中庸見其所論脩道之教 而必以戒慎恐懼爲始然後得夫所以持敬之本 又讀大學見其所論明德之序而必以格物致知爲先 然後得夫所以明義之端 旣而 夫二者之功 一動一靜交相爲用又有合乎周子太極之論 然後又知天下之理幽明鉅細遠近淺深無不貫乎一者 / 명당실기

"그것을 즐기고 즐거워하는 것을 내 몸이 다하더라도 싫어하지 않을 것이다. 그러니 어느 겨를에 세상의 것들을 부러워하겠는가?" (명당실기)

(樂而玩之固足以終吾身而不厭又何暇夫外慕哉(哉))

이처럼 주희가 말한 완락이라는 개념은 『주역』과 『중용』과 『대학』을 다 읽고 나서, 즉 세상의 이치에 대해 깊이 공부를 다 한 다음에 이 세상의 이치가 하나로 통함을 깨달은 후에, 그것이 얼마나 큰 즐거움인지, 그 즐거움은 평생 가도 없어지지 않을 즐거움이란 것을 밝힌 것이다. 주희는 이런 즐거움을 알게 되었기에 그것을 가르쳐 준 경(敬)과 의(義) 두 글자를 취해 집 이름으로 한 것이고 그 과정을 밝혀서 후세에 전한 것이 곧 『명당실기』이다.

그러므로 『명당실기』는 단순히 집 이름을 어떻게 지었는가를 말해주는 데 머무르지 않고 이학(理學)의 방법까지를 알려주는 아주 중요한 글이다. 퇴계가 주희의 경재 의재라는 두 곁방의 이름을 붙인 것을 이 글을 통해서 읽었을 것이고 그러기에 도산에 터를 잡고 자신의 공부를 하면서 두 곁방을 만들고 그 이름의 하나하나를 주희의 글에서 따온 것이라고 하겠다. 퇴계가 한 줄로 이 완락(玩樂)이란 개념이 『명당실기』에서 왔다고만 했지만, 실은 그 속에는 이렇게 성리학을 연마하는 근본 첩경(捷徑)이 들어있다고 하지 않을 수 없다. 우리는 퇴계가 도산에 자리를 잡으면서 여기가 경치가 좋아서 완락을 한다고 생각하기 쉽지만, 실은

퇴계 자신이 친필로 쓴 완락재

경(敬)과 의(義)를 얻다 **303**

이곳이 평생 세상의 이치를 탐구하며 사는, 그리해서 깊은 깨달음을 얻는 과정이 너무나 즐겁다는 뜻이 들어가 있음을 이로써 알게 된다.

퇴계는 〈도산기〉 후반에 그러한 기쁨을 설명해 놓았다.

"완락재(玩樂齋): 주자(朱子)의 『명당실기』에 '경(敬)을 가지고 의(義)를 밝히며 동정(動靜)을 되풀이하는 공효(功效)를 주자(周子 주돈이)의 태극론(太極論)에 부합시키고 이로써 좋아하고 즐거워하여, 그 밖의 것을 그리는 일을 잊을 만하다'고 하였다. 이제 이로써 재(齋)의 이름을 붙이고 날로 경계(警戒)하는 마음을 더한다."

(玩樂齋 - 朱子名堂室記, 以持敬明義, 動靜循環之功, 爲合乎周子太極之論, 足以玩樂而忘外慕. 今以名齋而日加警焉.)

여기에서 경(敬)은 지켜나가는 것이요, 의(義)는 밝히는 것이란 설명이 나온다. 경(敬)은 마음을 한곳에 집중하여 그러한 상태를 오래 유지하는 것을 말한다. 주

도산서당 암서헌 마루

염계(周濂溪 주돈이)의 태극의 묘한 이치를 깨닫고 나니 천년토록 이 즐거움이 같음을 알게 되었다고 하였다. 퇴계는 이 경(敬)을 평생 동안 지키고 추구해나갔다. 퇴계의 형인 온계는, 자신이 이를 밝힌 글은 없지만, 이 의(義)를 목숨을 바쳐 실천했다고 할 수 있다.

도산서당 이름에 담긴 깊은 학문의 길: 완락재와 암서헌

앞서 퇴계가 도산에 새로 마련한 강학 공간, 도산서당의 본 건물인 세 칸 규모의 당사(堂舍)에 이름을 붙인 이야기를 살펴보았다. 가운데 방은 완락재(玩樂齋), 동쪽 방은 암서헌(巖棲軒)이다. 퇴계는 완락재 이름을 주희

암서헌

(朱熹)의 『명당실기』에서 따왔다고 했다. 그런데 퇴계는 완락(玩樂)과 더불어 또 다른 중요한 키워드인 암서(巖棲)를 제시하며, 이를 통해 지켜나갈 생활 자세를 드러냈다. 암서헌은 완락재 옆 동쪽의 마루방으로, 제자들과 토론을 하는 방으로 사용되었다. 퇴계는 이 이름을 지으면서 이렇게 설명했다.

"동쪽 한 칸을 암서헌(巖棲軒)이라 한 것은 운곡(雲谷) 시(詩)의 '스스로 믿어 온 지 오래건만 아직 능히 하지 못했으니, 바위에 깃들여(巖棲) 작은 효험이라도 바라네'라는 구절에서 취한 말이다." (東一間曰巖棲軒, 取雲谷詩, 自信久未能, 巖棲冀微效之語也)

이 말은 무슨 뜻인가? 일반적으로 고전번역원에서 나온 해석[14]은

동쪽 한 칸은 암서헌이라 하였으니 그것은 주자 운곡의, '학문에 대한 자신을 오래도록 가지지 못했으니 바위에 깃들여(巖棲) 작은 효험이라도 바란다.'는 시의 내용을 따온 것이라고 풀이한다.

'바위에 깃들여 효험을 바란다'는 뜻이 더 어렵게 느껴질 수도 있다. 무슨 뜻일까? 퇴계는 이 어휘를 '주자 운곡'의 시라고만 했지만, 실은 주희가 쓴 『운곡26영(雲谷二十六咏)』이라는 다섯 글자로 된 연작 시집에 나오는 표현이다. 운곡(雲谷)은 복건성 건녕부 건양현(福建 建寧府 建陽縣) 현성 서북쪽에 있는 여산(廬山)[15]의 정상 부근을 말한다.[16] 주희는 이곳에 초당(草堂)을 짓고 학문을 연마하고 강의도 했는데 이 초당이 곧 자신의 호가 들어간 회암(晦庵)이다.[17] 주희는 운곡의 경치를 보며 26개의 시를 지

---

14) 〈도산기〉는 고전번역원에서 펴낸 《퇴계집》에 번역문이 실려있지 않다. 따로 《대동야승》 속에 《해동잡록》이란 이름으로 이황의 이 〈도산기〉가 실려 있다. 이 번역문이 고전번역원에 실려 있어 그것을 인용한 것이다.

15) 雲谷, 在建陽縣西北七十里, 廬山之巔(전), 處地最高: 주희 운곡기.

16) 일반적으로 여산(廬山)은 강서성(江西省) 구강현(九江縣) 남쪽에 있는 유명한 산을 지칭한다. 경치가 아름답고 그 남쪽에 아홉 줄기의 폭포가 있다 한다. 송나라 때 주희(朱熹)가 남강군(南康軍)의 수(守)가 되어서 직접 학규(學規)를 만들어 이곳에서 강학(講學)하였다(『독사방여기요(讀史方輿紀要)』). 백록동서원이 이곳에 있었다. 가장 유명한 폭포가 삼첩천(三疊泉)이란 폭포로서 송나라 광종 소희 2년(1191년)에 나무꾼에 의해 발견되었는데, 당시 주희는 오로봉(五老峰)밑 백록동서원에 있으면서 이 폭포의 멋진 경치를 전해 듣고는 꿈에도 잊지 못했지만 노년에 병이 많아 가보지 못했다고 한다. 그래서 사람을 시켜 이 폭포의 그림을 그려달라고 해 늘 감상하기를 즐겼다고 한다(Baidu百科). 주희가 운곡이 있는 곳이라고 한 여산은 이곳이 아니고 복건성 건양현에 있는 산이다.

17) 雲谷書院是宋代遺迹, 也称雲谷 "晦庵草堂", 位于建陽市莒口鎭東山村雲谷山廬峰之巔. 由理学家朱熹亲手修建, 用于授道讲学之所. Baidu百科.

었고, 그중 14번째 시에서 이 회암에 대한 감회를 짧은 네 줄짜리 다섯 글자 시로 표현했다.

憶昔屛山翁　示我一言教
自信久未能　岩棲冀微效

앞의 두 줄은 "옛날 병산(屛山) 옹을 생각해보니 나에게 한마디 가르쳐 보여주신 게 있는데"라는 뜻이다. 뒤의 구절이 문제의 부분이다. 기존 번역 중에는 '학문에 대한 자신을 오래도록 가지지 못했더니 바위에 깃들여(巖棲) 조그만 효험이라도 바란다'라는 번역이 가장 잘 알려져 있지만, 권오봉 교수는 '스스로 믿으려도 오랫동안 못했기에 깃들여서 약간의 효과 바라노라'라고 풀이하기도 한다.[18] 요는 '自信久未能'을 어떻게 풀 것인가의 문제인데, 자신의 학문에 대한 자신감의 결여, 혹은 스스로 공부하고 이룬 것에 대한 미흡함 등으로 해석한 것이다.

그런데 주희의 시 원 제목을 생각하면 뜻이 좀 달라진다. 이 시의 제목은 '회암(晦庵)'이다. 그리고 바로 그 앞에 자신의 스승인 병산(屛山) 유자휘(劉子翬)를 언급하고 있다. 시를 쓴 상황을 유추하면 주희가 자신이 만든 초당인 회암이 있는 운곡을 다니면서 그 경치를 읊조리다가, 회암에 이르러서는 스승인 유병산을 생각하게 되었고, 스승의 가르침을 제대로 실천하지 못한 것에 대한 아쉬움과 새로운 결의를 담고 있는 것으로 볼 수 있다.

주희는 회(晦)라는 글자로 자신의 호를 삼고 있다. 주희가 처음 받은 자

---

18)　권오봉, 『퇴계의 燕居와 사상형성』 102쪽, 1989, 포항공과대학.

(字)는 원회(元晦)였는데, 14세에 부친을 여읜 후 아버지처럼 보살펴준 병산 유자휘로부터 받은 것이다. 晦(회)라는 글자는 숨어들다, 감추다, 잠기다의 뜻이고, 밤하늘의 달로 치면 그믐달이 되는데, 유병산은 주희가 겉으로 드러나지 않고 속으로 깊이 침잠하여 도덕을 쌓은 사람이 되라는 뜻으로 이 자를 제자이자 양아들인 주희에게 주었다. 유병산은 회(晦)라는 글자를 높이 평가하면서 이를 풀어서 다음과 같이 설명하고, 이 회(晦)라는 글자의 뜻을 평생 지키고 살아갈 것을 당부했다.

나무가 뿌리 속으로 숨어 잠겨 있으면 봄에 무성하게 꽃이 피고
사람도 자신의 몸 안에 숨어 잠겨야 정신이 맑고 넉넉해진다
木晦於根　　春容曄敷
人晦於身　　神明內腴

이것이 조금 커서는 중회(仲晦)라는 자로 바뀐다. 나중에 자신의 호도 회암(晦庵), 회옹(晦翁)이었다. 그러므로 이 회라는 글자가 갖고 있는 속뜻, 혹은 그 글자가 내포하는 바는 곧 주희가 지향하는 가치였고 그가 추구하는 삶의 자세이자 방편이었다고 하겠다.

스승이 가르쳐준 것은 회(晦)라는 글자를 통해 제시한 대로 겉으로 자신을 드러내지 않고 속으로 깊게 침잠해서 도덕과 학문이 안으로 완성되어 빛나는 그런 상태를 의미한다고 하겠다. 결국 이 구절은 스승이 가르쳐주신 가르침, 그것을 오랫동안 믿어왔지만 아직 능히 성취가 없으니 차라리 이 높은 산꼭대기 바위에 깃들여 있으면 조금이라도 효험이 있을 수 있지 않을까 하는, 자신에 대한 일종의 겸손한 반성 겸 새로운 다짐이라고 풀어보는 것이 자연스러울 것이라는 생각이다.

그렇게 본다면 퇴계가 주희의 이 구절을 빌려온 것은, 주희가 "오랫동안 세상에 나와 있으면서도 스승이 가르쳐주신 대로 학문의 성취를 이루지 못했으니 이제 더 험한 자연환경에 기대어서라도 회(晦)의 가르침을 조금이라도 더 터득하고 싶다"는 뜻을 살려, 퇴계 또한 이곳 도산에서 주희처럼 세상의 어지러움을

도산서당 앞 매화

떠나서 조용한 환경 속에서 학문의 본질에 더 가까이 가고 싶다는 뜻을 담은 것으로 볼 수 있다. 다시 말하면 퇴계는 이 도산서당이 자리 잡는 자연환경을 단순히 보고 즐기는 선에 머물지 않고, 이곳에서 진정으로 도를 연마하고 학문을 성취할 수 있다는 염원을 담아 두 방의 이름을 지은 것이라 할 수 있다.

이렇게 퇴계가 두 방의 이름을 완락(玩樂)과 암서(巖棲)로 지은 후에 비로소 이 둘을 합해서 이 건물에 도산서당이란 현판을 자신

도산서당 명패

이 직접 써서 걸었다.

 이로써 서당의 최소 기준인 연구실(완락재)과 강의실(암서헌)이 마련되었다. 이제는 학생들이 기숙할 공간이 필요했다. 그래서 지은 것이 여덟 칸으로 된 농운정사(隴雲精舍)이다. '농운(隴雲)'은 고개 위에 걸려있는 구름이고 '정사(精舍)'는 정신을 수양하고 학문을 연구하며 가르치는 집을 뜻한다. 제자들이 공부하는 마루는 시습재(時習齋)라 하고 쉬는 마루는 관란헌(觀瀾軒)이라 하였다. 시습재의 시습이란 말은 『논어』 학이(學而)편의 첫 구절인 "學而時習之 不亦悅乎(배우고 때때로 그것을 익히면 그 얼마나 즐거울 것인가)"에서 따온 유명한 문장이다. 공부하다가 쉬는 마루의 이름인 관란헌은 『맹자』에 나오는 글귀로서, '물을 보는데도 법이 있으니 반드시 물결치는 이치[瀾]를 살펴봐야 한다'는 말에

농운정사

서 가져왔다.

서당 건물 동쪽 구석에는 정사각형으로 조그만 못을 파고, 거기에 연(蓮)을 심어 정우당(淨友塘)이라 하였다. 깨끗한 친구인 연꽃이 있는 못이란 뜻이다. 깨끗한 친구라는 뜻의 정우(淨友)는 연꽃을 형용하는 말로서, 앞에서 태극의 이론으로 학문의 큰 뜻을 밝힌 주돈이(周敦頤, 1017~1073)가 『애련설(愛蓮說)』에서 연꽃을 군자에 비유한 이후 연꽃의 대명사가 되었다. 이어서 그 땅에 크고 작은 자연의 소품들을 다 갖추었다. 새로 조성한 것도 있지만 기존 자연을 최대한 활용하고 거기에 이름을 붙여 의미를 정리했다. 그것으로서 산과 물, 바위와 구름이 어우러지는, 선비가 희망하고 그려낼 수 있는 가장 작은 우주를 이곳에 열었다.[19]

---

19) 도산서당이란 현판은 퇴계가 도산서당의 건물을 완성하고 직접 써서 만들었다. 현판 글씨는 단정하게 내려 쓴 아담한 크기로, 글자 형태가 다소 독특하다. 글씨는 모두 정자체인 해서(楷書)를 기본으로 하면서도, 여러 서체의 형태와 필획을 부분적으로 혼용하였다. 山은 옛 상형자로 쓰고 書堂은 가로획에 예서(隸書)필법을 넣었으며, 書의 日은 새(鳥)의 형태인 옛 글자로 썼다. 퇴계는 이렇게 글씨로서 옛 성현의 정신을 전경과 실천의 마음으로 현판에 남기고자 했다.
박성원 「도산서당 현판」 『서원, 어진 이를 높이고 선비를 기르다』 216쪽, 국립전주박물관, 2020년.

자연에서 배우리라

서당이 완공되었지만 퇴계는 당초 생각보다 크게 지어졌다며 겸손하게 부끄러움을 표했다. 본래 나지막한 집을 생각했는데, 뜻과 달리 조금 커졌다며 미안해하는 퇴계의 모습은 제자들에 의해 『언행록』속에 전해 온다.

완락재(玩樂齋)를 새로 짓고는, 선생(퇴계)이 이덕홍(李德弘)을 보고 이르기를, "내가 생각한 것은 본래 나지막한 집이었는데, 내가 선친 묘소 근처 분암(墳庵)[20]에서 재 올리는 동안 목수가 제 마음대로 이렇게 높고 크게 지어서, 마음이 몹시 부끄럽고 한(恨)스럽다." 하였다. 서재(완락재)는 높이가 8척, 넓이도 8척이었다. (- 이덕홍의 기록)

퇴계 자신이 완락재가 본인의 뜻보다 더 크고 높게 지어져서 부끄러웠다고 하였지만, 실제로 가서 본 사람들은 알겠지만 참으로 작은 방이다. 그 옆의 암서헌은 더욱 좁다. 퇴계의 제자인 한강(寒岡) 정구(鄭逑, 1543~1620)가 도산서당 암서헌에서 퇴계를 배알(拜謁)한 적이 있었는데, 방이 너무 좁다고 조금 더 넓힐 것을 청하였다. 이에 퇴계는 "마음만 있을

---

[20] '분암'의 '墳'은 무덤, '庵'은 암자를 말하니 '무덤가에 있는 암자'를 말한다. 다시 풀어보자면 '선영의 묘역 주위에 건립되어 묘소를 지키고 선조의 명복을 빌며 정기적으로 제를 올려주는 불교적인 시설'이다.

뿐 뜻을 이루지 못했네"라고 말하였다. 1570년에 퇴계가 세상을 떠난 뒤에 안동부사(安東府使)로 온 정구는 직접 다시 찾아와서 길고 짧은 것과 넓고 좁은 것(건물의 규모)을 측량한 다음 건물을 더 넓혔다고 한다.[21]

도산서당

퇴계는 완락재(玩樂齋)를 공부방으로 삼아 성리학적 이치를 담은 책들을 읽고 사색하며 생활하였다. 천여 권의 책을 좌우 서가에 나누어 꽂았으며, 화분, 책상, 연갑, 안석, 지팡이, 침구, 돗자리, 향

도산서원 전경

로, 혼천의 등을 두었다. 남쪽 벽 윗면에는 가로로 시렁을 걸어 옷 상자와 서류 상자를 두었고, 이 외에 다른 물건은 없었다. 퇴계는 돌아가시기 거의 10년 동안 이 방에 기거하면서 수많은 제자들을 길렀고, 정치와 학문에 관한 자신의 철학을 밝혔다.

그의 철학은 도산서당을 세운 전말을 기록한 『도산기(陶山記)』라는 글에서 분명하게 알 수 있다. 『도산기』에는 조선시대 유가 미학 사상의 정

---

21) 정구의 후손인 정내석이 도산서원을 배알하고 나서 쓴 시에 이러한 사정을 기록하였다. 정내석『顧軒集』권1「謁陶山書院」퇴계아카데미 2021년 가을 강연《퇴계사상의 확장성 재조명》175쪽에서 재인용.

퇴계묘소

수라고 할 만한 자연에 대한 생각, 자연의 아름다움을 보는 관점들이 담겨 있다.

"산림에서 사는 것으로써 즐거움을 삼았던 사람들을 보건대 또한 두 갈래가 있다. 현허(玄虛)를 그리워하고 고상(高尙)을 일삼는 가운데에 즐긴 사람들도 있고, 도의(道義)를 기뻐하고 심성(心性)을 기르는 가운데에 즐긴 사람들도 있다. 전자를 따르는 것으로 말하면, 제 한 몸을 깨끗하게 한답시고 인륜(人倫)을 어지럽게 하면서 심하게는 짐승과 함께 한 무리를 지어도 그르다고 여기지 않음이 두렵고, 후자를 따르는 것으로 말하면, 좋아하는 바는 성인의 조박(糟粕)일 뿐으로서 그 전할 수 없는 묘도(妙道)에 이르러서는 찾으려 하면 할수록 얻을 수 없으니, 무슨 즐거움이 있으랴? 비록 그러하나, 차라리 이것을 하자고 스스로 힘쓸지언정, 저것을 하자고 스스로 속이지는 아니할 것이다." <도산기>

이는 단순히 유가의 입장에서 도가적 자연관을 배격한 데에 그치는 발언이 아니다. 우리가 주목할 바는 이른바 요산요수(樂山樂水)로서 '도의(道

義)를 기뻐하고 심성(心性)을 기른다'는 말이다. 요컨대 자연미는 도의를 감득하고 심성을 기르는 데에 있어서 하나의 중요한 매개(媒介)가 될 수 있다는 것이니, 퇴계는 이것을 다시 아래와 같이 부연했다.

"어떤 이가 또 말하기를 "옛사람은 즐거움을 마음에서 얻었지 마음 밖의 사물(外物)에 기대어 얻지 않았다. 안연(顔淵)의 '너저분하고 더러운 거리'(陋巷)[22]와 원헌(原憲)의 '깨어진 항아리의 아가리로 만든 바라지'(甕牖)로 말하면 어디에 산수(山水)가 있는가?[23] 그러므로 무릇 마음 밖의 사물에 기대고 나서야 얻는 즐거움은 모두 참다운 즐거움이 아니다."라고 했다. 나는 말하기를 "그렇지 않다. 안연과 원헌이 몸을 붙이고 산 곳이라고 하는 것은 다만 제 몸에 알맞아 좋이 지낼 수 있음을 높이 여긴 것일 뿐이다. 만약에 이 사람들이 (도산의) 이 경(境)을 만나면 그 즐거움을 삼음이 어찌 우리보다 깊지 않겠는가?" <도산기>

이처럼 산수와 인간의 즐거움은 본디 아무 관계가 없으며 참다운 즐거움은 외물(外物)을 통해서 얻을 수 없다는 혹자의 견해를 퇴계는 단호히 부정했다. 퇴계의 주장은 외물이 인간의 즐거움을 매개할 수 있으며, 외물의 매개는 즐거움의 주체와 더불어 필연적인 관련을 맺고 있다는 것이다. 퇴계의 주장은 두 가지로 요약할 수 있다. 첫째, 자연미는 일정한 도

---

22) 공자가 첫손으로 꼽는 제자 안연은 평생 지게미조차 배불리 먹어본 적이 없을 정도로 찢어지게 빈한하여 끼니 거르기를 밥 먹듯 했지만, 가난을 부끄럽게 여기지 않고 학문에 힘썼다. 공자는 어질다고 칭찬을 아끼지 않았다. 누추한 골목에서 가난하게 살았다는 뜻.
23) 甕은 항아리, 牖는 들창이다. 원헌(原憲)은 오막살이집에 깨어진 독으로 들창을 삼았다. 안연이나 원헌 같은 뛰어난 제자들이 어디 산수가에 살아서 유명해졌느냐는 뜻.

체(道體)를 지닌 객관적 존재이다. 둘째, 자연미는 인간의 심성에 작용하여 도의를 감득하고 심성을 기르는 데 중요한 역량을 발휘한다는 것이다.[24]

퇴계는 올바른 정치를 하겠다고 다짐하는 선비들이 조정에 진출하고 있으면서도 계속되는 권력 싸움과 정치의 혼란으로 수많은 지식인들이 목숨을 잃거나 유배를 가는 것을 안타까워했다.

안동(하회마을)의 고목

정치가 땅에 떨어지는 것을 보며 그는 근본적인 해법을 학문에 대한 근본 개념, 우주의 본성을 제대로 파악하여 먼저 인간이 된 후에 정치에 나서야 한다는 생각에서 찾으려 했던 것이다. 당시 끊임없이 연속되는 정치적 참화의 근본 원인이 나아가는 길만 있고 물러나는 길이 없는 데 있다고 보고, 이 구조를 해소하고 퇴로를 뚫는 데 자신의 정치적인 역할을 찾아 이를 실천으로 옮겼다.

---

24) 김태환 〈도산기〉 해제 『와유록(臥遊錄 解題)』 2007, 한국정신문화연구원.

물러나는 길

주희 이후 퇴계로 이어지는 도학자들이 생각하고 실천해 온 학자들의 길이 바로 이 것이라면, 그것은 현실에서 맞설 용기가 없어 물러서는 것이 아니라 현실에 도(道)가 돌아오기를 촉구하는 수양과 학문의 길을 가는 것이고, 그렇게 함으로써 사회 전체를 밝고 바르게 이끌 수 있다는 것이다. 그런 의미에서 진정한 도학자, 유학자의 길이 바로 그가 터를 정하고 제자를 기른 이 도산서당 속에 압축되어 있다는 것을 우리는 알 수 있다 있다. 당시 상황이 정치적인 재난이었다면 그것을 해결하는 방도를 여기에서 찾고 모범을 퇴계가 보였다. 도산서원의 핵심은 한석봉(韓石峯)이 쓴 큰 글씨에 있는 것이 아니라 도산서당이라는, 퇴계가 쓴 세로로 된 작은 현판과 그 건물에 담겨 있는 것이다.

퇴계의 글씨

퇴계는 양진암과 한서암 등 터를 구할 때부터 품고 있던 생각이 있었다. 일찍이 한서암으로 이사한 뒤에 쓴 시 속에 그 뜻이 들어있다.

내 할 일은 저 높은 벼슬이 아니니
조용히 시골마을에서 살아가리라
소원은 착한 사람 많이 만들어
천지의 기강을 바로 잡는 일

高蹈非吾事　　居然在鄕里
所願善人多　　是乃天地紀

그렇게 자신의 할 일을 성취해 나갈 터전을 비로소 도산서당에 마련한 것이다.

이황의 문인으로 덕망이 높았던 권호문(權好文, 1532~1587)은 스승이 쓴 『도산기』를 읽고 스승의 뜻을 다 알게 된 감동을 시로 남겼다. 옛날 중국 송나라 진종(眞宗) 때 위야(魏野)라는 은사(隱士)는 세상에 알려지는 것을 싫어해 섬주(陝州) 동쪽 교외에 초당(草堂)을 짓고 살면서 초당거사(草堂居士)로 자칭했다. 황제가 벼슬에 나오라고 몇 번을 불렀으나 응하지 않고 초야에서 살아가게 해달라 간청하니, 황제는 사신을 보내 그가 거처하는 곳을 그림으로 그려 오게 하기도 하고 내시를 보내 안부를 묻기도 했다는 고사가 있다. 권호문은 퇴계가 머물렀던 도산이 바로 그처럼 위야가 살던 깊은 산수와 같고, 조선의 임금(명종)이 퇴계를 몇 번

도산서원 입구 추로지향비(공자와 맹자의 고향이란 뜻)

계상정거도 / 겸재 정선

씩 올라오도록 불렀으나 올라가지 않자, 명종이 그 도산의 경치를 병풍으로 그려 받아 집무실에 두고 보았다는 고사 역시 위야의 고사와 같은 것이라고 표현하며 다음과 같이 읊었다.

송 황제가 은거지 그림 그려 보았다는데
도산의 경치는 그보다 더 천태만상이네
구름에 누우니 절로 통명의 언덕[25]과 견줄 만하고
달빛 아래 낚시질하니 강태공의 반계(磻溪)[26]와 같네
聞說幽居帝畫看　陶山形勝更千般
臥雲自比通明壒　釣月頗同呂望磻

어찌 임금께서만 절치(絶致)를 완상하랴
은자의 고풍(高風)을 모두 다투어 사모하네
한편의 기문에 마음속 즐거움을 다 적었으니
이는 기이한 경관을 붓끝으로 희롱함이 아니라네
絶致豈徒明主玩　高風爭慕碩人寬
一篇記了心中樂　非爲奇觀弄筆端[27]

25) 통명은 양(梁)나라 사람 도홍경(陶弘景)의 자이다. 젊었을 때 갈홍(葛洪)의 신선전(神仙傳)을 읽고 양생(養生)의 뜻을 품어 뒤에 구곡산(句曲山)에 은거하며 시선처럼 살았다. 그가 살던 언덕이란 말이므로 도산이 곧 그처럼 신선과 같은 분이 살던 곳이란 뜻이 된다.
26) '여망(呂望)'은 강태공으로 여상(呂尙)이라고도 한다. 주(周)나라 문왕(文王)의 스승이 되어, 무왕(武王)을 도와 은(殷)나라 주왕(紂王)을 치고 주(周)나라를 세웠다. '반계'는 중국 섬서성(陝西省) 동남쪽으로 흐르는 강인데, 강태공(姜太公)이 이곳에서 낚시질하다가 주 문왕(周文王)을 만났다.
27) 《송암집》 제3권 / 시(詩) 題先生陶山記後

이렇게 권호문은 도산의 산수 아름다움과 그 속에서 퇴계가 누리는 마음의 즐거움을 대신해서 표현해 주었다.

도산 서원 진입로 소나무와 안동호

퇴계가 세상을 뜬 후 4년 뒤인 1574년에 도산서당 뒤쪽에 서원(書院)을 건립했다. 서원으로의 건립 과정에는 조목(趙穆), 이덕홍(李德弘), 금응협(琴應夾), 금난수(琴蘭秀), 김부필(金富弼)

도산서원 전교당 건물

등이 주도적인 역할을 했다. 그러나 퇴계의 학문이 결실을 본 것은 도산서원이 아니라 바로 도산 서당이었다. 다만 서원 부지의 선정은 결과적으로 퇴계가 도산서당을 만들 때 이미 결정된 것이다.

조선 말기의 유학자인 곽종석(郭鍾錫, 1846~1919)[28]은 "이황은 동방 도학

---

28) 곽종석은 조선말의 주자학자·독립투사이다. 본관은 현풍. 자는 명원(鳴遠), 호는 면우(俛宇) 또는 유석(幼石). 경상도 단성(丹城) 출신이다. 이진상(李震相)의 문인이다. 이황·이진상의 학문을 계승, 주리설을 주장하였고,1895년 을미사변때 영국 영사관에 일본침략 규탄을 호소하였고 1905년 을사조약체결시에 열국공법(列國公法)에 호소할 것을 상소하였다. 1910년 한일합방소식을 듣고 비분강개, 다음 해에 이름을 도(鋾), 자를 연길(淵吉)이라 고치고, 1919년 2월에는 유생들의 연서(連書)로파리강화회의에 독립호소문을 발송시켜 투옥되어 2년형 언도를 받았으나 병사하였다.

의 근본이요, 도산서원은 우리나라 서원의 으뜸이다"라고 하였는데, 이는 퇴계의 학덕과 도산서원의 위상을 단적으로 드러낸 언표이다. 퇴계의 인품에 대해서는 제자들이 엮은 『언행록』 같은 글에 충실히 기록되어 있다. 정유일(鄭惟一)은 "선생께서는 성현의 도가 끊어진 뒤에 나셔서, 스승 없이 초연히 도학을 이루었다. 그 순수한 자질, 정직한 견해, 넓고도 굳센 마음, 고명한 학문은 성현의

도산서당 마루에 앉은 필자

도를 독자적으로 계승했고, 그 언설은 백대(百代)의 후에까지 영향을 끼칠 것이다. (중략) 이러한 분은 우리 동방에서는 오직 한 분뿐이다."라고 평가했다. 월천(月川) 조목은 "퇴계 선생에게는 성현이라고 할 만한 풍모가 있다"고 하였고, 이에 대해 이덕홍은 "풍모만이 훌륭한 것이 아니다"라고

도산서원 유네스코 등재표지

도산서원 진도문

답하기도 했다.

퇴계의 학풍을 따른 학자는 당대에 이미 유성룡(柳成龍), 정구(鄭逑), 김성일(金誠一), 조목, 이덕홍, 기대승(奇大升), 이산해(李山海), 정탁(鄭琢), 정유일, 구봉령(具鳳齡), 조호익(曺好益), 황준량(黃俊良) 등 300여 명에 이르고, 이후에는 이준(李浚), 정경세(鄭經世), 장흥효(張興孝), 이현일(李玄逸), 이익(李瀷), 이상정(李象靖), 정약용(丁若鏞), 류치명(柳致明), 김홍락(金弘洛), 이진상(李震相), 곽종석, 이만도(李晩燾), 김도화(金道和) 등이 영남학파 및 근기지역의 남인학파로서 이황의 주리적 사상을 발전시켰다. 특히 이익은 『이자수어(李子粹語)』를 찬술해 그에게 '이자(李子)'라는 성현의 칭호를 붙였고, 정약용은 『도산사숙록(陶山私塾錄)』을 써서 퇴계에 대한 깊은 흠모의 정을 술회했다. 이같은 몇 가지 사실만 가지고도 우리는 퇴계가 당대의 문인과 후학자들에게서 성현의 예우를 받는, 한국 유학사에 찬연히 빛나는 제일인자임을 이해할 수 있다.[29]

도산서원 선비체험 행사

---

29) 『서원, 어진 이를 높이고 선비를 기르다』 214~215쪽, 국립전주박물관, 2020년.

긴 즐거움

일반적으로 퇴계는 시인보다도 성리학자로 인식되고 있다. 퇴계의 철학은 성(誠)과 경(敬)으로 정의되고 있으며, 그의 『성학십도(聖學十圖)』나 성리학 이론 등을 통해 보면 퇴계에게서는 학문에 대한 엄격한 자세가 느껴진다. 그러나 퇴계는 생전에 3천여 수에 이르는 많은 한시를 남겼고, 이 시 속에는 철학을 직접적으로 말하기보다는 전원을 묘사하거나 산수의 아름다움을 묘사한 시들이 많다. 그 시를 보면 엄격한 도학자라기보다도 소박하면서도 넘치는 정감을 가진 시인으로 보는 것이 더 맞다는 생각이 들 정도이다. 이러한 시인으로서의 퇴계의 면모는 이(理)가 어떠니 기(氣)가 어떠니 하는 유학에서의 논쟁에 가려서 잘 보이지 못했다고 할 수 있다.

시인으로서의 퇴계의 자세는 중국의 도연명(陶淵明), 주돈이(周敦頤), 두보(杜甫), 소동파(蘇東坡), 주희(朱熹) 등에게서 영향을 많이 받았으며, 국내에서는 농암(聾巖) 이현보(李賢輔, 1467~1555)나 면앙정(俛仰亭) 송순(宋純, 1493~1583)과 교류하며 영향을 받은 것으로 분석되고 있다. 퇴계는 젊어서부터 산수를 동경하여 마음에 품어온 지는 오래되었으나, 공부하고 벼슬에 나가 일을 하는 과정에서 많은 시련을 겪다가 만년에 와서야 비로소 도산의 산수 전원으로 돌아올 수 있었다.[30]

---

30) 신두환 「退溪의 漢詩에 나타난 '拙樸'의 美」 『漢字漢文敎育』 第二十輯, 421쪽.

도산서원 주위의 자연

1561년 도산서당이 완공되고 퇴계가 이 서당에서 기거하게 됨으로써, 퇴계의 생활 반경과 태도는 확연히 바뀌었다. 도산서당에서의 생활은 매일매일이 즐거움의 연속이었다.

"나는 늘 여러 가지 병(積病)에 휘감겨 괴로움을 겪는 까닭에, 비록 산에서 지내기는 해도 뜻을 다하여 글을 읽을 수는 없었다. 깊숙이 지닌 근심을 다스리는 겨를에 때로 몸이 가뿐히 좋으며 마음이 시원스레 깨이면, 위아래로 온 누리를 굽어보고 쳐다보매, 북받치는 느낌이 거기에 이어지면, 책을 덮고 지팡이를 짚고 나가 헌(軒)에 기대어 정우당(淨友塘)을 바라보거

도산서원 천연대 가는 강변계단길

나 단(壇)에 올라 절우사(節友社)를 거닐고, 채마밭을 돌면서 약초를 심거나 수풀을 뒤져 꽃나무를 뽑아 옮겼다. 때로는 돌에 앉아 샘물 소리로 놀이를 삼거나 천연대에 올라 구름을 바라보고, 때로는 물가에서 물고기를 구경하거나 뱃속에서 갈매기를 가까이 두고 놀았다. 발길이 닿는 대로 뜻을 좇아 이리저리 노닐며, 눈길이 닿는 대로 흥(興)을 일으키고, 경(景)을 만나는 대로 취(趣)를 이루어, 흥이 지극한 데에 이르고 나서야 돌아왔다."[31]

이러한 자연 속에서의 즐거움은 시로 분출되었다. 도산서당의 완공에 따른 생활의 변화는 나중에 작성한 『도산기』와 도산 일대의 자연과 환경을 묘사한 『도산잡영(陶山雜詠)』에 잘 드러나 있다.

『도산잡영』은 7언 절구 18수와 5언 절구 26수, 그리고 별도의 5언 절구 4수 등 모두 48수로 구성되어 있다. 5언 절구 26수에는 각 시마다 4언시 한 수씩 부기(附記)되어 있어 이것까지 합하면 총 74수가 된다. 『도산잡영』에서는 자연에서 도(道)를 찾는 즐거움을 잘 보여주고 있다. 그리고 『도산잡영』에는 학문하는 자세나 마음가짐에 대해 노래한 시들이 있는데, 이러한 경향의 시들은 심성 수양과 관련이 깊은 시라고 할 수 있다. 성리학에서는 수양의 궁극적인

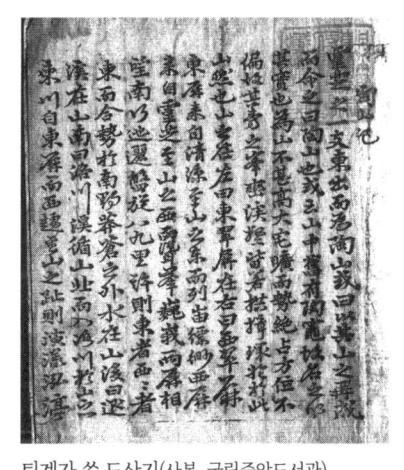

퇴계가 쓴 도산기(사본, 국립중앙도서관)

---
31) 《해동록》에 인용된 〈도산기〉에 대한 고전번역원의 번역을 따랐다.

목표가 군자가 되는 것에 두었다. 퇴계는 공의(公義)와 사리(私利)를 선과 악의 판단 준거로 삼고, 주자와 같이 '거경궁리(居敬窮理)'[32]를 수양의 요체로 삼았다. 『논어』에 "조용히 있을 때에는 공

도산서당 정우당

손해야 하고, 일을 할 때는 경건한 마음으로 해야 한다." 또 "내 몸은 경으로써 닦아야 한다(修己以敬)."고 한 것처럼, 몸과 마음이 참된 길에서 어긋날까 조심하는 마음을 한결같이 유지하면서 최선을 다하여 끝까지 이치를 탐구하는 것을 거경궁리라 한다. 퇴계는 거경과 궁리의 수양을 쌓아야 하늘의 이치를 체득하여 도덕적 가치를 실천할 수 있다고 보았다.[33] 퇴계는 학문의 시작과 끝을 경으로 생각하고, 일상생활도 경으로 실천하였다. 『도산기』에는 퇴계의 도산 생활이 잘 그려져 있는데, 이 글에서 그가 도산에서 어떻게 학문과 수양에 힘을 기울였는지 잘 나타나 있다.

"책상을 마주하여 잠자코 앉아 삼가 마음을 잡고 이치를 궁구할 때, 간간이 마음에 얻는 것이 있으면 흐뭇하여 밥 먹는 것도 잊어버린다. 생각하다가 통하

---

32) 《논어》에 "조용히 있을 때에는 공손해야 하고, 일을 할 때는 경건한 마음으로 해야 한다." 또 "내 몸은 경으로써 닦아야 한다(修己以敬)."고 하였다. 몸과 마음이 참된 길에서 어긋날까 조심하는 마음을 한결같이 유지하면서, 최선을 다하여 끝까지 이치를 탐구하는 것을 말한다.
33) 변종현 「〈도산잡영〉과 〈도산십이곡〉의 관련 양상 연구」 『배달말』 60집, 98쪽, 배달말학회(2017. 6).

지 못한 것이 있을 때는 좋은 벗을 찾아 물어보며, 그래도 알지 못할 때는 혼자서 분발해보지만 억지로 통하려고는 하지 않는다. 우선 한쪽에 밀쳐두었다가, 가끔 다시 그 문제를 끄집어내어 마음에 어떤 사념도 없애고 곰곰이 생각하면서 스스로 깨달아지기를 기다리며 오늘도 그렇게 하고 내일도 그렇게 할 것이다. 또 산새가 울고 초목이 무성하며 바람과 서리가 차갑고 눈과 달빛이 어리는 등 사철의 경치가 다 다르니 흥취 또한 끝이 없다. 그래서 너무 춥거나 덥거나 큰 바람이 불거나 큰 비가 올 때가 아니면, 어느 날이나 어느 때나 나가지 않는 날이 없고 나갈 때나 돌아올 때나 이와 같이 하였다."[34]

　　퇴계는 도산서당에서 책 읽는 데에만 집중한 것이 아니라, 주변에 있는 연못을 돌아보기도 하고 채마밭을 돌기도 하고 숲을 산책하기도 하였다. 때로는 물가에서 물고기가 노는 광경을 바라보기도 하고 배에서 갈매기를 가까이하기도 하였다. 이렇게 자연 속에서 마음껏 흥취를 누리고 서재(완락재)로 돌아오면 사방에 가득한 책을 마주하게 되고, 깨달음을 얻게 되면 밥 먹는 것도 잊었다. 그리고 잘 모르는 내용들이 있으면 친구들의 도움을 받기도 하고 억지로 통하려 하지 않았다고 하였다. 이처럼 퇴계는 도산 주변의 경관을 늘 가까이하였고, 책을 통해서는 성현들의 가르침을 체득하기 위해 노력했던 모습들을 남겨놓았다.
　　그의 시 세계는 기교를 배제하는 졸박(拙樸)의 미를 보여주고 있다고 할 수 있다. 이런 세계는 퇴계 이전의 문인 학자들이 추구하던 삶의 방식이기도 하다. 주희가 무이구곡(武夷九曲)에 은거하여 자연을 벗하며 심성 수양에 몰두하였듯이, 퇴계도 틈만 나면 벼슬을 내어놓고 고향 도산으로

---

[34] 퇴계선생문집 제3권 / 시(詩) / 도산잡영(陶山雜詠) 병기(幷記)

내려와 산수를 즐기며 심성 수양을 하고자 하였다. 도연명이 「전원에 돌아가다(歸園田去) 다섯 수(五首)」에서 "졸(拙)을 지키러 전원으로 돌아간다(守拙歸田園)"라고 말을 했다. 졸(拙)이라는 것을 벼슬에 나아가지 않고 산수 전원에 묻히는 귀거래(歸去來)의 본뜻이라고 정의할 수 있다. 이것은 주돈이에게로도 이어진다. 주돈이는 졸박의 미학을 대표하는 「졸부(拙賦)」를 지었다.

"누가 나에게 이르기를 '남들이 그대를 보고 졸(拙)하다'고 한다. 나는 '교(巧)는 생각하면 부끄러운 것이 있고 세상의 근심거리는 대부분 교(巧)이다.'라고 말하고 기뻐하면서 이에 대한 부(賦)를 지어서 말한다. 잘난 척하는 사람은 말을 잘하나 못난 척하는 사람은 말을 아니 하며, 잘난 척하는 사람은 늘 수고로우나 못난 척하는 사람은 한가로우며, 잘난 척하는 사람은 남을 해치지만 못난 척하는 사람은 덕이 있으며, 잘난 척하는 사람은 흉하고 못난 척하는 사

도산서당 입구

람은 길하도다. 아! 천하가 졸하면 형정(刑政)이 두루 철저해져서 상하가 편안하고 순조로워서 풍속은 맑아지고 폐단은 없어지느니라."[35]

'졸박(拙樸)'은 질박하고 순수한 것을 추구하는 것이어서 애써 기교를 부려 화려하게 꾸미지는 않는 미의식이다. 졸박의 미학은 조선의 유가적 사대부들의 심금을 울리는 미의식으로 자리 잡았다. 졸박은 벼슬하는 관료 사대부보다는 은거를 추구하는 처사(處士)의 미학이며, 진실한 학자의 미학이었다. 조선 사대부들의 벼슬을 버리고 귀거래하는 풍조의 철학적인 기초가 될 만한 글이다. '졸'에는 교묘함이 없는 꾸밈의 기교가 함의되어 있으며, '드러내는 것은 못남이요 감추는 것은 재주'라는 달관의 처세가 들어 있다.[36] 퇴계는 "졸박은 무위(無爲)로서 천하를 다스리려는 것이다"라는 노자(老子)의 말을 인용하면서, 주렴계(周濂溪 주돈이)의 부(賦)에서 운운한 것, 주희가 언급한 것이 이와 같다고 하였다.[37]

퇴계는 약 3천여 수의 시를 남겼다. 그의 시

도산서당 매화 만개

---

35) 周敦頤, 《拙賦》 或謂予曰: "人謂子拙." 予曰: "巧, 竊所恥也, 且患世多巧也." 喜而賦之曰: 巧者言, 拙者默; 巧者劳, 拙者逸; 巧者贼, 拙者德; 巧者凶, 拙者吉. 嗚呼！天下拙, 刑政彻. 上安下順, 风清弊绝.
36) 신두환 「退溪의 漢詩에 나타난 '拙樸'의 美」『漢字漢文教育 第二十輯』 428쪽.
37) 李滉, 『退溪先生文集 卷33書』「答許美叔箚」"欲以拙朴 無爲率天下 黃老之道爲然 而濂溪賦云云 故朱子之言 如此"

대부분이 산수 자연을 노래한 전원시 경향을 드러내고 있으며, 관료 생활과 산수 자연 사이에서 긴장과 갈등을 해소시키는 카타르시스였다. 시의 소재도 노송, 매화, 달, 못, 연꽃, 대나무, 바위, 시내, 누정 등 산수 자연의 소박한 정감을 드러내는 시들이 많았다.

"나의 시가 고담(枯淡: 욕심이 없고 담백하다)해서 그리 좋아하지 않는 사람이 많다. 그러나 내가 시에 대해 용력(用力)한 바가 자못 깊기 때문에, 처음 읽어 보면 비록 냉담한 것 같지만 오래 두고 읽어보면 의미가 없지 않을 것이다."[38]

퇴계는 길가의 풀 한 포기나 산 속에 있는 옹달샘이나 우물에서도 자연의 이치를 발견하였으며, 자신이 지향해야 할 가치를 모색하였다. 그리고 물고기나 솔개(鳶)를 통해서 자연의 이치를 사색하고 사람이 지녀야 할 본성을 탐구하였다. 자연 속에서 하루하루, 일 년 사시(四時)를 보내면서 자연의 아름다움을 흠뻑 즐기는 가운데, 퇴계는 사계절의 변화를 아침저녁으로 보면서 느낀 심회를 시로 남겼다. 그중에서도 특별히 사계절을 아침, 낮, 저녁, 밤으로 나누어 각각을 묘

도산서원 전경

---

38) 李滉『退溪全書』,『言行錄 권5』吾詩枯淡. 人多不喜. 然於詩用力頗深. 故初看雖似冷淡. 久看則不無意味.

사한 '산거사시(山居四時)' 각 4영(詠) 열여섯 절구(16절)를 써서 『도산잡영』의 맨 마지막에 붙여놓은 것이 사람들에게 큰 사랑을 받고 있다.

도산 서원 앞 괴목

근본적으로 퇴계가 추구하는 학문도 유학에서 추구하는 목표처럼 성인(聖人)이 되는 것이다. 성인이란 개인적으로는 공부와 수양을 통해 유학의 가치를 한 몸으로 하는(體化) 인품과 역량을 갖추고, 사회적으로는 모범적인 지도자가 되어 타인들이 그러한 삶을 함께 살아가도록 인도하는 사람이다. 이러한 것을 내성외왕(內聖外王)이라고 표현하거니와, 유학자들은 이를 통해 천인합일(天人合一)에 이르고자 하였다. 인간이 자연의 구성원으로서 자연의 이치에 따라 살아가야 한다고 생각하였고, 생명의 조화로운 양육을 지향하는 자연의 도덕적 가치와 일치되는 삶을 가장 인간다운 삶이라고 여겼다. 또한 유학자들은 인간을 자연의 구성원 중에서 가장 뛰어난 구성원이라고 규정함으로써, 도가(道家)와는 달리 인간만이 자연을 도와서 만물로 하여금 그 이치에 따라 살도록 인도할 수 있는 능력과 책임을 가지고 있다고 여겼다.[39] 그렇기 때문에 퇴계의 시는 단순히 자연 속에서의 즐거운 생활을 묘사하는 데에 그치지 않고, 유학의 여러 선배들의 삶과 생각을 되짚으며 성인이 되는 길

---

39) 김형찬 「진리탐구와 마음공부로서의 퇴계학」 『퇴계아카데미 2021가을강연』 강연집, 90~91쪽.

정조가 과거를 열어준 도산서원 앞 시사단

을 밝히고 있다.

　도산서당을 세워 나중에 도산서원으로 커진 이후, 도산서원은 우리나라 정신문화에 큰 역할을 한 교육과 강학의 대표가 되었다. 일찍이 쉰 살에 갑자기 횡액을 당한 형님 온계의 죽음이 퇴계에게 이처럼 시골에 물러나는 마음을 더욱 확실하게 해주었고, 그 마음을 실천했기에 퇴계는 이곳에서 대학자로서, 교육자로서, 시인으로서 영원한 이름을 얻었다. 형이 큰 뜻을 살리지 못하고 중간에 꺾인 것과 분명히 다른 길을 간 것이고, 그것으로서 성공을 거둔 것이다.

물러남의 진정한 의미

조선왕조 제10대 임금 연산군 7년(1501년)에 태어나 중종과 인종, 명종 대를 거치며 뛰어난 학문과 성실한 생활로 관직에서 승승장구하던 퇴계 이황이 고향으로 물러가려는 뜻을 구체적

도산서원 왕버들

으로 실행하기 시작한 것은 46세 때(1546년)였다. 그의 고향 토계(兎溪)에 양진암(養眞庵)이라는 조그만 암자를 지어 자신의 학문 연구 처소로 삼고, 이곳 이름도 토계에서 퇴계(退溪)로 바꾸었다. 토계(兎溪)라는 말은 토끼가 뛰어노는 골짜기라는 뜻이라면, 퇴계(退溪)는 '물러가 있는 골짜기'라는 뜻이 된다. 이 조그만 골짜기는 미물(微物)이 뛰어노는 자연적인 공간에서 갑자기 사람, 그것도 높은 뜻을 지닌 선비가 주인공이 되는 인문적인 공간으로 변모한 것이다. 이러한 공간은 한서암(寒棲庵)을 거쳐 도산서당(陶山書堂)으로 발전했고, 그것이 도산서원(陶山書院)이 되어 오늘날까지 위대한 학문과 사상의 근원지로 추앙받고 있다.

우리가 알고 있는 대로 퇴계는 벼슬하려는 생각보다 오로지 학문에 전념하

고 제자를 교육시키는 데 힘쓰고자 했다. 그가 70세의 나이로 세상을 떠날 때까지 조정에서는 그에게 수없이 관직을 제수했다. 그런 까닭에 그는 늘 벼슬이 내리면 이를 받지 않으려 했고, 어쩔 수 없이 받은 다음에는 해직(解職)을 청원하는 일이 반복되었다. 퇴계가 받은 많은 관직들은 명예직도 많았고, 58세(1558년)에 「치사소(致仕疏: 물러가는 소)」를 올린 뒤로는 모든 벼슬을 거듭 사양하며 받지 않았거나, 마지못하여 받은 벼슬이라 하더라도 대개 한두 달 만에 사퇴하든지, 아니면 실제로는 취임하지 않은 채 벼슬 이름만 가지고 있다가 다른 벼슬로 옮겨지는 형편이었다. 끊임없이 은퇴하려는 그의 뜻과 어디까지나 그를 놓아주지 않으려는 임금의 뜻이 항상 교차하여 '문서상의 임명과 사퇴'가 계속되었다.[40]

퇴계가 이렇게 벼슬에 마음을 두지 않은 것은 학문에 대한 열정과 몸의 허약함 때문이었지만, 그보다 더 중요한 이유는 당시의 정치적 상황이 너무 어지러웠기 때문이다.

퇴계의 생애와 사상을 연구한 영산대학교 배병삼 교수는 퇴계의 거처 이름이 토계(兎溪)에서 퇴계(退溪)로 바뀐 데서 큰 의미를 찾아낸다. 우선 그가 계(溪), 곧 골짜기로 (의식적으로) 들어간 것은, 스스로 두 가지 큰 덕목을 몸소 실천하려는 것으로 보는데, 첫째는 자신을 낮추는 겸양(謙讓)이며, 둘째는 상대방의 입장이 되어 그의 처지를 이해하고 이를 해결해주려는 노력, 곧 배려라는 것이다. 이러한 그의 생각은 율곡(栗谷) 이이(李珥)와 더불어 일종의 '계곡'이라는 개념의 정체성으로 드러난다. 조선왕조 초기의 정도전(鄭道傳,

◇◇◇◇◇◇◇◇◇◇◇◇◇◇◇
40) 이황 지음 윤사순 역주 『퇴계선집』 14쪽, 현암사, 1982.

1342~1398)의 호(號)가 봉우리를 뜻하는 삼봉(三峰)이었고, 퇴계와 편지를 주고받으며 사상 논쟁을 펼쳤던 기대승(奇大升, 1527~1572)의 호가 고봉(高峰)이었던 것을 생각하면, 이 골짜기의 개념이 상당한 의미가 있다는 것이다. 그것은 스스로를 봉우리로 생각하는 사람들이 뭔가를 적극적으로 획득하려는 경향을 보인 것과는 달리, 골짜기라는 개념을 내세우는 사람들은, 선비들이 정계에 나아가 자신의 이상을 실현하다가 때가 되면 적절히 물러나서 재야에서 다시 수양하면서 정신적인 스승이 되어야 한다는 일종의 순환 개념을 깨닫고 이를 표방한 것이라는 설명이다. 곧 퇴계는 현실 정치에서 벗어나 학문의 세계로 물러난 사람이 아니라 '물러나는 길(退路)'을 건설한 적극적인 정치 행위자, 실천자라는 것이다.

퇴계가 살아온 조선 시대는 고려 말, 조선 초에 도입된 성리학이 뿌리를 내리면서 사람의 본성과 우주의 근본 원리를 깨달은 인간들(선비)이 세상에 건강한 삶의 표본을 제시하고 주변 사람들(백성)은 이에 감화되어 따르는 것이 미덕인 사회였다. 그것이 스스로를 닦고 집안을 다스려(修身齊家) 그러한 기풍이 나라를 넘어 천하에까지 이르는(治國平天下) 사상, 곧 '수기치인(修己治人)'의 시스템으로 확립된다.

그런데 이러한 건국 초기의 시스템, 곧 군주는 군림하는 지도자가 아니라 천명(天命)을 받드는 책임자이

1974년 이유태가 그린 퇴계 이황 표준영정

며, 이러한 군주의 위상을 선비들이 지켜주는 시스템이, 왕권 중심의 현실 정치 속에서 희석되어 군주 밑에서 권력을 향유하는 훈구파(勳舊派)와의 충돌이 잇따르게 되니, 그것이 바로 사화(士禍)라는, 인위적인 선비 계급의 숙청에 의한 정변으로 나타났다는 것이다. 퇴계는 사화가 발생한 이유로, 사람은 많은데 자리가 한정되어 있어 인사 적체가 심한데도 이를 해결할 관리들의 퇴로가 차단되어 있다는 점에 생각이 미쳤다.

"오늘날은 신하가 벼슬을 버리고 물러날 수 있는 길이 영영 막혀 버렸습니다. 그러므로 혹시 물러나기를 청하는 이가 있으면 허락되지 않을 뿐만 아니라, 반드시 뭇 사람들의 분노와 시기를 사게 되어 갖은 핍박을 받고, 다시는 물러나 피하지 못하고 그들과 한데 휩쓸리고 맙니다. 이렇기 때문에 선비가 한번 조정에 서게 되면, 모두 낚시에 걸린 고기 꼴이 되는 것입니다."

(『퇴계와 고봉, 편지를 쓰다』)

그래서 퇴계는 40대 이후 물러가서 머물 암자를 세운 고향 동네의 이름도 퇴계로 바꾸고, 이러한 '퇴로의 건설'에 50대 이후의 활동을 집중한다. 곧 퇴계는 정치로부터 떠나서 학문의 세계로 간 것이 아니라 '정치로부터 물러나는 길'을 만들었다는 것이다. 밀려나는 것이 아니라 스스로 물러나는 길을 만들 때에야 인사 적체와 재정 위기로 인한 사화의 재발을 막을 수 있고, 또 물러나서는 스스로 닦아 공부를 하는 시스템 속에서만 『논어』와 『맹자』가 약속한 선비들에 의한 도덕적으로 완결된 소통의 사회를 이룰 수 있다는 생각이다.

그런데 물러난다는 것은 정치에서 완전히 떠나는 것이 아니라 봉우리에서 골짜기로 내려오는 것이며, 이러한 골짜기에서 정치는 정쟁적인 형태가 아니라 올바른 생각을 열어주면 그 생각을 주변과 사회에서 따라주는 것이다.

그러한 퇴계의 깊은 생각을 알게 해주는 글이 퇴계가 완전히 물러나기 10년 전인 1559년에 기대승에게 써서 보낸 편지다.

양 선생 왕복서 제1권
기 정자 명언(明彦)에게 답하는 편지(발췌)

"내가 젊어서 일찍이 학문에 뜻을 두었으나, 사우(師友)의 지도가 없었으므로 얻은 것은 조금도 없이 몸에 병만 깊어졌습니다. 그 당시에 정히 산림에서 평생을 마칠 작정을 하여 조용한 곳에 초막(草幕)을 짓고서 글을 읽고 뜻을 길러 아직 이르지 못한 바를 더욱 추구하여 수십 년 동안 공부를 더 하였더라면 병이 나을 수도 있고 학문이 이루어질 수도 있었을 것이니, 천하 만물이 나의 즐거움에 무슨 상관이겠습니까. 그런데 이렇게 하지 않고 과거를 보고 벼슬을 구하는 데에 종사하며 '내가 우선 시험하였다가 되지 않아서 물러가고 싶으면 물러가면 되지 다시 누가 나를 잡을 것인가.'라고만 생각하였고, 애당초 지금 세상이 옛 세상과 크게 다르고 우리나라가 중국과 달라서 선비들은 거취(去就)의 의리를 망각했고 치사(致仕)의 예가 폐해졌으며 허명(虛名)의 누(累)는 날이 갈수록 더욱 심해지고 물러날 길은 갈수록 더욱 험난하여, 오늘에 이르러서는 진퇴양난이 되고 비방이 산적(山積)하여 불안한 염려가 극에 달하게 될 줄은 생각도 하지 못하였습니다.

대체로 선비가 세상을 살아가는 데는 혹은 세상에 나아가기도 하고 물러나기도 하며, 혹은 때를 만나기도 하고 만나지 못하기도 하지만 그 귀결(歸結)은 몸을 깨끗이 하고 의(義)를 행할 뿐이요, 화와 복은 논할 바가 아닙니다. 그러나 나는 일찍이 우리나라의 선비 중에 어느 정도 도의(道義)를 사모하는 뜻을 지닌 사람들 대부분이 세환(世患)에 걸린 것을 괴이하게 여겼습니다. 이것은 비록 땅이 좁고 인심이 박한 까닭이기는 하지만, 역시 그들 스스로 처신한 것이 미진한 바가 있어서 그

기대승을 제향하는 광주 월봉서원

런 것입니다. 그들이 미진했다는 것은 다름이 아니라 학문이 지극하지도 못하면서 스스로 처신하기를 너무 높게 하고, 시의(時宜)도 헤아리지 못하고서 세상을 경륜하는 데 용감했다는 것입니다. 이것이 바로 실패한 원인이니, 큰 이름을 걸머지고 큰일을 담당하는 사람의 절실한 경계입니다.

그러므로 공을 위한 오늘의 방도는 스스로 처신하는 데 너무 고상한 체하거나 세상을 경륜하는 데 너무 용감하게 하지도 말며 모든 일에 자신의 주장을 너무 지나치게 내세우지 않는 것입니다. 그리고 이미 출세(出世)하여 몸을 나라에 바치기로 기약하였으니, 어찌 오로지 물러날 뜻만을 고수할 수 있으며, 도의로써 준칙을 삼기로 뜻을 정했다면 또 어찌 나옴만 있고 물러감이 없을 수 있겠습니까. 오로지 공자(孔子)의 학우사우(學優仕優)의 훈계로 처신의 절도(節度)를 삼아 의리의 타당한 바를 정밀히 살펴서, 출세하여 벼슬할 때는 오로지 국사를 걱정하는 것 외에 항상 한 걸음 물러서고 한 계단 낮추어 학문에 전념하여 '나의 학문이 아직 지극하지도 못한데 어떻게 선뜻 경국제세(經國濟世)의 책임을 맡을 수 있겠는가.'라고 할 것이며, 시대와 맞지 않을 때에는 외부의 일에 조금도 상관하지 말고 반드시 한직(閑職)을 청하거나 물러나기를 도모하고서 학문에 전념하여 '나의 학문이 지극하지 못하니 마음을 안정하여 몸을 닦고 학문을 진전시키는 것, 지금은 바로 이 일을 할 때이다.'라고 하십시오.

추운 계절을 맞이하였으니 시대를 위하여 보중(保重)하기를 간절히 바랍니다. 삼가 절하고 아룁니다.

가정(嘉靖) 기미년(1559) 음력 10월 24일 병인(病人) 황(滉) 배(拜)."

퇴계는 이 같은 정치 형태가 실현될 때에 인재의 적재적소 배치가 자연스럽게 이루어진다고 보았다. 물러난 이는 행촌(杏村)에 머물거나 수련하여 다시금 세상에 나아가는 나선형적인 순환 구조, 이것이 바로 퇴계가 본 정치학의 비전이며, 고차원의 정치라고 배병삼 교수는 설명한다. 퇴계를 단순한 유학자나 사상가, 교육자의 상을 넘어서서 정치인으로서 그의 생각을 꿰뚫어본 배병삼 교수의 강의는 신선하다고 하겠다.

퇴계는 우리나라 철학사상에 있어서 매우 중요한 위치를 차지하고 있다. 그의 철학은 『성학십도』를 통해 경(敬)의 실천, 곧 의리지학(義理之學)의 요체를 집약해 놓아 그의 학문적 스승인 주자(朱子)와 다른 영역을 제시하였다.

퇴계는 70세로 생애를 마칠 때까지 문하에 많은 제자들을 배출하였다. 정승을 지낸 사람이 10명이 넘고, 시호(諡號)를 받은 인물이 30여 명이나 되며, 대제학을 지낸 사람이 10명이 넘는다. 명종 말에서부터 선조대에 걸쳐 당시의 명성을 떨친 명사 중에 퇴계의 문하에 왕래하지 않은 이가 없었으니, 그는 일세의 유종(儒宗)이요 지도자였다.[41]

퇴계의 그림자는 컸다. 임진왜란 이후 재야에 산림(山林)이 형성된 것도 그 영향이라고 볼 수 있고, 그가 가르치고 실천한 '물러가는 길', '물러

---

41) 柳正東 『한국철학사(중권)』 234쪽, 한국철학회편 동명사 1987.
박재문 「퇴계 이황 의리지학과 교육」 3쪽, 교육과학사 1993에서 재인용.

나는 법'은 조선의 정치 구도를 새롭게 만들었다. 배병삼 교수는 이렇게 결론을 낸다.

"그가 남긴 정치적인 언설은 적지만 그의 정치적 행동은 조선의 정치구도를 재편했다는 점에서 개혁적이기를 넘어 혁명적이며, 이념의 해설자이기를 넘어 체제의 건설자로 평가할 수 있다."

최근 우리나라 정치 구도를 보면서, 이 같은 물러남의 법, 물러나는 철학, 물러나는 길이 없으므로 정치인들이 죽자 살자 싸움을 하는 것은 아닌지, 지식인들이 이러한 물러남의 철학을 모르고 있기에 물러나는 때를 놓치고 일신(一身)과 가족을 망치고 우리의 정치 풍토와 국민들의 자존심에까지 먹칠을 하는 것은 아닌지 돌아보게 된다. 450년 전 퇴계가 열어간 물러남의 정치, 이 길을 다시 볼 필요가 있다.

8장
나란히 향기롭구나

정민공 치제 / '정민'을 실천하다

노블리스 오블리주 / 불에 탄 종택의 재건

죽령 고개에서 생각한다: 경(敬)과 의(義)의 길

정민공 치제

 억울하게 돌아가신 맏형 온계에 대해 명예가 회복되고 비로소 정식 장례를 치르게 되었을 때, 퇴계가 쓴 형님에 대한 묘갈(墓碣)에서 퇴계는 형님을 이렇게 표현했다.

 "공은 성품이 너그럽고 모습이 빼어났다. 아름다운 재주가 일찍 성취(成就)했고 예서(隸書)를 잘 썼다. 우애가 돈독(敦篤)하여 형의 아들을 자기 아들같이 교육하였다. 그는 조정에 벼슬하고 몸을 가짐에 있어, 자신의 도리를 지키기에 힘써서 시론(時論)에 따르거나, 권세에 아부(阿附)하는 짓은 절대로 하지 않았다."

 이 구절은 다른 많은 수식어보다 온계가 누구인지를 한마디로 정의하고 있다고 하겠다. 조선 시대 많은 관리들이 시류에 영합하고 권력에 몸을 굽혀 일신(一身)의 영달을 추구했지만, 온계는 그렇지 않았다는 것이다.

 온계가 충청도관찰사(忠淸道觀察使)로 발령을 받아 떠날 때, 조정의 선후배

충청관찰사 때 받은 유시

친구들이 써준 싯귀에서도 온계가 어떤 사람인지를 짐작하게 해준다. 온계보다 나이는 어리지만 신진 사류(新進士類)로 이름을 떨친 낙촌(駱村) 박충원(朴忠元)[1]이 써준 시가 있다.

충청도 관찰사로 부임하는 경명 영공을 삼가 전별하며

[奉別景明令公赴湖西]

얼음처럼 맑고 옥처럼 따뜻하며 순수하고 참되니

고관이 아닐 때도 이미 훌륭하였지

바람과 구름처럼 군신이 잘 만나 사절을 잡았고

돌아와선 조정에서 경륜을 펼쳤다네

부여 땅 옛 나라에 시를 써서 보내고

바닷가 산에 꽃 필 때 말을 자주 탔다네

마음 넓어서 오랜 이별 가벼이 여긴다 말하지 마소

중년에 버들 꺾자니 상심이 배가 된다오

氷淸玉潤粹而眞　未博貂蟬已可人

際會風雲持使節　歸來廊廟坐經綸

扶餘故國題詩去　海嶠花時跋馬頻

莫謂曠懷輕久別　中年折柳倍傷神[2]

---

1) 박충원(朴忠元, 1507~1581): 자는 중초(仲初), 호는 낙촌(駱村), 본관은 밀양(密陽)이다. 병조좌랑·예조 판서 등을 역임하고 여러 중직을 거쳐 정승에 이르렀다. 시호는 문경(文景)이며, 1541년 영월 군수일 때 비운에 숨진 단종의 묘자리를 찾아낸 공로가 있다.

2) 중년에 …… 된다오: 버들 꺾는 것은 송별을 의미한다. 한(漢)나라 사람들이 전별할 때 장안(長安) 동쪽에 있던 파교(灞橋)에 이르러 버들을 꺾어 주던 고사가 있으며, 석별의 마음을 노래한 「절양류(折楊柳)」란 고대의 악곡이 있다.

정조 때(1783년)가 되어 경상도 지방의 생원(生員) 220명이 연서(連署)하여 온계에게 시호(諡號)를 내려달라고 상소(上疏)했다. 이를 청시소(請諡疏)라고 하는데, 상소를 주도한 사람은 생원 조의양(趙宜陽), 생원 손정구(孫鼎九), 생원 이술현(李述賢) 등 안동과 영남의 선비들이었다. 이때 유생들이 주장한 논지는 일반적으로 정경(正卿: 판서급 이상)에 오르지 못한 사람으로 시호를 받을 수 있는 길

정조 진영

은 학문이 높거나(道學), 공훈이 있거나(勳勞), 목숨을 바쳐 의를 세우는(名節) 등 세 가지 조건이 있는데, 온계 이해는 이 세 조건에 모두 해당될 뿐만 아니라 정경인 이조 판서에 추증(追贈)되었으니 시호를 내리는 것이 옳다고 주장한 것이다.

이에 정조는 시호를 내리도록 허락하는 한편, 시호를 내릴 때에는 나라에서 내리는 제물 등을 온계의 동생인 문순공(文純公) 퇴계 이황의 집에 내려 제사를 지내도록 특별히 허락했다.

정조 7년 계묘(1783) 11월 17일(갑진)
증 이조 판서 이해의 시호를 내리는 날에 예관을 보내 치제(致祭)[3]케 하다

하교하기를,

"증 이조 판서 이해(李瀣)는 이미 시호를 내리도록 했거니와, 이 사람은 곧

---

3) 치제(致祭): 국가에서 왕족(王族)이나 대신(大臣), 국가를 위하여 죽은 사람에게 제문(祭文)과 제물(祭物)을 갖추어 지내주는 제사(祭祀).

선정(先正) 이 문순공(李文純公)의 형이니, 시호를 내리는 날에 예관(禮官)을 문순공의 집에 보내어 치제(致祭)하게 하라."하였다.

이듬해 3월에 나라에서 내린 시호는 '정민(貞愍)'이었다. "절조(節操)를 지켜 청백(淸白)하니 정(貞)이요(守節淸白曰貞), 백성들이 슬퍼하게 되었으니 민(愍)이라(使民悲傷曰愍)"는 뜻을 담은 것이다.

정조는 시호를 정하는 한편, 나라(담당 부서가 태상이다)에서 제물을 갖춰 퇴계에게 치제문(致祭文)을 함께 내려보내 형을 함께 기리도록 했다. 홍재전서(弘齋全書)에 그 치제문이 전한다.

홍재전서 제20권 / 제문(祭文) 2
선정신(先正臣) 문순공(文純公) 이황(李滉) 치제문

생각건대 교남(嶠南)은 / 維嶠以南
숙기가 가득 성대하니 / 淑氣磅礴
땅은 추로를 열었고 / 地闢鄒魯
풍속은 민락에 비기네 / 俗比閩洛

* 교남(嶠南)은 '험준한 산이 많은 남쪽지방'이란 뜻으로, '영남(嶺南)'의 다른 표현이다. 추로(鄒魯)는 맹자의 고향인 추성(鄒城)과 공자의 고향인 노(魯)나라의 합성어이므로 공자와 맹자의 고향이란 뜻이다. 민은 민중(閩中)으로 주자(朱子)가 학문을 하던 복건성이고, 낙은 낙양(洛陽)으로 정자(程子) 형제가 학문을 강론하던 곳이다. 곧 안동은 공자와 맹자를 낳은 곳이고 주자와 정씨 형제가 학문을 가르친 곳이니 유학의 본고장이란 뜻.

우뚝 대현을 낳아서 / 挺生大賢
우리 도를 크게 떨치게 하니 / 丕闡吾道

자품은 중정을 받았고 / 姿稟中正

뜻은 순백(純白)을 당겼다네 / 志挽淳皞

    * 그런 땅에 우뚝 퇴계라는 큰 현인이 나와서

       도를 떨치고 풍속과 인심을 순화했다는 뜻

정자(程子) 주자(朱子)의 규범을 따르고 / 程規朱範

학식이 바다처럼 넓고 땅처럼 두터웠으니 / 海涵地負

왕정을 보필함이 / 羽儀王庭

구슬과 같은 훌륭한 기량이었네 / 玉珮瓊玖

    * 정씨 형제와 주자의 규범에 따라 바다와 땅처럼 깊고 넓은

       학식으로 왕을 보필해 나라를 아름답게 이끌었다는 뜻

도산에서 자신을 감추어 / 卷懷陶山

좌우로 도서를 갖추고 기거하면서 / 左右墳籍

사단 칠정(四端七情)의 깊은 이치를 밝히니 / 蘊發四七

그 공효가 천백 대에 베풀어졌네 / 功施千百

    * 당신이 도산에 은거하면서 수많은 전적을 공부하고

       사단칠정의 인간본성을 밝혀주니

       그 공이 천년 만년 이어 베풀어지리라

나의 몽매함을 깨우쳐 주니 / 牖我昧蒙

알맞은 비에 초목이 자라는 듯 / 時雨其化

사방에서는 덕을 우러렀고 / 四方仰德

일역(一域)에서 친히 가르침을 받았네 / 一域親炙

    * 왕인 나의 몽매함을 깨우쳐줌으로써

       사방에서 덕이 무럭무럭 자라나고

       어디에서나 가르침을 가까이에서 받으니

집집마다 효제(孝弟)를 행하고 / 家孝戶弟

학교에선 현송(絃誦)을 일삼으니 / 塾誦鬢絃

유풍이 사람을 흥기시킴에 / 遺風起人

높은 사당에 제기가 정연하네 / 巋祠秩籩

  * 이를 통해 집집마다 효도와 우애를 실천하고

    글 읽는 소리 널리 퍼지니

    사람들이 바로 서고 질서가 정연하구나

내가 전형을 생각하며 / 予懷典刑

자나 깨나 순유를 잊지 못하여 / 寤寐純儒

무진육조소(戊辰六條疏)의 소차(疏箚)를 자세히 살피고 / 箚玩六條

성학십도(聖學十圖) 병풍을 걸었다네 / 屛揭十圖

  * 나라의 다스림을 생각할 때 참 선비를 잊지 못하여

    무진육조소를 다시 보고 성학십도 병풍을 읽는다오

도산도(陶山圖)를 그려 사모의 정성을 깃들이고 / 繪居寓慕

제사를 드리게 하여 감탄을 일으키니 / 致酹興吁

어디에서 얻었던가 / 於何得來

어두운 길에서 촛불을 잡아 밝혔도다 / 秉燭昏衢

  * 보고 싶은 마음에 도산의 경치를 병풍에 그려서 보고

    제사를 통해 다시 당신을 보게 하니

    어두운 곳에서 밝은 촛불을 얻은 것이네요

백씨(伯氏)가 나란히 향기로움이여 / 伯兮聯芳

태상에서 시호를 내려 / 太常節惠

한 가문에 아울러 높으니 / 一門竝峙

대대로 또한 드러나지 않을쏜가 / 不顯亦世

* 형님도 그렇게나 아름다운 향기였기에 나라에서 시호를 내리니

   한 가문에 나란히 높이 서서 대대로 크게 드러나지 않겠는가

일이 마치 오늘을 기다린 듯함에 / 事若俟今

실로 밝은 세상의 감회가 있나니 / 感實曠昔

경의 혼령이 통하지 않음이 없다면 / 卿靈如水

멀리 드리는 잔을 흠향하기 바라네 / 庶歆洞酌

  * 시호 내리는 일이 마침 오늘까지 온 것은

   너무 늦은 감이 없지 않지만

   온계 당신의 혼령이 물처럼 이어지니까

   멀리서 내가 드리는 잔을 잘 받아드시게[4]

  퇴계에 대해서 거듭 말하는 것이 군더더기일 것이지만, 정조는 나라를 위한 간절한 대책이 들어가 있는 『무진육조소(戊辰六條疏)』[5]를 높이 평가하면서, 진정한 학문의 길을 천명한 『성학십도(聖學十圖)』를 병풍으로 만들어 자주 보면서 스스로를 일깨운다고 밝히고 있다. 퇴계의 길은 도(道)의 실체를 진지하게 추구해 알아내고, 그렇게 알게 되는 도의 실천을 통하여 천인합일(天人合一)의 삶의 경지에 이르는 것이었다. 이는 "성인은 하늘을 희구하고, 현인은 성인을 희구하며, 선비는 현인을 희구한다(聖希

---

4) 정조의 치제문의 번역은 고전번역원의 홍재전서 번역을 인용했으며, 이해를 돕기 위해 단락별로 필자가 임의로 해석을 다시 넣었다.
5) 막 즉위한 선조에게 1568년(선조 1)에 퇴계가 올린 상소문. 왕통을 튼튼히 하여 인(仁)과 효(孝)를 온전히 할 것, 소인배의 참소를 막아 왕실의 어른을 잘 모실 것, 제왕의 학문을 두텁게 하여 정치의 근본으로 삼을 것, 성리학의 학문을 밝혀 인심을 바르게 할 것, 사람의 머리에 해당하는 국왕이 복심(腹心)인 대신을 신임하여 이목(耳目)인 언관(言官)의 뜻이 통하게 할 것, 정성을 다해 수양하고 반성하여 하늘의 사랑을 받을 것 등 여섯 조목으로 되어 있다.

天 賢希聖 士希賢)"는 염계(濂溪) 주돈이(周敦頤, 1017~1073)의 말[6]에 함축되어 있다. 성리학이나 도학(道學)이나 같은 의미의 용어로 사용되지

정조가 규장각을 설치한 창덕궁 후원 주합루

만, 퇴계에게는 성리학자라는 말보다 도학자라는 말이 더 어울린다. 그는 학자가 될 수 있는, 나아가 인간이 할 수 있는 가장 위대한 일을 도의 의식과 실천, 그리고 자신이 인식하고 실천한 도를 당시 사람들에게 가르치고 나아가 글로 남겨 후세에 전하는 일, 즉 '입언수후(立言垂後)'로 여겼다.[7]

정조가 내려 보낸 치제문을 보면, 정조는 퇴계를 이렇게 평가하고 스스로의 선생으로 삼고 따르려고 하는 것 외에, 온계의 피화(被禍) 전말을 상세히 듣고는 왕이 직접 늦어서 미안하다는 말과 함께 이제 시호를 받았으니 퇴계와 함께 두 형제의 집안이 영원히 빛날 것이라고 하고 있다. 그야말로 최고의 글을 내려준 것이다.

---

6) 주돈이는 호가 염계이며 성리학의 비조(鼻祖)며 태극도설(太極圖說)을 지었다. 말년에 염계서당(濂溪書堂)에 은퇴하였기 때문에 문인들이 염계선생이라 불렀다. 『근사록』 권2 제1조, 『소학』의 가언제오(嘉言第五)에 실려 있다.

7) 이광호 「도학적 문제의식의 전개를 통해서 본 퇴계의 생애」 『동양학』 22집, 단국대동양학연구소, 1992.

'정민'을 실천하다

정조대왕이 내려준 "절조(節操)를 지켜 청백(淸白)하니 정(貞)이요, 백성들이 슬퍼하게 되었으니 민(愍)이다"라는 뜻의, 시호에 담긴 정신은 그 이후 온계 집안의 정신이 되었음을 후손들의 활약에서 알 수 있다. 그것은 또 정조가 말한 그대로 퇴계의 학문에 대한 진지한 자세와 실천 윤리를 바탕으로 진성이씨 집안의 맑고 빛나는 새로운 물줄기가 되었다. 죽유(竹牖) 오운(吳澐)이 말한 것처럼 처음 문과(文科)에 오른 송재 이우(李堣)의 사심 없는 순수한 시와 운의 세계, 조카인 대사헌공(大司憲公) 온계 이해(李瀣)의 간사한 풍조를 척결하고 옥을 분별하는 높은 정열과 곧은 자세, 그리고 나라를 넘어 동양을 진동시킨 퇴도 선생(退陶先生: 퇴계 이황)의 도덕과 문장으로 해서, 진성이씨 집안은 처음 진보현(眞寶縣)이라는 작은 현의 관리(縣吏) 집안에서 출발해 나라를 지키고 흔들고 길을 잡아주는 큰 집안으로 일어서게 되었다. 진성이씨는 조선왕조에서 모두 59명의 문과 급제자를 배출한다. 학문(學文)의 가문답게 문집(文集) 등 저술을 남긴 학자만도 50여 명을 헤아린다. 송재와 온계, 퇴계의 삼숙질(三叔姪: 삼촌과 조카)이 단기간에 이룩한 위대한 정신적인 성과를 후손들이 잘 이어받은 것이다.

이황은 학문을 하는 유전자가 조부와 선친을 통하여 자신에게 전해지고 있다는 것을 은연중 밝히고 있다. 그러나 이식은 이황을 얻은 다음 해(1502년)에 40세의 나이로 세상을 떠나고 만다. 이우는 이해와 이황의 재능을 일찍부터 알아보고 자신의 아들보다 더 정성으로 가르쳤다. 부친 이계양이 자기 형제를 아끼며 교육하였듯이, 이우는 아버지 잃은 조카들을 가르치며 그들에게 꿈을 심어주었다. 이계양과 부인 영양 김씨가 문호를 여는 거름이 되고 이를 이어받은 이식과 이우 형제가 금옥(金玉) 같은 관계를 유지하면서 학문과 인격의 완성에 전력을 기울였기 때문에 유학의 거봉(巨峯)인 이황과 이해 형제를 낳을 수 있었다.[8] 이것이 당대에 삼숙질이 글로서, 덕으로서, 재주로서 조선에 이름을 떨친 연유라고 하겠다.

1550년 형님 온계가 세상을 뜬 뒤에 남은 자제들에 대해, 그전에 부친을 잃은 온계와 퇴계를 숙부인 송재공이 돌보아주었듯이, 퇴계가 신경을 많이 써 주었다. 퇴계는 자신의 아들과 손자, 조카뿐 아니라 형의 외손, 질녀, 형의 사위, 형의 손자, 조카의 글공부와 어려움을 힘닿는 대로 보살폈다. 수많은 제자를 가르치는 스승이지만, 퇴계는 먼저 일가(一家)의 큰어른으로서의 역할도 다했던 것이다. 퇴계는 맏형의 외손자가 공부를 게을리하자 닭 한 마리와 생선을 보내 학문에 힘쓰기를 당부하기도 했다. 퇴계는 이들에게 인적 네트워크를 구축해주려고 무진 애를 썼다. 퇴계가 제자들을 가르친 도산서원은 요즘으로 보면 사립 명문대에 해당할 것이다. 퇴계는 뜻을 같이하는 친구끼리 함께 공부하면 능률이 오른다며 제자들 간에, 제자와 그의 후손 간에 '그룹 스

도산서원 봄 고목에 잎이

---

8) 이광호 「송재선생문집」 해제, 2018, 한국국학진흥원.

퇴계묘소

터디'를 적극 권했다. 학식이 높은 제자가 찾아오면 절에 있는 아들을 불러 새 친구로 삼아 함께 공부하도록 할 정도였다. 굳이 당대의 대학자인 퇴계가 제자를 위해 그런 일까지 세세하게 신경을 썼을까 하는 생각이 들 정도로, 아들과 손자, 제자들을 세심하게 보살폈다.

온계의 큰아들 복(宓, 1520~1545)은 10년 전에 중국 다녀오다 죽었고, 둘째 아들 이영(李甯, 1527~1588)이 온계 종택을 지키고 있었고, 셋째 이교(李寯, 1531~1595)[9], 다섯째 이혜(李憓, 1543~1578) 중에 결혼하지 않은 아들은 종택에 함께 살고 있었을 것이다. 또 온계와 퇴계의 둘째 형님인 이하(李河)의 아들 가운데 퇴계가 집안의 기둥으로서의 역할을 기대했던 이완(李完)도 있었다. 이들도 퇴계의 훈도를 받아 나름 학문을 열심히 했지만, 벼슬에는 큰 뜻을 보이지 않았다.

둘째 아들 이영(李甯)은 형님이 돌아가신 뒤에 온계의 후사(後嗣)를 잇는 종가(宗家)집이 되어 종택에 살면서 숙부 퇴계를 가까이에서 모셨다. 숙부 퇴계에게 학문을 배워 사마시(司馬試)에 합격하였고 현감(縣監)이 되

---

9) 넷째 이치(李寘, 1534~1556)는 가매장한 아버지의 묘소를 지키다 먼저 세상을 떴다.

어 청신(淸愼)[10]으로 직(職)을 잘 마쳤다. 숙부로부터 특별한 총애를 받아 「요도(要道)의 방법」 등 23번의 편지를 받아 『도산전서(陶山全書)』에 남겼다. 숙부 퇴계는 그에게 매죽유헌(梅竹幽軒)이라는 호(號)와 자경잠(自警箴)을 손으로 직접 써서 주며 학문을 열심히 하도록 격려를 아끼지 않았다. 백사(白沙) 이항복(李恒福, 1556~1618)이 그의 묘갈(墓碣)을 써주었다.

퇴계가 임종을 하기 사흘 전인 1570년 12월 4일, 홀로 숙부의 방에 들어가 숙부로부터 다섯 가지 유계(遺戒)를 받아 적었고, 이 유계는 퇴계 사후에 공개되었다.

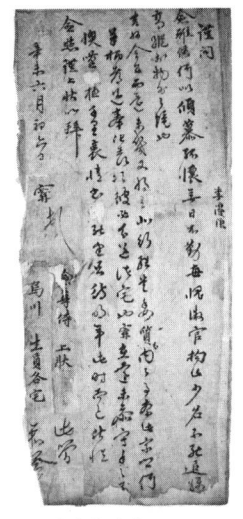

이녕의 필치

"4일에 형의 아들 영(甯)을 시켜 유계(遺戒)를 쓰게 하였다. "첫째, 예장(禮葬)을 하지 말라. 예조(禮曹)에서 전례(典例)에 따라 예장을 하겠다고 하거든 유명(遺命)이라고 일컫고 자세히 말해서 굳게 사양하라. 둘째, 유밀과(油蜜果)를 쓰지 말라. 셋째, 비석(碑石)을 세우지 말고 다만 조그만 돌을 쓰되, 그 앞면에는 '퇴도만은진성이공의 묘(退陶晩隱眞城李公之墓)'라고 쓰고, 그 뒷면에는 오직 고향과 세계(世系)와 지행(志行)과 출처의 대강만을 『가례(家禮)』에 말한 대로 간략히 쓰라. 이런 일을 만일 다른 사람에게 부탁한다면, 가령 친구 기고봉(奇高峰 기대승) 같은 이는 필시 사실에도 없는 일을 늘어놓아 세상의 비웃음을

---

10) 옛날 중국에서 관리의 성적 매길 때의 네 가지 기준이 있었다. 곧 덕행(德行), 청신(淸愼), 공평(公平), 근면(勤勉) 등 네 가지로 이를 四善(사선)이라고 했다. 청신은 행동거지가 맑고 조심스럽고 신중했다는 뜻.

살 것이다. 그러므로 내 일찍부터 내 뜻한 바를 내 스스로 짓고자 하여 먼저 명문(銘文)을 지었고, 그 밖의 것은 이럭저럭 미루어 오다가 아직 마치지 못하였다. 그 초한 글이 어지럽게 쓴 초서(草書) 중에 있을 것이니 그것을 찾아내어 그 명문에 쓰는 것이 옳을 것이다. 넷째, 선대(先代)의 묘갈명(墓碣銘)을 마치지 못한 것이 지금 와서 생각하면 영원히 한이 된다. 그러나 모든 준비는 다 되었으니, 모름지기 집안

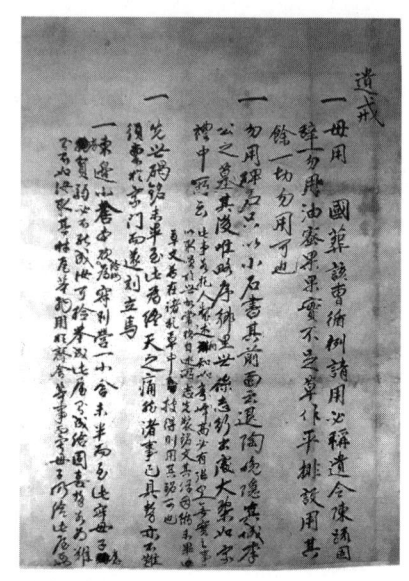

퇴계가 후손에게 남긴 유계

여러분에게 물어서 새겨 세우는 것이 마땅할 것이다. 사람들의 이목(耳目)이 있어 사방에서 보고 들을 것이니, 네가 상사(喪事) 지내는 일은 다른 평범한 일과는 다르다. 모든 일을 반드시 남에게 물어 하라. 집안이나 마을에 다행히 예(禮)를 아는 유식한 사람이 많으니, 널리 묻고 두루 의논해서 요새 세상에도 맞고 옛날 예에도 멀지 않도록 행하는 것이 옳을 것이다." 하였다."[11]

셋째 아들 이교(李寗)는 돌아가신 부친의 억울한 경위를 자세히 기록한 『경술일기(庚戌日記)』를 남김으로써, 돌아가신 부친 온계가 화를 당한 과정을 낱낱이 남겨 후세인들에게 부친의 의연한 자세를 모두 알게 해주었다. 이교는 성품이 참되고 순박하였고 행실이 훌륭하여 때에 장덕(長德)이

---

11) 《퇴계집》언행록 5 / 유편(類編) / 고종기(考終記)

라 칭찬받았다. 숙부 퇴계에게 수학하여 1578년 남부참봉(南部參奉), 제용감봉사(濟用監奉事), 사헌부감찰(司憲府監察) 등을 거쳐 대흥현감(大興縣監)까지 직무에 충실히 임하여 칭송을 받았다.

넷째 이치(李寘, 1534~1556)는 부친의 유해(遺骸)가 안동으로 내려올 때 피부병인 옴에다 부스럼(疥疾瘡疵)이 온몸을 뒤덮어 한 발짝도 움직일 수가 없었지만 애써 달려와 곡(哭)

온계 종택 앞 밤나무 수령 500년 추정

을 하였는데, 결국 건강이 좋지 않아 20대 초반에 세상을 떴다. 막내 이혜(李憓, 1543~1578)는 8세에 부친을 잃고 숙부 퇴계의 가르침을 받으며 자라나 음보(蔭補)로 선무랑(宣務郎), 공조좌랑(工曹佐郎)을 하다가 36세에 세상을 떴다. 이혜의 둘째 아들 미도(美道)의 아들, 곧 온계의 증손자 이래(李來, 1601~?)는 문과에 급제하여 장령(掌令)을 지냈는데, 청나라가 조선왕국을 핍박하며 공물을 자꾸 요구할 때 분연히 이를 거부하라는 상소를 올렸고, 병자호란 때에는 영남의 의병장으로 추대되어 조령을 넘어 가려다 청나라와 휴전이 되는 바람에 미수에 그쳤지만, 청나라의 부당한 요구에는 강력히 상소로 항의하는 등 기개(氣槪)를 보여주었다.

임진왜란이라는 국가의 환란을 당했을 때, 진성 이씨 집안의 청년들은 붓을 던지고 과감히 전쟁에 뛰어들었다. 가장 활약한 사람은 퇴계의 손자인 이영도(李詠道, 1559~1637)로서, 음보로 군자감참봉(軍資監參奉)을 거쳐 제용감봉사(濟用監奉事)를 역임하고, 임진왜란 때 안동에 내려가 의병을 모집하여 왜군과 싸웠다. 이영도는 원병으로 온 명나라 군사를 따라 많은 군량미를 조달·수송하여, 그 공으로 1597년(선조 30) 호조좌랑(戶曹佐郞)이 되고 다시 호조정랑(戶曹正郞)이 되었으며, 광해군을 거쳐 인조 때에는 군기감정(軍器監正)까지 올랐다. 강원도 횡성에 살던 생원 이정백(李庭栢)은 고향 안동으로 급히 돌아와 안동 지역 의병대장, 경상도 북부 지역 연합 의병대의 우부장(右部將)을 맡아 활약했고, 진사 이형남(李亨男)은 연합 의병대의 정제장(整齊將)을 맡아 군량을 비축하는 일에 힘써 향병(鄕兵)은 물론 관군에까지 군량을 보급하는 일에 차질이 없도록 하였다. 이렇게 진성 이씨 자제들이 일찍부터 나라를 위한 일이라면 목숨을 내놓는 전통은 온계에 의해 세워져 전해오는 절의(節義)의 가풍(家風), 바로 그것이었다.

온계 종택 앞길에는 높이 12m, 지름 175㎝의 밤나무 한 그루가 보호수로 지정돼 남아 있다. 온계가 심었다는 밤나무이다. 온계가 살림을 나서 이곳에 집을 마련한 것이 1516년(중종 11년)이니, 이때 심었다고 해도 딱 500년이다. 온계가 세상을 뜬 지가 475년이 됐으니, 그동안 이곳에 온계라는 절의의 선비가 살았음을 무언으로 전하고 있다.

노블리스 오블리주

조선이 대한제국으로 이름을 바꾸었지만 국권을 일본에 찬탈당할 때, 안동의 인물을 우리는 찾아보지 않고 그냥 넘어갈 수 없다. 퇴계의 11대 후손으로 조선조 말기에 호를 향산(香山)이라고 하는 이만도(李晩燾, 1842~1910)라는 인물이 있기 때문이다. 이만도는 헌종 8년인 1842년 태어나 24세에 문과에 급제해 홍문관, 사간원 등에서 요직을 담당하다가 사퇴하고 고향에 돌아와 후진 양성에 주력하고 있었다. 1895년 8월 을미사변(乙未事變)으로 명성황후(明成皇后)가 일제에 의해 잔혹하게 시해되고, 이어 11월 단발령(斷髮令)이 내리자 전국 각지에서 일본의 압박에 대한 저항으로 의병(義兵)들이 일어났다.

안동 예안에서도 퇴계의 종손(宗孫) 집안 이중린(李中麟)이 앞장서서 의

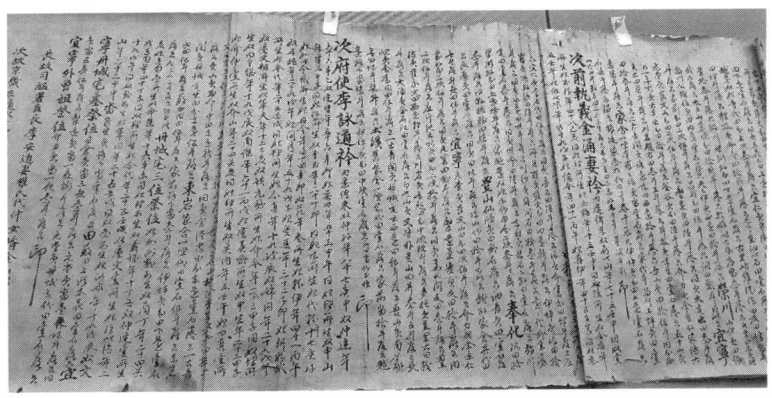

분재기 이만도 등

병을 일으켜 초대 의병장에 이만도를 추대했고, 이듬해(1896년) 2월에는 이중린이 의병장으로 나섰으며, 이때 온계의 12대 후손 이의화(李義和, 1854~1887)의 동생인 이인화(李仁和, 1858~1929)가 나섰다. 이인화는 의병대의 선봉장을 맡아 태봉 전투 등에서 작은 승리를 거두기도 했다. 그 후 이중린이 물러나고 이인화가 3대 의병장을 맡았다. 이때 퇴계와 온계의 후손들이 의병 활동에 참여하여, 비록 성공하지는 못했지만, 선비 집안으로서 국가의 위급 시에 분연히 나서는 기개(氣槪)를 보여주었다.

초대 의병장 향산 이만도는 하계(河溪) 마을이고, 2대 의병장 이중린은 용계(龍溪) 마을, 그리고 3대 의병장 이인화는 온계(溫溪) 마을 출신이다. 세 마을의 자손들이 이곳의 의병 활동을 진두지휘했다. 이러한 사실은 얼마 전 번역된『을미의병일기(乙未義兵日記)』(진성 이씨 안동 경류정 종가 종손인 이긍연(李肯淵) 저)에 의해 세상에 알려졌다. 3대 의병장으로 온계의 후손인 이인화는 태봉 전투뿐 아니라 여러 전투에 참전하여 활약하였으며, 격문(檄文) 및 포고문(布告文)을 관청에 발송하는 등 구국 항일 운동에 전력을 기울였다. 또한 관동(關東)의 평해, 강릉, 삼척 등 지역에서 의거한 의병진과 긴밀하게 협조하며 항일 투쟁을 했다. 이후 전열을 재차 정비하여 300여 명의 의병을 지휘하며 일본군과 접전하는 등 전기 의병에서 크게 활약했지만, 일본군의 신식 무기를 당하지 못하고 군사를 해산시켰다. 그리고 당시 국내 정세를 감안하여 1909년 예안에 선명학교(宣明學校)를 세우고 인재를 육성하면서 학생들에게 민족정신을 고취시켜 후일을 대비했다. 정부에서는 그의 공을 기려 1977년 건국훈장 애국장(建國勳章 愛國章)을 추서했다.

이만도는 1905년 을사조약(乙巳條約)이 강제로 체결되고 외교권이 박탈되자, 아들 이중업(李中業)을 통해 '청참오적소(請斬五賊疏: 다섯 역적의 목을 베소서)'라는 상소를 올리며 을사늑약 파기를 강력히 주장했다. 1910년 나라가 망하자, 그는 9월 17일 단식(斷食)을 시작했다. 나라를 잃고 군왕이 치욕을 당하게 된 것에 대해 죽음으로 책임을 다하고자 함이었다.

이만도가 단식에 들어가자, 각지에서 친척, 제자, 동료들을 비롯한 많은 사람이 방문하여 간곡하게 만류했지만 그의 뜻을 굽힐 수 없었다. 단식 5일째에는 집안의 손자들이 할아버지의 단식 현장에 모였다. 그는 손자들에게 "내가 어렸을 때 왼쪽 엄지손가락을 펴지 않고 오므리고 있었다. 과거에 급제할 때까지 펴지 않기로 결심했다가 과거에 급제한 후에야 비로소 엄지손가락을 폈다. 너희들도 촌음(寸陰)을 아껴 열심히 공부를 하거라"는 당부를 남겼다.

그는 단식을 하면서도 담담하게 주변 일들을 정리하며 선비의 품위를 잃지 않았다. 명망가인 이만도의 단식 소식을 입수한 일본 경찰이 현장을 찾아와 강제로 향산의 입에 미음(米飮)을 집어넣으려 시도했지만, 혼수상태인 줄 알았던 향산이 벌떡 일어나 "누가 감히 나를 설득하고 협박하려 하느냐"고 호령했다. 단식 24일째인 1910년 9월 8일(양력 10월 10일)에 운명했다. 같은 해 11월 5일에는 이만도의 친척 조카인 이중언(李中彥)이 또한 나라 잃은 비통함에 스스로 굶어 돌아가셨다.

선비나 유림들은 나라를 위한 마지막 선택으로 '맞서 싸워 물리치거나(擧義掃淸)', '은둔해 유교적 가치를 보존하거나(去之守舊)', '스스로 목숨을 끊어(致命自靖)' 왔다. 목숨을 끊어 나라를 따르는 것을 '자정순국(自靖殉國)'이라고도 한다. 이는 일제 통치를 인정하지 않겠다는 한민족의 가장 극렬한 저항이었다. 여기에는 관직에 따른 '책임감', 왕에 대한 '충(忠)', 자신의 뜻과 다른 세상과 타협하지 않으려 했던 '결연함', 살아남은 자들에게 당당히 맞서 싸울 것을 전하려 했던 '가르침' 등 숱한 의미가 함축돼 있었다. 나라가 망하던 무렵, 전국에서 70여 명이 목숨을 끊어 순절(殉節)해 갔다. 안동의 이만도는 그중 가장 먼저였고, 그의 절명 소식은 전국을 울렸다. 그리고 후손들과 안동 사람들에게 가야 할 길을 제시했다.

음독(飮毒)이나 할복(割腹)에 비해 단식은 단번에 죽지 않고 오랫동안 시간을 끄는 방법이라서 실천에 옮기기가 가장 어려운 자살 방법이라고 일컬어진다. 단식은 특히 주변 가족들이 힘들다. 당사자는 죽기 위해 곡기(穀氣)를 일절 끊고 있는데, 가족들은 한쪽에서 음식 냄새를 풍기며 끼니를 해결할 수밖에 없기 때문이다. 이때의 며느리가 그 유명한 김락(金洛, 1863~1929) 여사다. 시아버지가 단식하고 있지만, 며느리는 매 끼니마다 죽과 밥을 준비하여 눈물로 대령한다. 굶겠다고 선언한 시아버님께 그냥 밥상도 차려드리지 않는 일은 자식 된 도리가 아니다. 그러니 끼니마다 준비하여 지극 정성으로 권하기는 해도, 어른의 뜻이 국가와 민족을 위한 것이고, 또 그 의지가 워낙 단호하니 어쩔 도리가 없다. 게다가 시아버지가 굶는다고 해서 같이 굶을 수도 없다. 가족들을 먹여야 하고, 소식을 듣고 찾아오는 친척이나 제자들에게도 식사를 대접해야 한다. 그렇게 하려면 스스로도 먹어야 한다. 하지만 굶는 어른을 두고 어찌 목에 밥이 제대로 넘어갔을까? 밥 반, 눈물 반으로, 그것도 구석에 앉아 남몰래 먹는 그 밥이 어떠했을 것인가?

결국 며느리 김락 여사는 시아버지를 그렇게 보내고는 그의 일생이 바뀌었다. 그의 남편이자 이만도의 아들인 이중업(李中業)은 1919년 파리 강화 회의에 독립 청원서를 보냈으나 세계적 주목을 받지 못하자, 다시 중국에 청원하기 위한 작업을 주도하다 58세에 작고하였다. 김락 여사는 58세의 나이로 1919년 예안 3·1 운동에 참가했다가 체포되었으며, 이때 받은 고문으로 두 눈을 실명했다. 고통 속에 두 번이나 자결 시도를 하면서도 11년간 두 아들의 독립 운동을 뒷바라지했다. 아들 이동흠(李棟欽, 1889~1967)과 이종흠(李棕欽, 1901~1975)은 군자금 모금 운동인 제2차 유림단 사건(儒林團事件)에 참여했다가 일본 경찰에 체포되어 갖은 고문을 당했다. 나라를 찾기 위해 모든 삶을 바친 김락 여사는 결국 1929년 2월 별세했다.[12]

또 다른 쪽으로는 퇴계의 후손 가운데 육사(陸史)로 알려진 시인 이원록 가족이 있다. 육사는 6형제 중 차남으로 태어났다. 첫째 원기(源祺), 둘째 원록(源祿), 셋째 원일(源一), 넷째 원조(源朝), 다섯째 원창(源昌), 여섯째 원홍(源洪)이다. 둘째 원록이 바로 이육사(李陸史)다. 이들 6형제 중 3형제가 일제 시대 『조선일보』 기자로 근무했는데, 육사가 대구 주재, 원조가 본사 학예부 담당, 원창이 인천 주재 기자로 활약했다. 형제는 민족 의식도 투철해서 1927년 대구 조선은행 폭탄 사건 관련 혐의로 첫째 원기부터 넷째 원조까지 대구 형무소에 수감됐다. 1년 6개월 형을 받은 둘째 원록의 수인 번호가 '264'다. 그때부터 자신의 이름 대신 '이육사'로 불렸다.

19세기 후반 영남 유림들의 활동에서 빼놓을 수 없는 곳이 예안면 부포리(苻布里)이다. 조선 말기, 청나라의 황준헌(黃遵憲)이 우리 조정에 준 『조선책략(朝鮮策略)』에 의해 개화 문제가 지식인들의 쟁점이 되었을 때, 부포 출신 이만손(李晩孫, 1811~1891)은 개화 정책에 반대해 1만여 명 유림

---

12) 김락의 친정도 항일독립운동가 집안으로, 친인척 중에 추서된 독립운동가가 무려 25명이나 된다. 큰 오빠 김대락도, 형부 석주 이상룡도 독립운동에 투신했다. 김대락은 향산이 서거하자, 증손자를 식민지가 된 조국에서 태어나게 할 수 없다며 만삭의 임신부였던 손자며느리와 일가를 이끌고 엄동설한에 만주로 이주해서 이시영 형제들과 신흥무관학교를 운영했다. 형부인 석주 이상용은 상해 임정의 초대 국무령(현 대통령 급)을 지냈다. 김락의 맏사위로 학봉 김성일 집안의 종손인 김용환은 은밀하게 독립운동 자금을 대기 위해 파락호행세를 자처했고, 둘째 사위 유동저 역시 당당한 독립운동가다.

의 서명을 받아 제출한 「영남만인소(嶺南萬人疏)」의 소두(疏頭)를 맡았다.[13] 뒤에 나오지만, 부부가 함께 순국한 이명우와 권성도 이 마을 출신이다. 이선호(李先鎬, 1903~?)는 서울 중앙고등학교에 다니던 중이던 1926년 4월 26일 순종(純宗)의 서거 소식을 듣고, 동료 학생들과 함께 인산일(因山日)에 항일 만세 시위 운동을 계획하고 태극기와 격문을 제작했다. 6월 10일 류면희(柳冕熙)와 함께 종로3가 단성사 부근에서 군중과 함께 만세 시위 운동을 주도하다 일본 경찰에 체포됐다. 그리고 이원혁(李源赫, 1890~1967)은 언론을 통한 독립 운동을 펼쳤고, 신간회(新幹會) 중앙집행위원으로 활약하며 광주 학생 운동에 대한 결의문을 작성, 발표하여 옥고를 치르는 등 신간회를 이끌었다.[14] 이원태(李源泰, 1894~1969)는 17세인 1910년 만주로 가서 김교헌(金教獻)의 집에서 기숙하며 대종교(大倧敎)에 입교해 김교헌의 역사 인식에 감화받아 그의 지도로 『배달족강역형세도(倍達族疆域形勢圖)』를 저술, 1923년 간행했다. 이 책은 신흥무관학교 교재로 이용돼 많은 독립 운동가들의 민족 의식을 형성하는 데 기여했다. 모두 진성 이씨들이다.

안동은 전국 시군 단위에서 가장 많은 독립 운동가를 배출하여 독립 운동의 성지(聖地)로 일컬어진다. 이러한 평가를 받는 데는 진성 이씨가 크게 기여했다. 안동 독립 유공자 348명 중 52명이 진성 이씨다. 단일 성

◇◇◇◇◇◇◇◇◇◇◇◇◇◇◇◇◇

13) 1880년 제2차 수신사(修信使)로 일본에 다녀온 김홍집(金弘集)이 청나라의 주일 참찬관이던 황준헌(黃遵憲)이 지은 《조선책략(朝鮮策略)》을 왕에게 바쳤다. 《조선책략》은 조선이 러시아의 남하에 대응하기 위해 친청(親淸)·결일(結日)·연미(聯美)의 외교정책을 펼쳐야 한다는 내용이었다. 그러자 영남의 유생들은 1881년 2월에 이황의 후손인 이만손을 앞세워 《조선책략》의 내용을 비판하고, 위정척사를 주장하는 집단상소인 「만인소(萬人疏)」를 올렸다.
14) 강윤정 외 『혜전 이원혁의 삶과 항일투쟁』 2017, 혜전항일운동자료집 간행추진위원회편 참조.

씨로 가장 많다. 안동 지방 불천위(不遷位) 47위 중 9위가 진성 이씨다. 나라가 망했을 때 죽음으로써 항의하고 절개를 보여준 분들도 우리나라 전역에서 61명인데, 그

온계 불천위 제사

중 경상북도가 17명, 안동이 14명이라는 사실도 있다. 안동 문화권의 14명 자정순국자 중 진성 이씨 집안은 앞에서 말한 이만도를 비롯해 이중언, 이명우, 이현구 등 4명에다가 봉화 유곡에서 시집온 이명우의 부인(권성) 한 명까지 모두 5명이다.

일제 강점기 때 안동에 있는 대부분 문중이 유독 독립 운동을 많이 해서 멸절하거나 가문 전체가 와해된 경우가 많았기 때문에, 현대에 와서 세가 약해진 게 사실이었다. 그중 진성 이씨는 몇 개의 문중 세파(細派)가 사라질 정도였다. 그럴 정도로 나라를 위해서는 개인과 집안의 안위나 영화를 포기했다. 진정한 노블레스 오블리주(Noblesse Oblige)를 실천한 집안이다. 예전에는 퇴계에 의해 가문의 위상이 높아졌고, 근세에 와서는 퇴계나 온계, 진성 이씨 집안 후손 모두가 이렇게 선비로서의 책임과 의무를 다함으로써 현대에까지 양반 가문으로 평가를 받고 있다.[15] 온계의 절의와 희생정신은 이렇게 진성 이씨 집안에 굳건하고 깊이 흐르는 물줄기로 자리 잡은 것이다.

---

15) 진성 이씨 가문의 독립운동가로서 정부가 주는 훈장을 받은 분은 모두 49명이다. 이만도와 이중언은 독립장, 이만규, 이긍연, 이선구, 이운호, 이효정은 건국포장, 그리고 애국장과 대통령표창을 받았다. 『悅話』 제22호, 206~247쪽, 진성이씨대종회, 2007년 참조.

불에 탄 종택의 재건

삼백당터

진성이씨 자제들이 의병 활동에 나서면서 말할 수 없는 피해를 보았는데, 그것은 유서 깊은 종택이 소실되는 아픔이었다. 2차 의병장은 퇴계의 종가 쪽인 이중린(李中麟)이 대장이었기에, 2차 의병들이 태봉 전투에서 일본군에게 피해를 입히고 퇴각하는 과정에서 의병들을 추격해 온 일본 토벌군들이 의병장의 집인 퇴계 종택에 1896년 4월 20일 불을 놓아 종택이 모두 소실되었다. 그리고 3차 의병 활동 이후, 일본군은 3대 의병장 이인화(李仁和)의 생가인 온계 종택을 같은 해 7월 29일 불을 질러 모두 태워버렸다. 이로써 온계와 퇴계의 두 종택이 1896년 같은 해에 모두 불에 타버리는 큰 변고를 겪게 된 것이다.

온계 종택은 1526년에 온계가 진사 시험 합격 후 성균관에 유학하자, 퇴계가 어머니(춘천 박씨)를 모시고 5년(1526~1531년경)을 살던 곳이다. 퇴계는 여기서 첫 번째 부인 허씨(許氏)를 잃었고, 둘째 아들 이채(李寀)도 이 집에서 태어났다. 퇴계 선생은 이때를 시 서문에 "지난 병술년(1526년)에 형님께서 성균관에 유학을 가셔서 내가 어머니를 모시러 형님 댁으로 가

퇴계 종택 전경

있었다. 그때 서쪽에 있
는 큰 집을 제목으로 시
한 수를 읊었다."라고
적었다.

온계 종택은 삼백당
(三栢堂)이라는 당호(堂
號)로 불린다. 영남에서
는 중심 인물의 호를 들

복원된 온계 종택 삼백당

어 '아무개 선생 종가'라고 말하기도 하지만, 대부분 당호(堂號)를 쓴다.
이는 주로 불천위(不遷位) 종가를 지칭할 때 사용된다. 다만 가장 유명한
인물이 아닌 사람의 당호를 쓰는 경우도 있다. 삼백당 역시 온계의 종택
이지만, 온계 선생 손자인 삼백당(三栢堂) 이유도(李有道, 1565~1626)의 당호
를 사용했다.[16]

앞에서 언급한 향산 이만도(李晚燾)도 1883년 삼백당, 곧 온계 고택을
방문하여 감회를 읊기도 했다. 향산은 퇴계 할아버지가 온계 정민공을

---

[16] 서수용 「온계 이해 선생과 삼백당 종택」 주간한국 2007.4.18.

"넷째 형"이라고 언급하며, 퇴계의 시집에서 "비바람 치는 날 함께 밤을 보내다" 또는 "함께 걷다"라는 표현을 많이 쓴 것을 생각하며 퇴계의 형님 댁을 방문해 본 것이다.

온계 불천위 제사

옛날 넷째 형님 댁에 가서
[是古四兄宅]

이곳은 옛날 넷째 형 댁인데
6년 만인 오늘에야 가 보네
고인은 학을 타고 가 버리고
새 누각에 젓대 소리 울리네
비바람 부는 밤 아니라도 우애하고
눈 오는 달밤에는 유난히 정겨웠지
하룻밤 소요(逍遙)하는 즐거움에
마음 하늘이 십분 맑아지네

是古四兄宅　六年今始行
舊人乘鶴去　新閣挾笙鳴
無風雨亦愛　有月雪偏情
一夜逍遙樂　心天十分淸

(『향산집(香山集)』 별집 제1권, 시(詩) 화족형정명명호(和族兄正文明浩). 계미(癸未)년)

당시 온계 종택은 3대 의병장인 이인화의 생가일 뿐 아니라 이곳을 의병소(義兵所)로 정하고 청량산에서 훈련받은 것이 알려져, 곧바로 의병 진압군에 의해 소실되는 비운을 맞게 된 것이다. 안동 일대에서 신망받던 명문가의 종택이 불타버리자, 그 후손들은 갈 곳이 없었다. 당시 10세도 안 된 13대 종손 이병칠(李炳七, 1887~?)과 가족들은 사당에 있던 유묵(遺墨) 몇 점

이긍연과 손자 이용순

과 사판(祠版: 위패)을 모시고 외가(外家)가 있던 영주 치동(馳洞)으로 피난했다가, 다시 문경 마성(麻城)의 지손(支孫: 방계 자손)들 집으로 이주하여 살았다. 이 때문에 그나마 보관되어 오던 역사적으로 중요한 사료들도 모두 재가 되었다. 100년 넘는 떠돌이 생활이었다.

그동안 미궁에 쌓였던 온계 종택의 소실 과정은 뜻밖에도 진성 이씨 두루(斗婁) 대종손이었던 이긍연(李兢淵, 1847~1925)이 종사관(從事官)으로 참가하여 을미·병신년 (1895~1896년) 간의 의병 활동을 기록으로 남긴 일기가 알려진 후다. 안동대학교 사회학과 김희곤 교수가 검증하고 해제하여 국가보훈처에서

퇴계 종택 추월한수정

발행한 『한말의병일기(韓末義兵日記)』에 다음과 같이 기록되어 있다.

"7월 29일. 맑음. 들리는 바로는, 병정(兵丁: 관군) 40여 명이 남몰래 선성(宣城: 예안)으로 들어와 갑작스럽게 총소리를 내니, 의병진은 이에 모두 놀라 흩어져 도망하여 저들과 대적하지 못했다. 병정들은 마음대로 온혜(溫惠: 온계리)로 들어가 삼백당(三柏堂: 온계 이해의 종가이다)을 불 질렀다. 놀랍고 당황함을 무엇으로 말하랴. 불행 중 다행은 사당(祠堂)만 유독 화를 면했을 뿐이다. 이 날 안동부(安東府)의 병정 70명이 금수 등지로 출동하니, 두 의진(義陣)이 모두 놀라 무너지고 말았다."[17]

이렇게 기록된 문헌이 나옴으로써, 온계 종택을 불태운 사실이 확실하게 알려졌다.

종택 입구 안내판

소실된 퇴계 종가는 불탄 지 33년 만인 1929년, 퇴계의 13대손 이충호(李忠鎬)에 의해 지금의 퇴계 종택 자리로 옮겨 세워졌다. 숙종 때 학자인 권두경(權斗經, 1654~1725)이 퇴계를

종택 준공식

---
17) 김희곤 『한말 의병일기』 98쪽, 181쪽, 국가보훈처 2003.

흠모해 세운 추월한수정(秋月寒水亭)도 재건됐다. 당시 일제의 종택 방화에 분노한 각 문중과 유림은 자발적으로 재건 자금 모금에 나섰다. 일제의 감시와 탄압을 무릅쓰고 전국 각지에서 개인적 도움을 보태오기도 했다.

공터로 남아 있던 온계 종택 옛터

그러나 온계 종택은 즉시 복구되지 못했다. 1929년 퇴계 종택 복원 이후, 온계의 14대 종손 이동기(李東基, 1891~1952)가 소실된 유적의 복원을 위해 개인적으로 갖은 애를 쓰고 때로는 투옥되는 고초를 겪으며 노력했다. 1935년경 안동시 도산면 온혜리 1022번지에 정자를 짓고 취미헌(翠微軒)과 운암석실(雲巖石室)을 재건하여 현판(懸板)을 달았다. 취미헌의 현판 글씨는 온계의 후손과 교분이 있었던 대원군(大院君)의 글씨이다. 그렇지만 종택 건물 자체는 복원되지 못해, 도산면 온혜리의 온혜초등학교 서쪽 온계 종택 옛터는 100년이 넘는 오랜 기간 동안 허허벌판으로 있었다.

온계 종택 전경

그러다가 후손들과 안동 유림, 국가보훈처, 안동시의 지원에 의해 2011년 5월, 온계 종택이 복원되었다.

퇴계가의 재산 문제와 청렴(淸廉)의 삶

영남대학교 이수권 교수가 1980년 퇴계 집안의 분재기(分財記)를 분석한 논문을 발표한 이후, 퇴계가에 노비 숫자가 너무 많다는 이유로 퇴계가 겉으로는 청렴한 선비를 내세우면서도 뒤로는 수많은 노비를 거느리고 부자로 살았을 것이라는 비판적인 시각이 형성되었다. 이 문제에 대해 권오봉 교수는 다음과 같이 설명한다.

"『화회문기(和會文記)』를 해설한 논문에서는 퇴계 선대에서 증식한 자산의 내용을 면밀하게 고증하고, 상속 양도 관계를 분석, 규명한 것으로 매우 공감되는 바가 크다. 그러나 실제로 퇴계의 가서(家書: 개인 편지)에 있는 경제적 상황은 그리 넉넉한 상황이 보이지 않는다. 영천(영주)의 농장과 의령의 영농(營農)은 인정되지만, 퇴계가 일생 궁핍한 생활을 하고 있었던 것이 오히려 강하게 부각되고 있기 때문이다. 『화회문기』의 재산은 퇴계의 자제(子弟: 자손)의 재산 증식과 양도를 섞어서 정리한 것이라고 생각하나, 거의 90년간에 걸쳐 장기간 형성한 것이다. (중략) 영천, 풍산, 의령에 밭을 소유해도 그 생산물을 전부 사용했는지, 그렇지 않으면 누군가에게 구휼(救恤)하기 위해 양여(讓與)하였는지는 알 수 없다. 퇴계는 봉록(俸祿: 녹봉)도 전부 사용하지 않고 자기 몫을 어려운 사람들에게 제공하였다. 재경(在京: 한양에 있을 때) 중에는 영천에서 식량을 운반하여 생활할 정도로 넉넉하지 못했다. 퇴계 서거 후 유산 정리했을 때의 재산과 퇴계 재세(在世) 중의 경제 생활을 구별하여 생각하지 않으면 청백리(淸白吏)로서의 퇴계를 이해하기 어려울 것이라 생각한다. (중략) 퇴계의 자산 유무와 다소의 증식에 대해서는 그 자료도 없고 생전의 기록도 볼 수 없다. 사후의 『화회문기』에서는 평소의 경제 생활을 그대로 받아들이기는 어렵다. 이 때문에 가서에 전해지는 내용을 가지고 퇴계의 일상 경제 생활을 고찰하여야 한다."

즉, 퇴계가 남긴 편지를 통해서만 그의 경제 상황을 파악할 수 있으며, 퇴계는 빈궁(貧窮)을 선비의 당연한 생활임을 강하게 주장하고 '한유(寒儒: 가난한 선비)'라는 말을 즐겨 사용했다. 퇴계의 생활은 검소의 극치였으며 자족하고 있었다고 규정한다.

퇴계는 홀어머니 슬하에서 가난하게 살아왔던 관계로 집에서 글공부를 하고 여가에 농사도 지어야만 했다. 퇴계네 논은 물목이 가까워서 벼농사를 짓는 데 별 어려움이 없었다. 그러나 물목에서 멀리 떨어진 논들은 상류 쪽 물목에서 물을 받아 먹기 때문에 물이 부족해 벼농사가 제대로 되지 않았다. 퇴계는 남의 집 농사가 자기네 때문에 망쳐진 것을 보고 매우 민망하게 여겨 다음과 같이 말했다.

"내가 위에서 물을 뽑아 먹었기 때문에 남의 집 농사를 망쳐 놓았구나. 우리 집 논을 밭으로 만들면 물이 없어도 농사를 지어 먹을 수 있지만, 저들은 물이 없으면 결국에는 농사를 폐하게 될 것이 아니겠는가."

이렇게 말하며, 이듬해 봄부터는 자기 집 논을 밭으로 만들어 버린 일이 있었다. 자기가 이롭기 위해서는 남의 목숨을 빼앗는 일조차 예사롭게 감행하는 이 세상에서 자기를 희생해 가면서 남을 도와준다는 것은 퇴계가 아니고서는 있을 수 없는 일이었다. 그런 퇴계가 남의 것을 빼앗는 등의 부정한 방법으로 재산을 늘였을 가능성은 없다고 하겠다. 일찍이 서울에 있는 손자가 젖을 못 먹어 사경을 헤맬 때, 고향에서 아이를 낳아 젖이 잘 나오는 종을 데려다 젖을 먹이자고 가족들이 호소했지만, 자기 자식을 살리려고 남의 자식을 죽게 할 수는 없다며 승낙하지 않아 결국 그 손자가 젖이 모자라 죽은 일도 있었다.

이런저런 일화들은 퇴계가의 재산이 후대에 많아진 것은 당시 혼맥에 따른 토지나 노비 분배에 따른 것으로 보이기에, 지금 잣대로 이것을 마치 퇴계가 돈도 많고 노비도 많이 부렸는데 가난한 선비인 척한 위선자라는 식으로 비판하는 것은 사실로 보기 어렵다고 필자도 생각한다.

죽령 고개에서 생각한다: 경(敬)과 의(義)의 길

1567년 조선 왕국의 13대 왕 명종이 후사 없이 돌아가자, 17세의 나이에 갑자기 왕위에 오른 선조는 퇴계에게 자신을 도와달라고 간곡하게 부탁했다. 퇴계는 늙은 몸을 이끌고 1568년

죽령 고갯길

여름 상경하여 정성을 다해 경연(講筵)에 임하고, 성왕(聖王)이 따라야 할 이치를 담은 『성학십도(聖學十圖)』를 지어 선조에게 올렸다. 그리고는 이제 늙어서 도저히 버틸 수 없으니 고향에 돌아가도록 허락해달라고 간곡하게 청원했다.

그 이듬해인 1569년 음력 3월 4일, 겨우 고향에 다녀오는 윤허를 받은 퇴계는 혹 왕의 마음이 바뀔까 염려하여 다음 날 한강을 건너 고향으로 발길을 서둘렀다. 열흘 만인 3월 13일, 퇴계는 충북 단양에 도착했다. 단양은 퇴계가 48세 때(1548년경) 군수(郡守)로 약 10개월 재직했던 곳이다. 퇴계는 이곳에서 하루 밤을 머물며 20여 년 전 백성들을 위해 힘을 쏟았던 때를 생각하며 남다른 감회를 느꼈을 것이지만, 따로 기록을 남긴 것은 없다. 그다음 날 14일, 그는 죽령을 넘어 풍기(豐基)로 향했다.

죽령은 해발 696미터로 아주 높지는 않지만, 문경의 조령(鳥嶺: 새재)과 함께 소백산맥(小白山脈)을 넘어 서울과 영남(嶺南)을 연결하는 가장 중요한 고갯길이었다. 퇴계는 지금 죽령 옛길로 불리는, 맑은 물이

죽령 표지석

흐르고 곳곳에 폭포가 있는 아름다운 이 길을 따라 올라가 죽령 정상에 이르러서는 더욱 깊은 감회를 느꼈음에 틀림없다. 그것은 20년 전(1549년 경) 이곳에서 가장 친한 맏형 온계(溫溪) 이해(李瀣)와 마지막 이별을 했던 곳이기 때문이었다.

형제가 작별한 곳이 촉령대(矗泠臺)이다. 촉령대는 죽령(竹嶺) 요원(腰院) 아래에 있는데, 충청도와 경상도의 분계 지점이다. 퇴계가 온계를 맞이하고 전송하는 일을 여기서 했다. 촉령대라는 이름은 퇴계가 명명했다. 작별에 임해서 온계는 동생(퇴계, 당시 풍기 군수)에게 "너는 풍기군을 떠나지 마라. 내년에 내가 마땅히 다시 와서 촉령대 위에 잔을 올리리라."라고 말했다.

그러나 퇴계와 온계는 촉령대에서 헤어진 것이 마지막이 되었다. 그 다음 해 온계는 55세 되던 해 8월(1550년), 자신에게 앙심을 품은 당시 권력층의 모략에 의해 모진 고문을 당한 끝에 세상을 떠나야 했다. 그런 아픔의 역사가 있는 곳이었기에, 퇴계는 20년 전 형님과 이별하던 기억을 떠올리며 가장 영명했던 형님이 자신의 뜻을 이루지 못하고 일찍 유명을 달리한 것을 애통해했을 것이다.

1569년 퇴계의 마지막 귀향 450주년이 된 2019년 4월, 퇴계의 마지막 귀향길을 답사하는 행사가 시작되었다. 퇴계가 고향으로 돌아간 뜻을 되새겨보기 위해 김병일 도산서원 선비문화수련원 이사장과 원로 한문 학자 이장우 박사, 한평생 퇴계를 연구한 이광호 전 연세대 교수, 강구율 동양대 교수, 온계의 직계 후손인 온계파 이목(李穆) 종손 등은 몇 해 전부터 단양에서부터 험한

귀향 450주년 기념 답사단

죽령에서 두 형제의 만남 기리다

죽령 40리 길을 네 시간 넘게 걸어서 죽령 고개에 올랐다. 답사단은 이미 서울에서부터 단양까지 걸어오면서 강연을 듣고 퇴계 귀향의 의미를 되새겼다. 답사단은 고개 정상에서 두 형제가 지은 시를 창수(唱酬)하며 두 형제의 만남과 헤어짐의 의미를 회고했다.

여기서 두 형제가 걸어온 길에 대해 생각을 정리해 보았다.

두 형제가 공부하고 실천한 가르침인 유학은 경(敬)과 의(義)라는 두 개의 기둥이 떠받치고 있다. 주자(朱子)는 말했다.

죽령 위에서. 고 이근필 퇴계 종손(중) 학봉 종손(우)과 필자(좌)

"나는 일찍이 『주역(周易)』을 읽고 두 마디 말을 얻었으니 '경(敬)으로써 안으로 마음을 바르게 하고 의(義)로써 밖으로 몸을 바르게 한다'는 것이다. 이를 학문하는 요점(要點)으로 삼은 것은 이것을 대체할 수 있는 게 없다는 생각에 서였다."

퇴계 이황의 철학은 경(敬) 철학이라고 한다. 경(敬)은 공경함(恭), 엄숙함(肅), 또는 삼가다(勤愼) 등의 뜻으로 풀이된다. 하늘로부터 본래 부여받은 순수한 마음을 경 공부를 통해 회복하여 내면 속에서 자신에게 비춰진 천명(天命)인 성품(性品)을 확인하고, 세계 속에서 궁극적 존재와 일치하려고 한다. 경(敬)은 마음을 한곳에 집중하여 그러한 상태를 오래 유지하는 것을 말한다. 그것으로서 스스로를 수양하고 제자들의 맑은 덕성(德性)

퇴계 종택 입구 현액

온계 종택 입구 현액

을 함양하여 사람들이 사는 사회를 맑게 이끌 인재를 기르는 것이다. 퇴계는 이 경(敬)을 평생 동안 지키고 추구해나갔다.

다만 형인 온계는 이 사회가 올바른 도를 추구하는 왕도사회(王道社會)가 되기 위해서는 수양에 머무르는 것을 넘어서 의(義)를 보고 의를 행하며 의를 함양하는 것이 필요하다는 생각을 했다. 그러기에 그는 왕이든 신하든 잘못 생각하는 것에 대해서는 과감히 시정을 요구했고, 백성들을 위한 목민관(牧民官)의 역할에 최선을 다했다. 그러나 두 형제가 살던 시대는 권신(權臣)들에 의한 정치의 혼란이 극심했고, 세상의 바른 도는 무

퇴계 종택

시되고 있었다. 이런 세태 때문에 동생 퇴계는 형에게 여러 차례 벼슬을 떠나기를 권했고, 스스로도 고향에 내려가 서당을 열고 경(敬)을 지켜나가면서 바른 생각을 제자들과 세상에 전했다.

퇴계는 그렇게 해서 길고 높은 이름을 남길 수 있었지만, 형은 자신의 이상인 의(義)를 구현하기 위해 최선을 다했

퇴계필 경(敬)

으나 결국 험난한 세상의 파도에 휩쓸려 자신의 뜻을 다 세우지 못했다. 1550년 중형 온계가 생을 중도에 마감했을 때 퇴계는 형님에게 물었을 것이다.

"형님, 왜 그 길을 가셨습니까?"

여기에 대해 온계는 답했을 것이다.

"날로 혼탁해지는 우리 사회에 옳음을 위해 목숨을 거는 용기가 없다면 이 사회의 불의는 더욱 기승을 부릴 것이고 우리들의 삶은 피폐해질 것이 아닌가? 나는 의(義)를 위해 나의 길을 간 것일세"

죽령의 차가운 비바람 속에서 필자는 경의 철학으로서 진정한 도학자, 유학자의 길을 제시한 퇴계를 생각하면서, 동시에 길은 다르지만 의(義)의 추구를 통해 다른 선비의 길을 보여준 퇴계의 형 온계를 다시 생각하며 그 길의 중요성을 되새겨본다. 자기 자신의 내면을 성찰해 스스로의 학문을 완성한 후에 세상에 기여하는 것이 중요한 가르침이지만, 세상의 불의와 싸우고 의를 세우는 자세도 모두 우리의 삶을 이끌고 받쳐주는 중요한 덕목이자 추구해야 할 가치이자 길임을 새삼 확인하는 시간이었다.

| 참고자료 |

이해 『국역 온계전집』 이익성 역, 1979.
이해 『온계선생일고』 한국국학진흥원, 2023.
이우 『송재선생문집』 한국국학진흥원, 2018.
이황 『퇴계집』 한국고전번역원, 1993.
이현보 『농암집』 한국국학진흥원, 2019.
권벌 『충재선생문집』 한국국학진흥원, 2022.
이행 『용재집』 한국고전번역원, 1998.
이황 지음 이장우 장세후 옮김 『도산잡영』 을유문화사, 2005.
이황 지음 이장우 전일주 옮김 『아들에게 편지를 쓰다』 연암서가, 2008.
이황 지음 윤사순 역주 『퇴계선집』 현암사, 1982.
이황 지음 『퇴계 편지 백 편』 이정로 엮음 박상수 번역, 수류화개, 2020.
이황 지음 『퇴계선생매화시』 퇴계문집독회, 교육과학사, 2004.
권오봉 『가을하는 밝은 달처럼 퇴계선생 일대기』 교육과학사, 1997.
권오봉 『가서로 본 퇴계의 삶과 사상』 상·중·하, 삼보문화재단, 2020.
권오봉 『퇴계의 燕居와 사상형성』 포항공과대학, 1989.
허권수 「형제지기 온계선생과 퇴계선생」 『450주년 퇴계의 귀향길』 강연집.
정순목 『퇴계정전』 지식산업사, 1991.
이동식 『온계이해평전』 휴먼필드, 2020.
이동식 『퇴계가 도산으로 간 까닭』 나눔사, 2021.
이종호 등 『온계가의 학문세계와 현실대응』 국학진흥원, 2006.
이광호 등 『옛 사람들의 마음닦기』 학지원, 2019.

온친회 『국역 국망봉지』 도서출판 한빛, 2005.

이긍익 《연려실기술 권10 명종조고사본말》.

윤사순 『퇴계선집』 현암사, 1982.

김호태 『퇴계혁명』 미래를 여는 책, 2008.

이광호 『퇴계와 율곡 생각을 다투다』 홍익출판사, 2013.

이광호 정순우 등 『퇴계의 길에서 길을 묻다』 푸른 역사, 2021.

김영두 『퇴계와 고봉, 편지를 쓰다』 소나무, 2003.

이성원 『천 년의 선비를 찾아서』 푸른 역사, 2008.

이수권 『영남 사림파의 형성: 화회문기(분재기) 해설』 영남대학교 민족문화연구소, 1980.

진성이씨 온계파 온신회 『진성이씨온계파세보』 2017.

진성이씨대종회 『悅話』 제22호, 진성이씨대종회, 2007.

예술의 전당 서예관 『퇴계 이황, 퇴계탄신 500주년 기념 서예전』 2001.

김희곤 『한말 의병일기』 98쪽 181쪽, 국가보훈처, 2003.

박대우 『쌍계사 가는 길』 명문당, 2017.

정비석 『퇴계소전』 퇴계학연구원, 1978.

최인호 『유림』 1·2·3, 열림원, 2005.

홍명희 『임거정』 3권 양반편 사계절, 1991.

柳正東 『한국철학사(중권)』 한국철학회편 동명사, 1987.

鄭杜熙 『朝鮮初期 政治支配勢力 硏究』 一潮閣, 1983.

李秉烋 『朝鮮初期 畿湖士林派 硏究』 一潮閣, 1984.

김언종 「퇴계선생의 삶에 관한 허구와 실제」 『퇴계학보』 제138輯.

이광호 「도학적 문제의식의 전개를 통해서 본 퇴계의 생애」 『동양학』 22집 단국대동양학연구소, 1992.

김태환 『와유록(臥遊錄 解題)』 한국정신문화연구원, 2007.
서수용 「온계 이해 선생과 삼백당 종택」 『주간한국』 2007.4.18.
김형찬 「진리탐구와 마음공부로서의 퇴계학」 『퇴계아카데미 2021가을강연』 강연집.
변종현 「〈도산잡영〉과 〈도산십이곡〉의 관련 양상 연구」 『배달말』 60집 배달말학회, 2017.
강윤정 외 『혜전 이원혁의 삶과 항일투쟁』 2017, 혜전항일운동자료집 간행추진위원회편.
정내석 『顧軒集』 권1 「謁陶山書院」 퇴계아카데미 2021년 가을 강연 《퇴계사상의 확장성 재조명》.
국립전주박물관 『서원, 어진 이를 높이고 선비를 기르다』 국립전주박물관, 2020년.
네이버 검색 『한국민족문화대백과』.

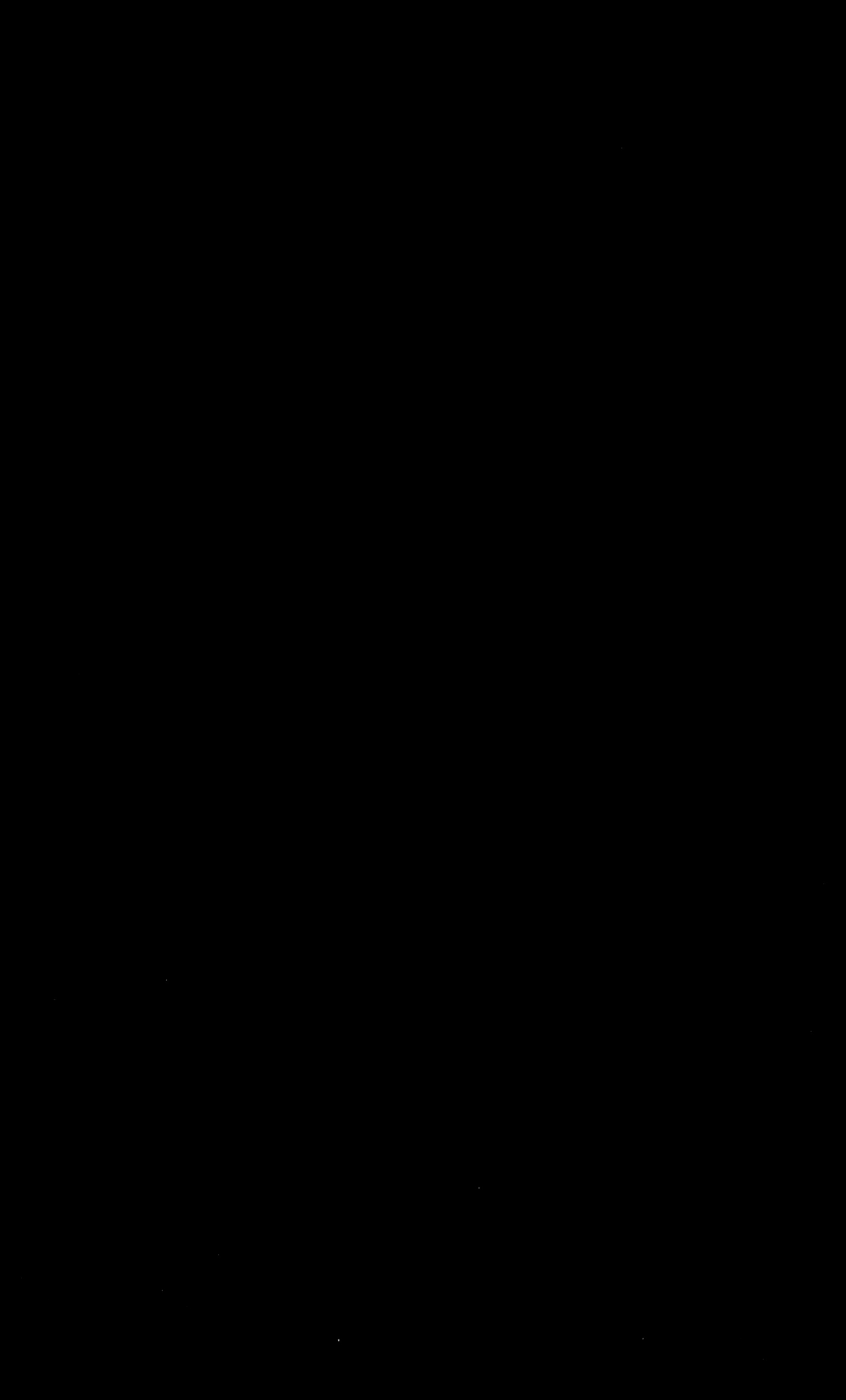